Alexandre Rodrigues, PhD

DOMINE
SEU NEGÓCIO
COM

IA

+ DE 50 FERRAMENTAS ESTRATÉGICAS PRÁTICAS VIA CHATGPT & GEMINI

DVS
EDITORA

www.dvseditora.com.br
São Paulo, 2024

CB055295

DOMINE SEU NEGÓCIO COM IA

+ DE 50 FERRAMENTAS ESTRATÉGICAS PRÁTICAS VIA CHATGPT & GEMINI

Revisão: Hellen Suzuki
Design de capa, projeto gráfico e diagramação: Bruno Ortega

Dados Internacionais de Catalogação na Publicação (CIP)
(Câmara Brasileira do Livro, SP, Brasil)

Rodrigues, Alexandre
    Domine seu negócio com IA : + de 50 ferramentas estratégicas práticas via ChatGPT & Gemini / Alexandre Rodrigues. -- São Paulo : DVS Editora, 2024.

    ISBN 978-65-5695-121-8

    1. ChatGPT 2. Gestão de negócios 3. Inteligência artificial I. Título.

24-201650
    CDD-658.06

Índices para catálogo sistemático:

1. Gestão de negócios : Administração   658.06

Eliane de Freitas Leite - Bibliotecária - CRB 8/8415

Nota: Muito cuidado e técnica foram empregados na edição deste livro. No entanto, não estamos livres de pequenos erros de digitação, problemas na impressão ou de uma dúvida conceitual. Para qualquer uma dessas hipóteses solicitamos a comunicação ao nosso serviço de atendimento através do e-mail: atendimento@dvseditora.com.br. Só assim poderemos ajudar a esclarecer suas dúvidas.

SUMÁRIO

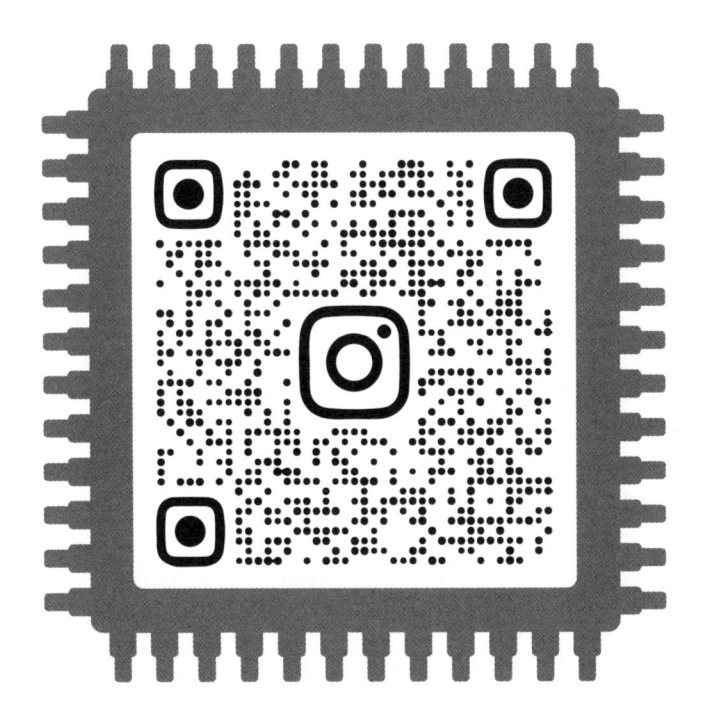

O mais completo guia sobre compreensão,
modelagem e implementação de mais de 50 principais
ferramentas de gestão organizacional apoiadas com utilização
dos modelos de linguagem ChatGPT e Gemini

"Aqui está, o seu consultor de bolso"

Produzido por: Alexandre Rodrigues Phd

Versão: *maio 2024*

QUEM SOU EU

Olá! Eu me chamo Alexandre Rodrigues, sou professor e consultor desde 2001 nos campos de desenvolvimento de estratégias em neurociência aplicada a negócios e desenvolvimento de pessoas e equipes de alta performance, pela empresa de consultoria DNA Corporativo (*www.dnacorporativo.com.br*).

Doutor em ciências da comunicação no campo da aplicação da Metacomunicação com ênfase em neurociência aplicada a negócios e desenvolvimento comportamental, pela Universidade Lusófona de Lisboa em Portugal, com mestrado internacional em gestão de equipes de alta performance pela UFRGS (Brasil), HEC (Paris) e EADA (Barcelona).

Pós graduado com MBA em organização de empresas pela FARGS – Fundação dos Administradores do Rio Grande do Sul.

Graduado em computação gráfica pela CTI (Toronto), administração de empresas e também em *international trade* pelas Faculdades São Judas Tadeu, no Brasil.

Você me encontra pelos seguintes canais:

Instagram: *@neuroexpert*

YouTube: *https://www.youtube.com/@NeuroExpert*

LinkedIn: *https://www.linkedin.com/in/alexandremr/*

Lattes: *http://lattes.cnpq.br/4590143222028752*

E-mail: *alexandre@dnacorporativo.com.br*

Fone/WhatsApp: *+351 924270740*

MEU TRABALHO

Eu trabalho basicamente na transformação do negócio a partir do conhecimento sobre como o ser humano funciona em toda a sua complexidade.

Quando compreendemos as bases que estimulam esse funcionamento, nos tornamos mais eficientes na forma como podemos ensinar e exigir performance própria e alheia.

Os resultados organizacionais e pessoais nada mais são que os reflexos das decisões humanas, as quais são impactadas pela gama infinita de estímulos e experiências vividas por cada decisor.

É por isso que somos tão diferentes, mas tão semelhantes ao mesmo tempo.

Dessa maneira existem infinitas formas de trazer mais performance a uma equipe, porém, diferentemente que muitos imaginam, os elementos dessa transformação, estão sendo mais considerados em âmbito inconsciente que consciente.

Nosso papel, portanto, é abrir as portas às possibilidades, tornando os gestores modernos mais perspicazes na gestão do comportamento humano.

Nosso papel é dar subsídios de compreensão maior a este líder, tornando-o um gestor mais inteligente e diferenciado enquanto responsável por gerir o mais complexo dos animais: o ser humano.

DEDICATÓRIA

Dedico este livro a meus filhos, que, ao seguirem o exemplo dos pais, descobrem que somente o conhecimento torna as pessoas realmente livres e donas de seu próprio destino.

PREFÁCIO

"O analfabeto do século 21 não será aquele que não consegue ler e escrever, mas aquele que não consegue aprender, desaprender e reaprender."
— **Alvin Toffler**

Tempos de transição são sempre desafiadores. Toda vez que novas tecnologias com poder de mudar a sociedade surgem, o medo da mudança vem junto. Nosso cérebro prefere a estabilidade, ela gasta menos energia, preserva nosso corpo do desgaste e nossa mente do stress.

Meu pai me disse uma vez e nunca me esqueci: mudar dói, mesmo quando é para melhor.

Vivemos grandes mudanças nos últimos 30 anos: a internet, a telefonia móvel, os smartphones, os aplicativos, as redes sociais. Novas tecnologias que mudaram profundamente a nossa forma de viver, agir e atuar socialmente.

É inegável que agora estamos frente a outra grande mudança: o acesso popular aos modelos de LLM (*Large Language Model*: aplicação de Machine Learning para reconhecer, interpretar e responder a inputs naturais de linguagem, como perguntas, conversas ou orientações em forma textual).

Estes modelos até então estavam restritos ao mundo acadêmico e às empresas de tecnologia, e agora surgem novas aplicações num ritmo alucinante.

Da mesma forma que descobrir novos sites era excitante nos anos 90, descobrir novos apps era excitante na década passada, agora é excitante descobrir novas aplicações de LLM e IA, ao mesmo tempo em que é incompreensível a velocidade desse avanço.

O poder e o potencial da IA tem remodelado a forma como interagimos com a informação, escrevemos, editamos, anotamos, resumimos e um pouco mais lentamente também a forma como tomamos decisões e conduzimos nossos negócios.

Como a velocidade dessas mudanças é alucinante, faz-se necessário um guia para não se perder em meio à empolgação, ou para saber tirar todo o proveito do que essas ferramentas podem oferecer.

Este livro é uma jornada abrangente que não apenas desvenda a complexidade dessas tecnologias, mas também oferece uma visão prática de como elas podem ser aplicadas para transformar ideias em realidade, desenvolver com rapidez tarefas complexas e fomentar o desenvolvimento pessoal e profissional.

No primeiro segmento do livro, você mergulhará no coração da IA, explorando o que é, os diferentes tipos e como o aprendizado de máquina impulsiona avanços significativos na capacidade das máquinas de entender e interagir com o mundo humano.

Entenderá duas principais ferramentas que se destacam no cenário atual, o ChatGPT e o Gemini, destacando suas capacidades únicas e como evoluíram ao longo do tempo.

A importância do conhecimento em modelos de linguagem é ressaltada, detalhando como a habilidade de criar prompts eficazes pode desbloquear respostas precisas e valiosas, e introduzindo o conceito do Engenheiro de Prompt como uma carreira emergente.

Com exercícios práticos, este livro não só ensina a teoria mas também a prática de ampliar horizontes, permitindo aos leitores projetar avatares, logotipos, mascotes e muito mais, cada qual destinado a aprofundar o entendimento e habilidade no uso dessas ferramentas avançadas.

Avançando, o livro explora a aplicação dessas tecnologias no desenvolvimento de negócios, desde a concepção de uma ideia até sua execução estratégica. Abordará como detalhar um negócio, criar um slogan atraente, definir os componentes de um comitê estratégico, fornecendo a base para vários empreendimentos.

Na terceira parte, a análise de cenário recebe uma atenção especial, incentivando a entender profundamente o setor de atividade em que se pretende atuar, bem como a realizar uma análise abrangente do mercado. Isso é crucial para o sucesso de qualquer negócio, pois prepara o terreno para estratégias informadas e bem direcionadas.

A quarta seção do livro é dedicada às principais ferramentas de gestão, incluindo planejamento estratégico, análise SWOT, PESTEL, OKR, BSC e diversas outras técnicas e metodologias essenciais para a gestão eficaz de um negócio.

Você aprenderá a identificar e desenvolver as competências necessárias para prosperar na era digital, desde habilidades técnicas (hard skills) até habilidades interpessoais (soft skills).

Por fim, o livro oferece dicas práticas para maximizar os benefícios dos modelos de linguagem, incentivando você a ler mais, auxiliar em pesquisas acadêmicas, organizar melhor suas vidas e escalar seus negócios.

Este livro é mais do que um manual: é um convite para explorar o potencial ilimitado da IA e dos modelos de linguagem na transformação de ideias em realidade.

Seja você um empresário aspirante, um profissional procurando aprimorar suas habilidades ou alguém em busca de dominar uma habilidade essencial neste momento, este livro oferece o conhecimento e as ferramentas necessárias para navegar com confiança na era da informação e tirar o máximo proveito das ferramentas que estão ao alcance de todos agora.

A cada aprendizado, você receberá o convite para realizar um exercício, treinar a nova habilidade na prática e internalizar o aprendizado.

Te convido a não pular os exercícios!

Como professor, entendo o cuidado que o mestre Alexandre teve ao elaborar cada um deles e a importância para que você experimente na prática o resultado daquilo que acabou de aprender.

Boa leitura e bom trabalho!

__Rafael Rez__
Pai da Carol e do Pedro
Fundador da Web Estratégica
Co-Fundador da Nova Escola de Marketing
Autor do bestseller "Marketing de Conteúdo – DVS Editora"

COMO APROVEITAR MELHOR ESTE LIVRO

Cada ferramenta apresentada vem acompanhada das seguintes informações:

- Identificação
- Função
- Descrição prática dos principais prompts para ChatGPT e/ou Gemini

Essas informações possibilitarão ao leitor, experiente ou não na arte da gestão de negócios, tornar-se consciente sobre as funções de aplicação de cada ferramenta e, principalmente, acelerar o processo de observação dos resultados diretamente voltados ao negócio, sendo ele já existente, maduro ou não, ou sendo ele ainda uma ideia de projeto futuro.

Minhas mais diversas experiências em mais de 25 anos de carreira como professor e consultor de empresas me forçaram a construir a ideia de que tudo o que é complexo pode tornar-se simples, quando conseguimos passar a informação de forma que esteja alinha aos modelos mentais do receptor.

Partindo dessa ideia, este guia pretende trazer o poderoso uso das mais diversas ferramentas de gestão da forma mais simples e implementável possível. Ou seja, mesmo quem não tem vivência no campo, como gestor ou empreendedor, poderá usufruir deste guia como um grande mentor, expandindo a sua visão sobre os principais potenciais de seu negócio de forma rápida e mais precisa possível.

Seja muito bem-vindo!
Aprecie sem moderação e aproveite o trajeto.

Prof. Alexandre Rodrigues PhD

APRESENTAÇÃO

Antes de iniciarmos, é muito importante deixar claro que, até o momento, nenhuma arquitetura baseada em inteligência artificial (IA) substitui completamente a mente humana.

Um dos paradigmas que iremos quebrar durante a utilização deste livro, é que, a inteligência artificial ainda não possui a capacidade de substituir a inteligência humana por várias razões intrínsecas às diferenças fundamentais entre máquinas e seres humanos.

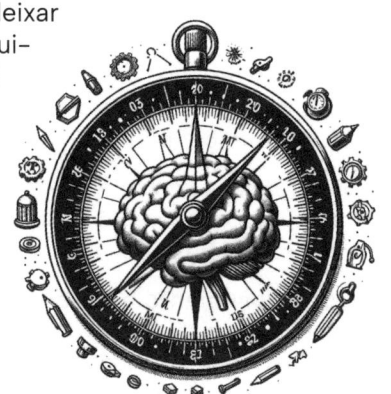

Aqui estão algumas das razões principais:

Complexidade e criatividade: a inteligência humana é extremamente complexa e criativa. Humanos são capazes de pensar de forma abstrata, entender nuances, ter empatia e adaptar-se a novas situações de maneiras que a IA ainda não consegue replicar plenamente.

Consciência e experiência subjetiva: os seres humanos possuem consciência e uma experiência subjetiva do mundo, o que influencia fortemente a maneira como pensamos e tomamos decisões. A IA, por outro lado, não tem consciência; ela opera com base em algoritmos e dados, sem experiência subjetiva própria.

Aprendizado geral vs. específico: a inteligência humana é generalista, o que significa que somos capazes de aprender uma ampla gama de tarefas e aplicar o conhecimento de uma área na resolução de problemas em outra. A IA, especialmente a IA forte, que se equipara à versatilidade humana, ainda é um objetivo não alcançado. Atualmente, a IA é muito boa em tarefas específicas (IA estreita), mas não possui a generalidade do ser humano.

Flexibilidade e adaptação: os seres humanos são incrivelmente adaptáveis a diferentes ambientes e podem mudar de tarefas de maneira flexível e eficiente. IAs são menos adaptáveis e muitas vezes requerem reconfiguração ou reprogramação para lidar com novas tarefas ou mudanças no ambiente.

Ética e valores: a IA não possui um sistema de valores inerente; ela segue as diretrizes programadas por humanos. Isso significa que decisões que envolvem ética, moralidade e valores sociais ainda precisam ser tomadas por humanos.

É importante que a inteligência humana trabalhe em conjunto com a IA pelo seguinte:

Complementaridade: humanos e máquinas têm pontos fortes complementares. Por exemplo, IAs podem processar e analisar grandes volumes de dados mais rapidamente do que humanos, enquanto os humanos podem fornecer julgamento contextual e criatividade.

Supervisão e controle: a supervisão humana é necessária para garantir que os sistemas de IA funcionem dentro de parâmetros éticos e legais e para intervir caso algo dê errado.

Desenvolvimento e aprendizado: humanos podem ajudar a treinar, ensinar e melhorar sistemas de IA. Por outro lado, a IA pode auxiliar na educação e desenvolvimento humano, personalizando o aprendizado e fornecendo ferramentas de suporte.

Inovação e progresso: a colaboração entre humanos e IA pode levar a avanços tecnológicos e científicos mais rápidos, impulsionando a inovação e o progresso em diversas áreas.

Aproveitamento de recursos: a IA pode ajudar a otimizar o uso de recursos, desde a eficiência energética até a alocação de recursos em saúde e educação, mas é o entendimento humano que pode garantir que essas otimizações sejam feitas de maneira justa e sustentável.

A ideia de que a IA possa um dia substituir completamente a inteligência humana é tema de muita especulação e debate. No entanto, no estado atual e no futuro previsível, a colaboração entre IA e humanos é essencial para maximizar os benefícios que a tecnologia pode trazer.

Nosso objetivo:

Imagine-se sentado na mesa de seu escritório, a luz suave do monitor refletindo em sua expressão pensativa. Você tem um objetivo: construir ideias e percepções que revolucionem a forma como pensamos e atuamos em nossos negócios. Mas eis que surge o problema: onde encontrar o fluxo ininterrupto de ideias que mantenha suas informações e conexões fluindo?

Aqui entra em cena a nossa heroína, a inteligência artificial, carinhosamente apelidada de "IA Inspiradora". Ela não é uma fada mágica das histórias, mas sim um sistema robusto, alimentado por algoritmos e uma vasta base de dados, pronto para servir de musa digital.

Você digita as palavras-chave do seu tema, e, como um assistente diligente, a IA Inspiradora dispara uma cascata de sugestões, dados relevantes e conexões inovadoras que você nunca teria imaginado. Ela não fica cansada, não pede intervalos para café nem sofre de bloqueio criativo.

Quando você se perde em pensamentos abstratos, buscando a palavra perfeita ou o conceito que ilumine seu raciocínio, a IA está lá, trabalhando em segundo plano, processando informações e apresentando opções que catalisam sua criatividade. É uma parceria, um passe de bola intelectual no qual você define a direção e a IA Inspiradora fornece o impulso.

Suas ideias começam a se formar mais rápido do que o esperado. A IA não só economiza seu tempo de pesquisa como também amplia seu horizonte, sugerindo ângulos novos e perspectivas frescas que o transportam para fora da caixa de seu pensamento habitual.

O resultado é um trabalho que destila o melhor de dois mundos: a visão única e as experiências humanas mescladas com a eficiência e a vastidão do conhecimento computacional. As possibilidades que você cria não são apenas produto da sua inteligência, mas também da capacidade inigualável da IA de acessar e analisar rapidamente grandes quantidades de informação.

Suas construções se tornam um testemunho da era digital, demonstração de como a tecnologia pode servir como uma extensão da mente humana, potencializando a criatividade e oferecendo novas maneiras de explorar o potencial humano. E enquanto a IA não pode saborear o doce sabor do sucesso literário, você certamente pode, sabendo que sua "coautora" digital desempenhou um papel essencial na sua jornada e no seu sucesso.

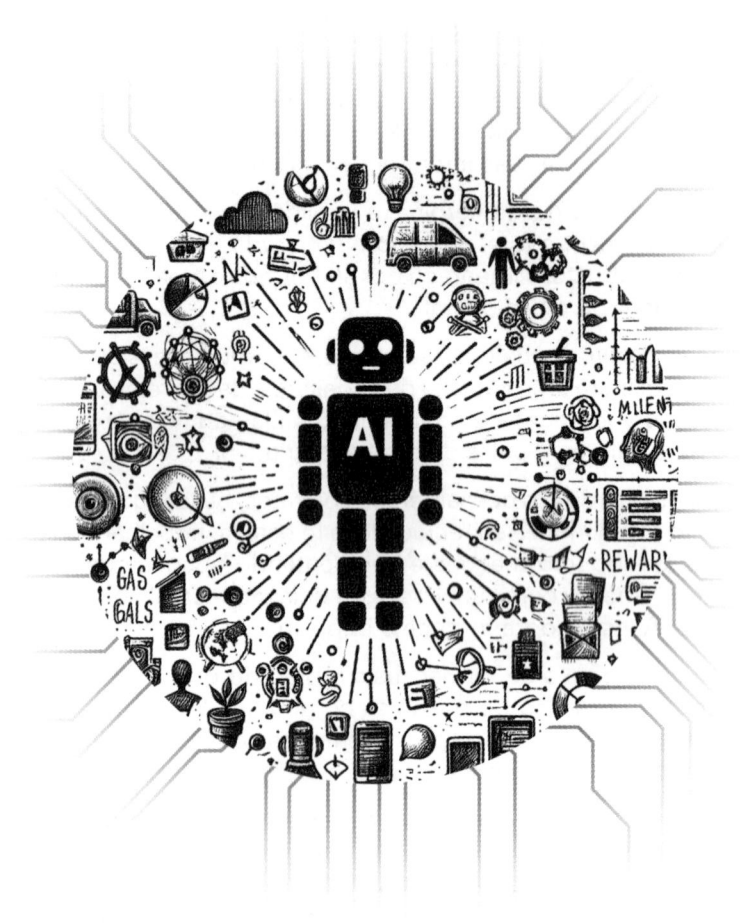

1.
O QUE SÃO FERRAMENTAS TIPO CHATGPT E GEMINI

ChatGPT e Gemini são ferramentas de inteligência artificial que representam avanços na área de processamento de linguagem natural (PLN). O ChatGPT, da OpenAI, é um modelo de linguagem treinado em dados da internet, capaz de gerar texto inteligente e responder a uma variedade de perguntas. O Gemini, do Google AI, é treinado em um grande conjunto de dados de texto e código, podendo gerar texto, traduzir idiomas e responder perguntas de forma informativa. Ambas as ferramentas demonstram a capacidade de interagir de forma natural com os usuários, revolucionando a maneira como interagimos com sistemas computacionais.

1.1. O QUE É IA?

Antes de iniciarmos, é importante que tenhamos uma breve descrição do que é IA.

Pois bem, inteligência artificial é um campo da ciência da computação que se concentra no desenvolvimento de sistemas e programas capazes de realizar tarefas que normalmente requerem inteligência humana. A IA visa criar máquinas que possam simular ou replicar algumas das capacidades cognitivas dos seres humanos, como aprender, raciocinar, tomar decisões, reconhecer padrões, compreender linguagem natural e interagir com o ambiente.

Existem diferentes abordagens e técnicas utilizadas na IA incluindo o aprendizado de máquina (machine learning), o processamento de linguagem natural (natural language processing), a visão computacional, a lógica simbólica, entre outras. O aprendizado de máquina é uma área central da IA, que permite que os sistemas aprendam a partir de dados, identifiquem padrões e tomem decisões com base nesse aprendizado.

A IA tem aplicações em diversos campos, como medicina, finanças, transporte, manufatura, educação, entretenimento e muito mais. Ela pode ser encontrada em assistentes virtuais, sistemas de recomendação, carros autônomos, detecção de fraudes, diagnósticos médicos, tradutores automáticos, jogos e muitas outras áreas.

No entanto, é importante ressaltar que a IA atualmente é considerada uma IA estreita, ou seja, ela é projetada para realizar tarefas específicas dentro de um domínio limitado. A IA geral, que seria uma inteligência comparável à humana em todos os aspectos, ainda está em estágio de desenvolvimento.

Para ter acesso ao sistema ChatGPT o qual utilizamos para realizar os nossos exercícios, basta seguir o seguinte endereço:

 ou

https://www.bing.com/

https://www.bing.com/

Em março de 2024, pedi ao próprio ChatGPT 4.0 o seguinte prompt:

"Descreva em detalhes o que é o ChatGPT"

Resposta:

"O ChatGPT é uma versão avançada de um modelo de linguagem desenvolvido pela OpenAI. Ele é baseado no GPT (Generative Pretrained Transformer), que é um algoritmo de aprendizado de máquina para compreender, gerar e melhorar texto de forma autônoma.

O ChatGPT é especificamente projetado para gerar respostas de texto coerentes e contextualmente relevantes para entradas de texto específicas em uma conversa. Isso é feito através do uso de uma técnica chamada Transformer, que permite ao modelo levar em consideração a totalidade do contexto de uma conversa ao gerar uma resposta.

Um dos principais recursos do ChatGPT é a sua capacidade de gerar respostas criativas e originais, tornando-o uma ferramenta útil para uma ampla gama de aplicações, desde assistentes virtuais a ferramentas de redação assistida.

O treinamento do ChatGPT envolve duas etapas principais. Primeiro, ele é pré-treinado em um grande corpus de texto da internet. No entanto, ele não sabe nada sobre os documentos específicos usados para seu treinamento e não pode fazer afirmações sobre eventos de notícias ou fatos específicos. Na segunda etapa, ele é ajustado em um conjunto de dados mais específico, que inclui exemplos de diálogos humanos, para aprimorar sua capacidade de resposta.

Embora o ChatGPT seja capaz de gerar respostas convincentes e humanas, ainda há limitações. Por exemplo, pode gerar informações imprecisas, ser sensível a pequenas alterações na entrada de texto e, às vezes, fornecer respostas excessivamente verbosas ou se desviar do tópico. A OpenAI está constantemente trabalhando para melhorar essas limitações e aprimorar o desempenho do modelo."

Para ter acesso ao sistema Gemini, basta acessar o seguinte endereço:

https://gemini.google.com/

Da mesma forma, perguntei então Gemini:

> **"Descreva em detalhes o que é o sistema**
> **Gemini, inteligência artificial da Google"**

Resposta:

O Gemini é uma plataforma de inteligência artificial (IA) desenvolvida pela Google que oferece uma gama de recursos para empresas e indivíduos. A plataforma se destaca por sua capacidade multimodal, o que significa que pode entender e interagir com diferentes tipos de dados, incluindo:

- Texto: Geração de textos, tradução, conversão de linguagem natural e código.

- Imagens: Reconhecimento de objetos, classificação de imagens e geração de imagens a partir de texto.

- Áudio: Transcrição de áudio, reconhecimento de voz e geração de fala.

- Vídeo: Análise de vídeo, reconhecimento de objetos e geração de legendas.

Modelos e Recursos:

O Gemini oferece diversos modelos pré-treinados para diferentes tarefas, como:

- Gemini 1.0 Pro: Modelo principal com foco em geração de texto, tradução, conversão de linguagem natural e código.

- Gemini 1.5 Pro: Modelo multimodal de tamanho médio, otimizado para escalabilidade em uma ampla gama de tarefas.

- Aplicações Móveis: Aplicativos para iOS e Android que permitem usar o Gemini em dispositivos móveis.

- Serviço de Assinatura: Opção para empresas que desejam acesso premium ao Gemini com recursos avançados e suporte dedicado.

Funcionalidades e Benefícios:

O Gemini oferece diversas funcionalidades e benefícios para seus usuários, como:

Raciocínio sofisticado: O Gemini é capaz de compreender informações complexas, sejam elas escritas ou visuais, e descobrir conhecimentos que podem ser difíceis de discernir em meio a grandes quantidades de dados.

Flexibilidade: O Gemini pode ser usado em diversas plataformas, desde data centers até dispositivos móveis.

Escalabilidade: O Gemini pode ser dimensionado para atender às necessidades de empresas de todos os tamanhos.

Segurança: O Gemini é protegido por medidas de segurança avançadas para garantir a privacidade e a segurança dos dados dos usuários.

Aplicações:

O Gemini pode ser aplicado em diversas áreas, como:

Atendimento ao Cliente: Criação de chatbots e assistentes virtuais inteligentes.

Marketing: Geração de conteúdo personalizado e campanhas de marketing direcionadas.

Produtividade: Automatização de tarefas repetitivas e criação de documentos.

Educação: Personalização do aprendizado e criação de materiais didáticos interativos.

Saúde: Auxílio no diagnóstico de doenças e na criação de planos de tratamento personalizados.

Finanças: Detecção de fraudes e gerenciamento de riscos.

1.2. QUE TIPO DE IA SÃO O CHATGPT E O GEMINI?

O ChatGPT é um modelo de linguagem gerativo alimentado por IA desenvolvido pela OpenAI. Ele foi treinado em uma grande quantidade de dados de texto da internet e pode gerar respostas de texto semelhantes às humanas, com base no contexto e nas conversas passadas. É capaz de responder a perguntas, conversar sobre uma variedade de tópicos e gerar peças de escrita criativa.

Por outro lado, o Gemini é um chatbot gerativo de inteligência artificial desenvolvido pelo Google. Inicialmente, foi baseado na família LaMDA de modelos de linguagem grande (LLMs) e, mais tarde, no PaLM. Até esta data, março de

2024, o Gemini é ainda uma plataforma em aprimoramento constante que permite colaborar com a IA gerativa. Ele pode responder a perguntas de maneira semelhante à humana, acessando informações atualizadas da internet.

NLP (natural language processing, ou processamento de linguagem natural)

É uma subárea da inteligência artificial que se concentra na interação e na compreensão da linguagem humana pelos computadores. O objetivo do NLP é permitir que os computadores entendam, interpretem e processem a linguagem natural em suas diversas formas, como texto escrito ou falado.

O NLP envolve uma série de técnicas e algoritmos que ajudam os computadores a lidar com a complexidade da linguagem humana.

Algumas das principais tarefas realizadas pelo NLP incluem:

Reconhecimento de entidades: identificar e classificar nomes próprios, como nomes de pessoas, organizações ou locais, em um texto.

Extração de informações: extrair informações específicas de um texto, como datas, números ou fatos relevantes.

Análise de sentimentos: determinar a polaridade emocional de um texto, identificando se o conteúdo é positivo, negativo ou neutro.

Sumarização de texto: gerar um resumo conciso e relevante de um texto mais longo.

Tradução automática: traduzir o texto de um idioma para outro, utilizando técnicas de NLP para compreender e produzir traduções precisas.

Resposta a perguntas: compreender perguntas formuladas em linguagem natural e fornecer respostas relevantes.

Correção ortográfica e gramatical: identificar e corrigir erros ortográficos e gramaticais em um texto.

Estas são apenas algumas das muitas aplicações do NLP. O processamento de linguagem natural tem papel fundamental em várias tecnologias que usamos diariamente, como assistentes virtuais, chatbots, sistemas de tradução automática, motores de busca e muito mais. Ele permite que os computadores compreendam e interajam com os seres humanos de forma mais natural e eficaz.

LLM (large language model, ou modelo de ampla linguagem)

É uma categoria de modelos de inteligência artificial que foram treinados em grandes quantidades de texto para gerar respostas e interagir com os usuários de maneira mais natural.

Os modelos baseados em LLM são capazes de entender e produzir texto em linguagem natural com um alto nível de fluência e coerência. Eles são treinados em uma ampla variedade de fontes, como livros, artigos, páginas da web e até mesmo conversas humanas. Isso permite que eles adquiram um amplo conhecimento sobre a linguagem e sejam capazes de gerar respostas contextuais e relevantes para uma variedade de perguntas e tópicos.

Os modelos LLM são usados em uma variedade de aplicações, como assistentes virtuais, chatbots, sistemas de recomendação, correção automática e muito mais. Eles são capazes de interpretar e gerar texto de maneira semelhante a um humano, embora seja importante ressaltar que eles não têm compreensão ou consciência como os seres humanos. Eles funcionam com base em padrões estatísticos e probabilísticos aprendidos durante o treinamento.

Esses modelos têm sido uma área de pesquisa ativa e têm demonstrado resultados impressionantes em tarefas de processamento de linguagem natural. Eles continuam evoluindo e se aprimorando, trazendo avanços significativos para a interação entre humanos e computadores por meio da linguagem natural.

PaLM (pathwise learning machines ou máquinas de aprendizagem baseadas em percurso ou máquinas de aprendizagem baseadas em sequência)

PaLM um modelo de linguagem grande (LLM) desenvolvido pelo Google. O PaLM é a base para a próxima geração de modelos de linguagem grande do Google, conhecida como PaLM 2. O PaLM 2 foi construído com base no legado de pesquisa inovadora do Google em aprendizado de máquina e IA responsável. Ele é capaz de realizar tarefas avançadas de raciocínio, incluindo código e matemática, classificação e resposta a perguntas, tradução e proficiência multilíngue, assim como geração de linguagem natural, melhor do que os LLMs anteriores, incluindo o PaLM.

O que é o Gemini?

Gemini é um modelo de linguagem multimodal (LLM), o que significa que tem a capacidade de organizar, compreender, operar e combinar diferentes tipos de informação, incluindo comandos enviados por textos, imagens, vídeos, áudios ou códigos (linguagens de programação). O objetivo é que essa seja a "IA carro-chefe" do Google, alimentando diversos produtos e serviços do portfólio da empresa.

Como funciona o Gemini?

O Google descreve o Gemini como um modelo flexível capaz de funcionar em tudo, desde os data centers do Google até dispositivos móveis.

Para alcançar essa escalabilidade, a IA está sendo lançado em três tamanhos:

Gemini Nano: projetado para funcionar em smartphones, especificamente no Google Pixel 8. Ele foi desenvolvido para executar, no dispositivo, tarefas que exigem processamento de IA eficiente sem conexão com servidores externos, como sugerir respostas em aplicativos de bate-papo ou resumir texto.

Gemini Pro: rodando nos data centers do Google, o Gemini Pro foi projetado para alimentar a versão mais recente do Gemini. A IA é capaz de fornecer tempos de resposta rápidos e compreender consultas complexas.

Gemini Ultra: ainda indisponível para uso geral, o Google descreve o Gemini Ultra como seu modelo mais eficaz, foi projetado para executar tarefas altamente complexas.

Tendências do Gemini

O Google planeja lançar o Gemini Ultra, a versão mais poderosa para tarefas complexas, apenas em 2024. O Gemini Pro, uma versão intermediária para tarefas diversificadas, já está disponível dentro do Gemini. O Gemini Nano, a versão mais eficiente para processamento local em dispositivos de consumo, como celulares, tablets e notebooks, também já está disponível.

1.2.1. COMPARANDO O GEMINI ULTRA COM O CHATGPT 4.0

Característica	GEMINI Ultra	ChatGPT 4.0
Desenvolvimento	Google AI	OpenAI
Arquitetura	Transformer	Transformer
Tamanho do dataset	1,56 trilhão	600 bilhões
Número de parâmetros	1,6 trilhão	1,5 trilhão
Foco	Multimodal (texto, áudio, vídeo, imagem, código)	Textual
Desempenho	Supera o GPT-4 em vários benchmarks de texto, codificação, visual, áudio e vídeo	Desempenho inferior ao Gemini Ultra em vários benchmarks
Segurança	Camada adicional de segurança para prevenir a disseminação de informações falsas e discriminatórias	82% menos probabilidade de responder a conteúdo proibido

Outras performances relacionadas ao Gemini Ultra

Características de desempenho	GEMINI Ultra	ChatGPT 4.0
MMLU	90,4%	87,2%
Big-Bench Hard	83,6%	83,1%
DROP	82,4%	80,9%
HellaSwag	87,8%	95,3%
GSM8K	94,4%	92%
MATH	53,2%	52,9%
HumanEval	74,4%	67%
Natural2Code	74,9%	73,9%
MMMU	59,4%	56,8%
VQAv2	77,8%	77,2%
TextVQA	82,3%	78%

Qual o significado de cada um dos termos mencionados?

1. **MMLU (Massive Multitask Language Understanding):** benchmark que mede o entendimento de linguagem e a capacidade de resolver problemas de um modelo de linguagem. Ele avalia a capacidade do modelo de entender a linguagem e resolver problemas com o conhecimento que adquiriu durante o treinamento.

2. **Big-Bench Hard:** conjunto de 23 tarefas desafiadoras do Big-Bench, que foram consideradas além das capacidades dos modelos de linguagem atuais. São tarefas para as quais as avaliações anteriores de modelos de linguagem não superaram o desempenho médio humano.

3. **DROP:** DROP é um acrônimo em inglês que significa "deixar cair". No entanto, no contexto de jogos de computador, "dropar" é um neologismo que se refere ao ato de inimigos (monstros ou humanos) deixarem cair itens nos

jogos. O DROP avalia a capacidade de um modelo de IA de responder a perguntas que requerem a compreensão e manipulação de entidades e relações em um contexto narrativo.

Por exemplo, se uma passagem descreve eventos que ocorrem em diferentes momentos, o DROP pode exigir que o modelo de IA determine qual evento ocorreu primeiro ou último. Ou, se a passagem menciona várias pessoas e objetos, o DROP pode perguntar quantos objetos uma pessoa específica tem.

4. **HellaSwag:** benchmark que avalia o raciocínio de senso comum em modelos de linguagem. Ele foi projetado para testar a inferência natural de linguagem sobre situações físicas.

5. **GSM8K:** conjunto de dados de 8,5 mil problemas de matemática de alta qualidade e linguisticamente diversos criados por escritores humanos. Esses problemas levam entre dois e oito passos para resolver, e as soluções envolvem principalmente a realização de uma sequência de cálculos elementares usando operações aritméticas básicas para chegar à resposta final.

6. **MATH:** abreviação em inglês de "matemática", que é o estudo de números, formas e espaço usando razão e geralmente um sistema especial de símbolos e regras para organizá-los.

7. **HumanEval:** conjunto de problemas de resolução de problemas descrito no artigo "Avaliando Grandes Modelos de Linguagem Treinados em Código". Ele serve como um conjunto de dados de avaliação para testar a capacidade de um modelo de linguagem de resolver problemas.

8. **Natural2Code:** conjunto de dados interno usado para avaliar a capacidade de um modelo de linguagem de gerar código a partir de descrições naturais.

9. **MMMU — (Massive Multi-discipline Multimodal Understanding and Reasoning):** um novo benchmark projetado para avaliar modelos multimodais em tarefas multidisciplinares massivas que exigem conhecimento de assuntos de nível universitário e raciocínio deliberado.

MMMU inclui 11,5 mil perguntas multimodais meticulosamente coletadas de exames universitários, quizzes e livros didáticos, cobrindo seis disciplinas principais: Arte e Design, Negócios, Ciência, Saúde e Medicina, Humanidades e Ciências Sociais e Tecnologia e Engenharia. Essas perguntas abrangem 30 disciplinas e 183 subcampos, compreendendo 30 tipos de imagens altamente heterogêneas, como gráficos, diagramas, mapas, tabelas, partituras musicais e estruturas químicas.

Ao contrário dos benchmarks existentes, o MMMU se concentra na percepção avançada e no raciocínio com conhecimento específico do domínio, desafiando os modelos a realizar tarefas semelhantes às enfrentadas por especialistas.

10. **VQAv2 (Visual Question Answering v2.0):** um conjunto de dados contendo perguntas de resposta aberta sobre imagens. Essas perguntas requerem uma compreensão de visão, linguagem e conhecimento de senso comum para responder.

Quanto ao comportamento do ChatGPT-4 em relação a essas características

O ChatGPT-4, como modelo de linguagem de última geração, provavelmente tem um bom desempenho em muitos desses benchmarks, como MMLU, Big-Bench Hard, HellaSwag, GSM8K, HumanEval e VQAv2. Ele é capaz de entender e gerar texto em uma variedade de contextos, o que o torna útil para tarefas que envolvem compreensão de linguagem, raciocínio de senso comum e resolução de problemas.

No entanto, como qualquer modelo de IA, o ChatGPT-4 tem limitações. Por exemplo, embora possa gerar respostas para perguntas baseadas em seu treinamento, ele não é capaz de entender imagens ou código da mesma maneira que um humano faria. Portanto, tarefas que envolvem compreensão visual profunda ou geração de código podem ser mais desafiadoras para o modelo.

Além disso, o ChatGPT-4 não tem a capacidade de aprender ou de se adaptar durante a conversa. Ele gera respostas com base em seu treinamento e não é capaz de lembrar informações de conversas anteriores.

Finalmente, é importante notar que, embora o ChatGPT-4 seja uma ferramenta poderosa, ele não substitui o julgamento humano. Ele pode fornecer informações e gerar conteúdo com base em seu treinamento, mas as decisões finais devem sempre ser tomadas por humanos.

Considerações:

Arquitetura: tanto o Gemini Ultra quanto o ChatGPT 4.0 são modelos de linguagem transformadores. Os transformadores são uma arquitetura de rede neural que foi desenvolvida para tarefas de processamento de linguagem natural, como tradução automática, resumo de texto e geração de texto.

Tamanho do dataset: o Gemini Ultra foi treinado em um dataset de 1,56T de parâmetros, que inclui texto, áudio, vídeo, imagem e código. O ChatGPT 4.0 foi treinado em um dataset de 600B de parâmetros, que inclui apenas texto.

O tamanho do dataset é uma medida da quantidade de dados que um modelo de linguagem foi treinado. Quanto maior o dataset, mais preciso e versátil o modelo tende a ser.

Como você pode ver, o Gemini Ultra foi treinado em um dataset muito maior do que o ChatGPT 4.0. Isso significa que o Gemini Ultra tem a capacidade de aprender mais nuances e nuances da linguagem, o que o torna mais preciso e versátil.

Número de parâmetros: o Gemini Ultra tem 1,6 trilhão de parâmetros, enquanto o ChatGPT 4.0 tem 175 bilhões de parâmetros. O número de parâmetros é uma medida da complexidade de um modelo de linguagem.

Foco: o Gemini Ultra é um modelo multimodal, o que significa que pode processar e gerar texto, áudio, vídeo, imagem e código. O ChatGPT 4.0 é um modelo textual, o que significa que é mais adequado para tarefas que envolvem apenas texto.

Vantagens do Gemini:

- Mais versátil e dinâmico que ChatGPT 4.0.
- Pode gerar formatos de texto criativos, como poemas, código, scripts, peças musicais, e-mail, cartas etc.
- Mais preciso na resposta a perguntas abertas e desafiadoras.
- Possui melhor compreensão de contexto e nuances do idioma.
- Mais capaz de gerar formatos de texto criativos, como poemas, código, scripts, peças musicais, e-mail, cartas etc.
- Mais rápido e eficiente no processamento de informações.
- Possui menor consumo de memória e processamento.

Desvantagens do Gemini:

- Ainda em desenvolvimento.
- Pode ser menos preciso na geração de texto factual.
- Pode ser menos criativo na geração de texto criativo.

Aplicações potenciais o Gemini:

- Educação, entretenimento, negócios, indústria, etc.

O Gemini é o primeiro modelo a superar especialistas humanos no MMLU (Massive Multitask Language Understanding), um dos métodos mais populares para testar o conhecimento e a capacidade de resolução de problemas de modelos de IA.

Diferenças entre o Gemini 1.5 e o Gemini 1.0 Pro:

O Gemini 1.5 é uma versão aprimorada do Gemini 1.0 Pro, com as seguintes diferenças:

- Janela de contexto maior: O Gemini 1.5 possui uma janela de contexto significativamente maior, permitindo que ele compreenda melhor o significado de um texto ou frase.

- Capacidade de raciocínio aprimorada: O Gemini 1.5 é capaz de realizar raciocínio complexo e inferências lógicas, o que o torna mais adequado para tarefas que exigem um alto nível de compreensão.

- Desempenho aprimorado: O Gemini 1.5 é mais rápido e eficiente que o Gemini 1.0 Pro.

1.3. MACHINE LEARNING

Machine learning (aprendizado de máquina) é um subcampo da IA que se concentra em desenvolver sistemas que podem aprender e melhorar a partir de experiências, sem serem explicitamente programados para fazê-lo.

No contexto do ChatGPT e do Gemini, o machine learning desempenha um papel crucial. Esses modelos são treinados em grandes quantidades de texto, incluindo livros, artigos, sites e muito mais. Durante o treinamento, os modelos aprendem a reconhecer padrões na linguagem humana, aprendendo elementos como gramática e ortografia, mas também aprendem a reconhecer o contexto e a gerar respostas relevantes.

Por exemplo, se você pedir ao ChatGPT para escrever um ensaio sobre a Revolução Industrial, ele usará o que aprendeu durante o treinamento para gerar um ensaio que discute os principais aspectos da Revolução Industrial. Da mesma forma, o Gemini pode ser usado para gerar conteúdo criativo, como histórias ou poemas, com base nos prompts de entrada que recebe.

O machine learning permite que esses modelos melhorem com o tempo. À medida que são expostos a mais e mais dados, eles se tornam melhores em gerar respostas que são não apenas gramaticalmente corretas, mas também contextualmente relevantes. Isso os torna ferramentas poderosas para uma variedade de aplicações, desde responder perguntas e escrever ensaios até criar conteúdo criativo.

1.4. COMPARANDO AS VERSÕES DO CHATGPT

IMPORTANTE:

Apesar de todos os prompts deste livro terem sido desenhados para atuar no chat disponível no Bing e no Gemini, o poder de resposta destes prompts, quando aplicados na versão paga do ChatGPT, Gemini Pro, ou se você tiver uma conta Microsoft e acessar o Bing, é exponencialmente melhorado. É realmente uma experiência incrível.

	ChatGPT 3.5 (versão gratuita)	ChatGPT 4
Número de parâmetros	175 bilhões	1,5 trilhão
O número de parâmetros refere-se à quantidade de pesos que um modelo de linguagem possui. Esses pesos são os valores numéricos que o modelo aprende durante o treinamento para fazer previsões e gerar respostas. Quanto mais parâmetros um modelo tiver, maior será sua capacidade de aprender e representar a complexidade da linguagem.		
Recursos	Lida com prompts e conversas mais curtas	Possibilita prompts mais longos e detalhados
Assertividade	Comete erros lógicos e de raciocínio	Gera respostas mais precisas
Fluxo de conversa	Menos natural e coerente	Mais natural e coerente
Geração de respostas criativas	Mais natural	Sob demanda
Markdown	Não suportado	Suportado
Markdown é uma linguagem de formatação de texto simples e leve, projetada para ser fácil de ler e escrever. Ela permite adicionar formatação básica ao texto, como negrito, itálico, listas, cabeçalhos e links, utilizando uma sintaxe simples e intuitiva.		
Informações verídicas	Existe uma taxa considerável de probabilidade de respostas falsas	Conta com recursos que minimizam a probabilidade de gerar respostas falsas ou propagar desinformação

	ChatGPT 3.5 (versão gratuita)	ChatGPT 4
Poder de interpretação	Processa somente textos	Pode processar, além de textos, imagens e gráficos
Refinamento	Pouco refinado	Pode reconhecer emoções em um texto, trabalhar com parâmetros de humor dependendo do contexto
Atualização	Janeiro de 2022	Atualizado em tempo real
Acesso à internet	Não	Sim
Se fossem um cérebro, seriam...	Um macaco	Um humano
Capacidade de resposta	Até 5 blocos de respostas consecutivos	Sem restrição de blocos
Volume de texto	Aceita até 4.000 caracteres para descrição de cenários	Aceite até 9.000 caracteres para descrição de cenários
Assertividade	Menos assertivo, busca atalhar respostas ou simplificar pedidos	Mais assertivo e tende a trazer as respostas mais completas seguindo o prompt
Nível de compreensão intuitiva de prompts	Baixa – Precisa ser muito específico para conseguir respostas mais assertivas	Alta – Bastante intuitivo, compreende melhor os prompts

1.5. PORQUE É IMPORTANTE DESENVOLVER CONHECIMENTOS EM MODELOS DE LINGUAGEM

Alguns dos principais benefícios um gestor de negócios deverá obter com o desenvolvimento de suas habilidades em inteligência artificial baseada em modelos de linguagem, são:

Comunicação eficiente: Melhora a interação com a IA para obter respostas mais precisas. Por exemplo, um gestor pode usar prompts eficazes para obter insights de negócios a partir de dados brutos.

Automatização de tarefas: Permite automatizar tarefas rotineiras, economizando tempo. Por exemplo, um gestor pode criar um prompt para gerar relatórios de vendas semanais.

Geração de conteúdo: Os modelos de linguagem podem gerar conteúdos criativos, como posts de blog. Por exemplo, um gestor pode usar o Gemini ou ChatGPT para criar conteúdo de marketing atraente.

Aprendizado contínuo: Aa criação de prompts é um processo de aprendizado contínuo que pode levar a melhores resultados ao longo do tempo.

Previsão de tendências: Os prompts podem ser usados para prever tendências de mercado com base em dados históricos. Por exemplo, um gestor pode usar o ChatGPT para prever reações ou tendências futuras de mercados.

Inovação: A criação de prompts pode levar a novas ideias e inovações. Por exemplo, um gestor pode usar os modelos de linguagem para gerar ideias para novos produtos ou serviços.

Aprendizagem rápida: Os modelos de linguagem podem fornecer informações rápidas e precisas sobre uma ampla gama de tópicos, facilitando a aprendizagem rápida. Por exemplo, um gestor pode usar o ChatGPT para aprender rapidamente sobre uma nova tendência de mercado ou tecnologia.

Pesquisas rápidas: Os modelos de linguagem podem realizar pesquisas rápidas na web, fornecendo informações atualizadas e relevantes. Por exemplo, um gestor pode usar o ChatGPT para obter as últimas notícias sobre a concorrência, referências bibliográficas, estudos etc.

Análises e perspectivas: O ChatGPT e o Gemini podem analisar grandes volumes de dados e fornecer insights valiosos. Por exemplo, um gestor pode usar o ChatGPT para analisar o feedback dos clientes e identificar áreas de melhoria.

Clareza comunicativa: O ChatGPT e o Gemini podem ajudar a melhorar a clareza comunicativa, fornecendo respostas claras e concisas. Por exemplo, um gestor pode usar o Gemini para criar comunicações de negócios claras e eficazes conforme perfil de cliente.

Análise de problemas: Os modelos de linguagem podem ajudar na análise de problemas, fornecendo diferentes perspectivas e possíveis soluções. Por exemplo, um gestor pode usar o ChatGPT para explorar diferentes abordagens ou apresentar soluções através de diversas ferramentas para resolver um problema de negócios.

1.6. O QUE É UM PROMPT

Um prompt refere-se à entrada ou à instrução fornecida pelo usuário para iniciar uma conversa ou solicitar informações específicas. É o texto inicial ou a pergunta que você digita para iniciar a interação com o modelo de linguagem.

O prompt é a maneira de comunicar ao modelo o que você está buscando ou a informação que você deseja obter. É a base da conversa e influencia diretamente nas respostas geradas pelo ChatGPT, por exemplo. Ao fornecer um prompt claro e bem formulado, você tem mais chances de obter uma resposta mais relevante, mais ou menos profunda e útil à sua necessidade.

IMPORTANTE:

Apesar de prompts em inglês ainda serem mais bem considerados — principalmente para desenvolvimento de imagens — no sentido de compreensão do que se pede, prompts em português também são bastante funcionais, então podemos seguir normalmente com nossos exercícios.

1.7. QUAIS AS PRINCIPAIS CARACTERÍSTICAS SÃO RELEVANTES PARA O DESENHO DE UM ÓTIMO PROMPT DE COMANDO

- **Seja claro e específico:** Certifique-se de que o prompt seja claro e direto ao ponto. Evite ambiguidades ou generalidades. Seja específico sobre a informação ou tarefa que você deseja do modelo.

- **Forneça contexto adequado:** Contextualize sua pergunta ou solicitação no prompt. Dê ao modelo as informações necessárias para entender o que você está pedindo. Inclua detalhes relevantes que possam ajudar o modelo a gerar uma resposta precisa.

- **Seja conciso:** Tente manter o prompt o mais breve possível, dentro dos limites de caracteres permitidos pelo modelo. Evite informações desnecessárias ou repetitivas. Quanto mais conciso for o prompt, menos provável será que o modelo se desvie do tópico principal.

- **Faça perguntas específicas:** Se você estiver buscando uma resposta direta, formule sua pergunta de forma clara e específica. Evite perguntas amplas ou vagas que possam levar a respostas ambíguas. Se necessário, divida uma pergunta complexa em partes mais simples.

- **Inclua exemplos, se apropriado:** Se estiver solicitando uma resposta com base em exemplos ou padrões específicos, forneça amostras ou casos de uso relevantes no prompt. Isso pode ajudar o modelo a entender melhor o que você está procurando.

- **Seja educado e cortês:** Ao interagir com o ChatGPT, manter uma linguagem educada e cortês pode contribuir para obter respostas mais adequadas. Evite comandos rígidos ou linguagem ofensiva, pois o modelo responde melhor a uma abordagem amigável.

- **Experimente diferentes formulações:** Se o resultado inicial não atender às suas expectativas, tente reformular o prompt. Pequenas alterações na redação podem levar a respostas diferentes. Experimente diferentes abordagens até encontrar a que melhor se adequa às suas necessidades.

Veja este exemplo de prompt:

"Olá! Sou um executivo em busca de aprimorar um processo específico para alcançar resultados superiores. Gostaria de obter suas recomendações e insights sobre como posso alcançar essa melhoria. Por favor, forneça orientações claras e detalhadas sobre as etapas que devo seguir, considerando os recursos disponíveis e as melhores práticas do setor. Se possível, compartilhe exemplos de casos de sucesso relacionados a esse processo para me ajudar a entender como aplicar as melhorias de forma eficaz. Agradeço desde já sua ajuda e estou ansioso para receber suas sugestões!"

Ahhhh! Dica, seja sempre educado

No exemplo, o prompt é claro e específico sobre o objetivo do executivo, que é aprimorar um processo específico em busca de resultados melhores. O contexto é fornecido juntamente com a solicitação de orientações claras e detalhadas sobre as etapas a serem seguidas. O executivo também pede exemplos de casos de sucesso relacionados para ajudar a entender a aplicação prática das melhorias.

A partir do recebimento da resposta, siga aprofundando pontos e refinando suas buscas.

1.8. QUAIS CONDIÇÕES PODEM SER CONTEXTUALIZADAS

1. **Tom:** Diga-me como quer que eu soe! (Ex: formal, descontraído, informativo, persuasivo).

2. **Formato:** Como você quer que eu organize isso? (Ex: Lista, tópicos, markdown).

3. **Atue como:** Me dê um papel para interpretar. (Ex: especialista, crítico).

4. **Objetivo:** O que você quer alcançar com isso? (Ex: Informar, persuadir).

5. **Contexto:** Me dê os detalhes, os dados, o cenário.

6. **Escopo:** Quão longe você quer ir com o tópico?

7. **Palavras-chave:** Quais palavras ou frases não podem faltar?

8. **Limitações:** Alguma restrição? Contagem de palavras ou caracteres, talvez?

9. **Exemplos:** Mostre-me como você quer que seja.

10. **Prazo:** Quando você precisa disso?

11. **Público-alvo:** Para quem é isso? Vamos acertar o alvo!

12. **Idioma:** Em que língua você quer a resposta, se for diferente da pergunta?

13. **Citações:** Quer que eu inclua algumas citações ou fontes para dar mais peso às informações?

14. **Ponto de vista:** Devo considerar diferentes perspectivas e opiniões na resposta?

15. **Contra-argumentos:** Quer ouvir o outro lado da história? Isso pode dar uma visão mais completa do assunto.

16. **Terminologia:** Há termos técnicos que devo usar ou evitar na resposta?

17. **Analogias:** Quer que eu use exemplos ou analogias para esclarecer conceitos?

18. **Solicitações:** Devo incluir declarações de especialistas para fortalecer a resposta?

19. **Estatísticas:** Devo usar dados ou estatísticas para embasar o conteúdo?

20. **Chama para ação:** O que você quer que as pessoas façam depois de ler isso?

21. **Sensibilidade:** Há temas sensíveis ou assuntos que devem ser tratados com cuidado ou evitados na resposta?

22. **Passo a passo:** Quer que eu descreva um passo a passo para facilitar a implementação de tarefas sugeridas nas respostas?

1.9. COMO OBTER RESPOSTAS

Ambos modelos de linguagem conseguem sugerir uma gama extremamente extensa de padrões de respostas, por exemplo, em formato de tabela, em formato de comparação, em forma de poesia, em texto corrido ou em tópicos numerados, descrito em um tipo de passo a passo ou segmentado por algum tipo de marcação. Enfim, as formas são tantas que nem vale a pena ficar as citando.

Basta que, na sua pergunta, você indique a forma como quer a resposta, por exemplo:

"Descreva em formato "passo a passo" um processo de funcionamento de um sistema de atendimento a cliente em uma empresa que vende seguros de automóveis."

E booommm... ele irá sugerir um processo completo, como deveria ser.

Agora tente este prompt para o ChatGPT:

- Descreva o seguinte Prompt para Gemini -

"Por favor, faça uma comparação, citando os aspectos mais relevantes em matéria de performance e funcionalidades sobre os sistemas ChatGPT e Gemini. Responda em formato de tabela, de forma que eu possa exportar e utilizar diretamente em Excel."

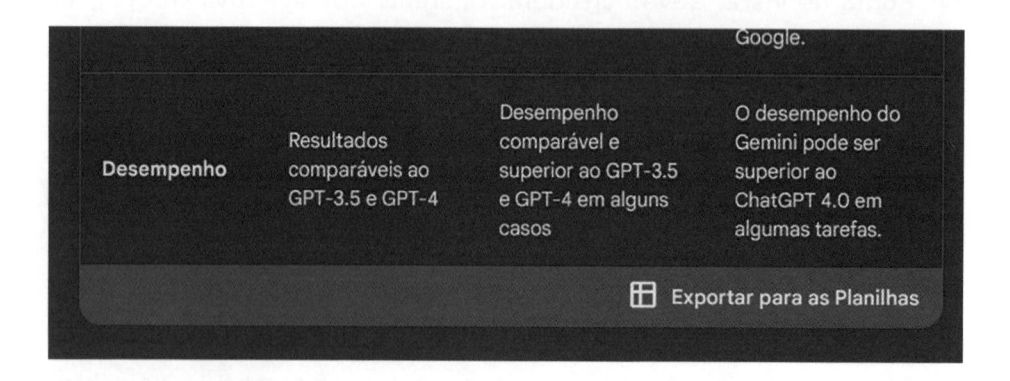

			Google.
Desempenho	Resultados comparáveis ao GPT-3.5 e GPT-4	Desempenho comparável e superior ao GPT-3.5 e GPT-4 em alguns casos	O desempenho do Gemini pode ser superior ao ChatGPT 4.0 em algumas tarefas.

⊞ Exportar para as Planilhas

Prontinho! Tabela gerada, basta clicar "Exportar para as Planilhas" e será levado diretamente ao software.

1.10. O QUE É UM ENGENHEIRO DE PROMPT

Um engenheiro de prompt é um especialista em tecnologia da informação que trabalha com o desenvolvimento e otimização de prompts de texto gerados por IA, para garantir que eles sejam precisos e relevantes em diferentes aplicações.

A engenharia de prompt é uma habilidade crucial no campo da IA, que tem como objetivo desenvolver prompts eficazes para a IA, a fim de melhorar a experiência do usuário e as respostas do modelo de IA.

Os engenheiros de prompt trabalham com equipes multifuncionais para discutir o desenvolvimento de produtos e identificar usos de ferramentas de IA. Eles são responsáveis por realizar o treinamento, gerenciamento e a escolha de qual a melhor linguagem que o ChatGPT, por exemplo, compreende cada linha de comando de modo a realizar o que o usuário necessita.

Esses profissionais estão no cerne da evolução da tecnologia conversacional, como o pioneiro ChatGPT da OpenAI. Eles criam sistemas de IA, como chatbots e assistentes virtuais, que podem interagir de forma natural e fluida com os usuários.

Portanto, a engenharia de prompt é essencial para criar melhores serviços baseados em inteligência artificial e obter melhores resultados com as ferramentas de IA generativas existentes.

1.11. O VIDEOPOET

O VideoPoet é um modelo de linguagem de grande capacidade (LLM) desenvolvido pela Google Research. Ele é capaz de executar várias tarefas na criação de vídeos, incluindo texto para vídeo, imagem para vídeo, estilização de vídeo, completar imagens (inpainting) ou a capacidade de prever objetos em falta (outpainting) e também vídeo para áudio.

O VideoPoet utiliza um tokenizador de vídeo MAGVIT V2 e um tokenizador de áudio SoundStream, que convertem imagens, vídeos e clipes de áudio em um vocabulário unificado. Esse vocabulário é então usado por um modelo de linguagem autorregressivo, que aprende por meio de várias modalidades, incluindo texto, para gerar vídeos de alta qualidade.

Embora tenha sido anunciado e tenha demonstrado algumas capacidades impressionantes em maio de 2023, durante a construção deste livro, a ferramenta ainda está em desenvolvimento e não está acessível para uso geral. No entanto, a equipe de pesquisa lançou um site de demonstração onde já dá para experimentar algumas funcionalidades.

O VideoPoet pode ser usado para uma variedade de propósitos, incluindo:

Criação de conteúdo criativo: O VideoPoet pode ser usado para criar vídeos animados, videoclipes, trailers de filmes e outros tipos de conteúdo criativo.

Educação: O VideoPoet pode ser usado para criar vídeos educacionais que explicam conceitos complexos de forma visual.

Marketing: O VideoPoet pode ser usado para criar vídeos de marketing que são atraentes e envolventes.

O que é o MAGVIT V2?

É um tokenizador de vídeo projetado para gerar tokens concisos e expressivos tanto para vídeos quanto para imagens usando um vocabulário de tokens comum. Ele mapeia entradas de espaço de pixel para tokens discretos apropriados para o aprendizado de modelos de linguagem de grande capacidade (LLMs). O MAGVIT V2 é usado no modelo VideoPoet para gerar vídeos de alta qualidade.

O que é o SoundStream?

É um tokenizador de áudio usado em modelos como o MusicLM. Ele pode reconstruir música de 24 kHz a 6 kbps com impressionante fidelidade, aproveitando a quantização vetorial residual (RVQ) para compressão de áudio eficiente e de alta qualidade. Assim como o MAGVIT V2, o SoundStream mapeia entradas de áudio para tokens discretos apropriados para o aprendizado de LLMs.

Ambos os tokenizadores desempenham um papel crucial na eficácia do uso de LLMs para a geração visual e de áudio.

O que é um tokenizador?

Um tokenizador de áudio e vídeo é como um tradutor. Ele transforma um arquivo de áudio ou de vídeo em texto. Isso é útil quando você tem uma gravação de uma reunião, por exemplo, e quer ter tudo o que foi dito em formato de texto e vice-versa.

1.12. O SORA

O Sora é um modelo de inteligência artificial (IA) inovador desenvolvido pela OpenAI, com a capacidade de criar vídeos realistas e de alta qualidade a partir de comandos de texto simples.

Funcionalidades:

Criação de Vídeos: O Sora pode gerar vídeos de até 60 segundos, com base em descrições textuais, incluindo elementos como personagens, cenários, ações e diálogos.

Personalização: É possível personalizar diversos aspectos do vídeo, como estilo visual, ritmo da narrativa, paleta de cores e até mesmo a inclusão de música de fundo.

Interatividade: O Sora permite a criação de vídeos interativos, onde o usuário pode escolher diferentes opções e influenciar o desenrolar da história.

Tecnologia por trás do Sora:

* Modelo Generativo: O Sora utiliza um modelo de IA generativo, treinado em um enorme conjunto de dados de imagens e vídeos.

* Compreensão de Linguagem Natural: O modelo é capaz de compreender e interpretar comandos de texto em linguagem natural, convertendo-os em imagens e animações.

* Aprendizado de Reforço: O Sora utiliza técnicas de aprendizado de reforço para aprimorar continuamente sua capacidade de gerar vídeos realistas e envolventes.

Aplicações do Sora:

* Marketing: Criação de anúncios, vídeos explicativos e conteúdo persona-lizado para redes sociais.

* Educação: Desenvolvimento de materiais didáticos interativos, animações e simulações.

* Entretenimento: Criação de curtas-metragens, animações e jogos interativos.

* Negócios: Criação de apresentações, treinamentos e demonstrações de produtos.

Benefícios do Sora:

- Eficiência: O Sora permite a criação de vídeos de forma rápida e eficiente, sem a necessidade de conhecimentos técnicos aprofundados em edição de vídeo.

- Criatividade: O Sora oferece ferramentas para estimular a criatividade e a produção de conteúdo original.

- Acessibilidade: O Sora pode ser utilizado por qualquer pessoa, independentemente de suas habilidades técnicas.

Limitações do Sora:

- Fase de desenvolvimento: Até o lançamento deste livro em março de 2024, o Sora ainda está em fase de desenvolvimento, o que significa que algumas funcionalidades podem apresentar falhas ou resultados inesperados.

- Conteúdo sensível: O Sora não deve ser utilizado para a criação de conteúdo sensível ou que possa violar os direitos autorais de terceiros.

- Custo: O acesso ao Sora pode ser um fator limitante para alguns usuários, especialmente para aqueles que não possuem recursos para investir em ferramentas de IA.

Conclusão:

O Sora é uma ferramenta promissora que tem o potencial de revolucionar a maneira como criamos e consumimos vídeos. Com o tempo e o desenvolvimento contínuo, o Sora pode se tornar uma ferramenta essencial para profissionais de diversas áreas, desde marketing e educação até entretenimento e negócios.

1.13. VISÃO DOS PRINCIPAIS PESQUISADORES SOBRE A EVOLUÇÃO DOS MODELOS DE LINGUAGEM

Os principais pesquisadores da área de inteligência artificial preveem que os sistemas capazes de entender e gerar linguagem natural estarão prontos nos próximos anos. Eles acreditam que o aprendizado profundo será capaz de fazer tudo, mas que serão necessários vários avanços conceituais e um aumento maciço na escala. A inteligência artificial geral (AGI) é vista como algo possível de ser alcançado em apenas alguns anos, talvez dentro de uma década.

Os modelos de linguagem, como o ChatGPT, são vistos como ferramentas potenciais para economizar tempo para os médicos e melhorar o atendimento ao paciente. A IA é vista como uma nova forma de inteligência, e os grandes modelos de linguagem, como poderosos aceleradores do desenvolvimento de aplicações. Prevê-se um aumento nas aplicações de IA personalizadas devido à IA baseada em prompts e ferramentas.

Os pesquisadores acreditam que os modelos de linguagem continuarão a evoluir nos próximos anos, tornando-se cada vez mais sofisticados e capazes. Eles preveem que os modelos de linguagem serão capazes de realizar tarefas que atualmente são consideradas exclusivas dos humanos, como escrever livros, compor música e criar obras de arte.

Algumas das principais tendências de evolução dos modelos de linguagem incluem:

O aumento do tamanho dos modelos: Modelos de linguagem maiores são capazes de aprender padrões mais complexos no texto, o que os torna mais precisos e capazes.

O uso de novos métodos de treinamento: Métodos de treinamento mais avançados, como a autoaprendizagem, permitem que os modelos de linguagem aprendam sem a necessidade de dados rotulados, o que os torna mais eficientes e escaláveis.

A integração de novos tipos de dados: A integração de novos tipos de dados, como imagens e áudio, permitirá que os modelos de linguagem compreendam melhor o mundo ao seu redor.

Os pesquisadores acreditam que os modelos de linguagem terão um impacto profundo na sociedade, alterando a forma como interagimos com a tecnologia, trabalhamos e aprendemos. Eles também acreditam que os modelos de linguagem podem ser usados para criar novos produtos e serviços que beneficiem a humanidade

1.14. COMO DEVERÁ SER O FUTURO

Estes são os prognósticos, segundo os principais nomes da IA da atualidade:

Yoshua Bengio: Um dos pioneiros da aprendizagem profunda, Bengio concentra-se principalmente em redes neurais e algoritmos de aprendizagem profunda. Ele também explora como a IA pode ajudar a entender o processamento de linguagem humana e contribui para a discussão ética sobre o uso de IA.

Geoffrey Hinton: Também conhecido como um dos "pais" da aprendizagem profunda, Hinton fez contribuições fundamentais para o desenvolvimento de redes neurais, backpropagation e técnicas relacionadas à aprendizagem profunda que são fundamentais para muitos sistemas de IA modernos.

Demis Hassabis: Cofundador da DeepMind, Hassabis trabalha na interseção da neurociência e IA. Ele tem liderado pesquisas em sistemas de IA de aprendizado geral, com objetivos de resolver problemas complexos, desde jogos estratégicos como Go até aplicações médicas e científicas.

Fei-Fei Li: Conhecida por seu trabalho em visão computacional, Li ajudou a construir o ImageNet, um vasto banco de dados de imagens que é crucial para o treinamento de algoritmos de reconhecimento de imagem. Ela também é uma defensora da inclusão e ética na IA trabalhando para garantir que a tecnologia seja acessível e benéfica para todos.

Andrew Ng: Ng é conhecido por seu trabalho tanto em aprendizagem profunda quanto em educação sobre IA tendo cofundado o Coursera. Ele tem trabalhado em uma ampla gama de aplicações de IA incluindo saúde, robótica e novas metodologias de aprendizagem de máquina.

Qual o futuro da inteligência artificial?

O futuro da IA é provavelmente a continuação e a ampliação das tendências atuais, em que a aprendizagem profunda e os métodos relacionados continuarão a ser aprimorados e aplicados em uma gama ainda maior de problemas. As pesquisas lideradas por Bengio, Hinton e outros visam desenvolver algoritmos mais eficientes, robustos e capazes de aprender representações mais ricas do mundo. A IA deverá se tornar mais adaptável, capaz de aprender com menos dados (aprendizado one-shot ou few-shot, como os trabalhos de Fei-Fei Li indicam) e com maior capacidade de generalização.

Além disso, o trabalho de Hassabis na DeepMind sugere que a IA continuará a avançar no sentido de sistemas de aprendizado geral, que podem aprender uma variedade de tarefas sem programação específica para cada uma delas. As aplicações práticas se expandirão para áreas como saúde, em que

Andrew Ng tem concentrado esforços, e ética e inclusão se tornarão cada vez mais importantes conforme a IA se integra mais profundamente na sociedade.

Qual o futuro dos modelos de linguagem como Gemini e ChatGPT?

Os modelos de linguagem, como o Gemini e o ChatGPT, estão na fronteira do que é possível com a IA em termos de processamento de linguagem natural (PLN). Espera-se que esses modelos se tornem mais sofisticados, entendendo e gerando linguagem de maneira mais coesa e contextually relevante. A pesquisa em PLN e aprendizagem de máquina sugere que haverá avanços na capacidade de tais modelos de compreender nuances, sarcasmo, piadas e referências culturais, tornando-os mais úteis em aplicações práticas.

Esses modelos também devem se tornar mais interativos, com a capacidade de manter diálogos mais longos e significativos, ajudar na resolução de problemas complexos e fornecer assistência personalizada baseada em uma compreensão mais profunda das intenções e necessidades do usuário.

A linha entre a IA e a assistência humana pode se tornar mais tênue, com modelos como Gemini e ChatGPT sendo integrados em equipes para melhorar a eficiência e a tomada de decisões. Isso também levanta questões éticas e de confiança, e é provável que surjam frameworks e políticas para garantir que esses sistemas sejam usados de maneira responsável e equitativa, uma preocupação que pesquisadores como Fei-Fei Li e Yoshua Bengio têm destacado.

A partir de toda esta contextualização, vamos finalmente ligar os motores?

1.15. AMPLIANDO HORIZONTES APREENDENDO A DESENHAR

Agora vamos ampliar um pouco as possibilidades.

Digite o seguinte prompt na caixa de diálogos do ChatGPT no Bing:

- Descreva o seguinte Prompt para ChatGPT -

"Traga a imagem de um cachorro, escovando os dentes"

Esta foi a minha resposta:

Esta função é diversão garantida!

Agora, vamos tentar criar seu avatar para exercitar.

1.16. CRIANDO SEU AVATAR

Eu tentei a partir da descrição deste prompt:

- Descreva o seguinte Prompt para ChatGPT -

Por favor, gere a seguinte imagem:

Um personagem estilo Disney Pixar 3D. Um simpático homem de 42 anos, pele morena clara, veste uma camiseta xadrez sobre uma blusa branca lisa, calça jeans e tênis tipo All Star, óculos, olhos castanhos, cabelo liso preto curto, cavanhaque baixo. Ele é, claramente, um professor de neurociências.

Segura com a mão esquerda um modelo anatômico de cérebro humano e, com a sua mão direita, aponta seu dedo indicador para a sua própria cabeça, como se estivesse convidando as pessoas a usar a mente, convidando as pessoas a pensar.

Veja o resultado: *Vamos lá, tente mais opções e estilos...*

E aí, qual mais se parece comigo? 😊

1.17. CRIANDO SEU LOGOTIPO

Um logotipo é um símbolo gráfico ou emblema usado por empresas, organizações e até indivíduos para promover a identificação pública imediata. Pode ser puramente gráfico (símbolos/ícones) ou composto do nome da organização (um logotipo em forma de palavra). Os logotipos são parte importante da identidade de marca de uma empresa, pois são frequentemente a primeira impressão que um cliente potencial tem da empresa. Eles são usados em materiais de marketing, publicidade e comunicação para ajudar a construir reconhecimento e lembrança da marca.

Eu tentei a partir da descrição do seguinte prompt:

- Descreva o seguinte Prompt para ChatGPT -

Construa uma imagem tipo logotipo, sem texto aparente, em estilo Disney 3D, com fundo completamente branco, que contenha somente um único elemento em tela com as seguintes características:

Uma única pílula de DNA que apresente uma parte em verde transparente e outra em tom mais claro com transparência.

Dentro da capsula da pílula há uma espiral de DNA, uma engrenagem, um robô, três pessoas e dois gráficos de performance de resultados.

Não há nenhum elemento fora da pílula.

Não há texto na imagem, não há letras na imagem, não há números na imagem.

Eis o resultado:

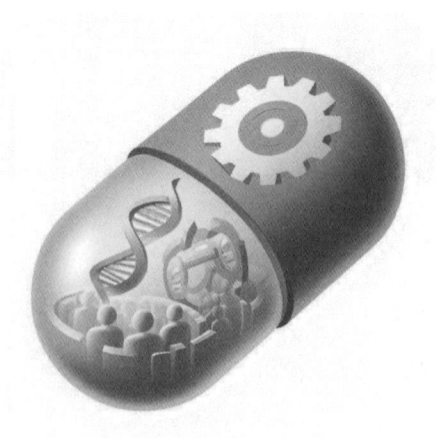

Cada imagem pode ser gerada utilizando diversos requisitos, como por exemplo:

Imagens de objetos ou cenas: É possível criar imagens de objetos específicos ou cenas, como "um carro vermelho dirigindo na estrada" ou "um pôr do sol na praia".

Imagens abstratas: É possível criar imagens abstratas baseadas em descrições, como "cores vibrantes se misturando em um redemoinho".

Imagens de personagens: É possível criar imagens de personagens fictícios ou reais, como "um cavaleiro com uma armadura brilhante" ou "uma representação de Albert Einstein".

Imagens de fantasia: É possível criar imagens de cenários de fantasia, como "um castelo flutuando nas nuvens" ou "um dragão cuspindo fogo".

Efeitos de imagem: É possível incorporar efeitos descritos no prompt de texto, como "uma floresta coberta de neblina" ou "uma cidade iluminada ao anoitecer".

1.18. CRIANDO SEU MASCOTE

Um mascote de marca é um personagem ou avatar que representa uma marca. Muitas vezes, serve como embaixador de uma empresa, produto ou serviço. As empresas usam mascotes de marca para promover suas estratégias de publicidade e marketing. Pode tornar sua marca mais atraente, envolvente e reconhecível para os clientes.

Os mascotes de marca podem ser de três tipos:

- **Personagens humanos:** pessoas reais, super-heróis, personagens fictícios e mais.

- **Animais como personagens:** tigre, coelho, vaca, jaguar e mais.

- **Objetos como personagens:** objetos inanimados, frutas, personagens antropomórficos e mais.

As empresas podem alcançar um público mais amplo usando mascotes de marca em logotipos, ícones, redes sociais, sites e aplicativos móveis. Normalmente, ajuda na venda suave e no estabelecimento do reconhecimento da marca. No entanto, não é apenas para grandes organizações. Muitas pequenas organizações tentam criar os melhores mascotes de marca para construir a personalidade de sua marca.

Para acertar no design de um mascote de marca, você precisa garantir que ele represente seu negócio e ressoe com seu público. Os mascotes de marca ajudam a tornar uma marca mais memorável. Eles trazem elementos visuais, verbais e auditivos juntos para desenvolver experiências duradouras de marca e, portanto, melhor recordação de marca.

Aqui estão alguns exemplos de estilos que é possível criar:

Estilo de desenho animado: É possível criar imagens que se assemelhem a estilos de desenho animado, como "um gato sorridente no estilo de desenho animado".

Estilo realista: É possível criar imagens que se assemelhem a uma representação realista, como "uma maçã vermelha brilhante sobre uma mesa de madeira".

Estilo de pintura: É possível criar imagens que se assemelhem a estilos de pintura, como "uma paisagem no estilo de Van Gogh".

Estilo de fantasia: É possível criar imagens que se assemelhem a estilos de fantasia, como "um castelo mágico no estilo de Harry Potter".

Estilo de personagens 3D: É possível criar imagens que se assemelhem a personagens 3D, como "um robô amigável no estilo de personagens 3D".

Estilo de anime/mangá: É possível criar imagens que se assemelhem a estilos de anime ou mangá, como "um samurai no estilo de anime".

Estilo de arte moderna: É possível criar imagens que se assemelhem a estilos de arte moderna, como "uma escultura abstrata no estilo de Picasso".

Estilo de arte pixelada: É possível criar imagens que se assemelhem a arte pixelada, como "um personagem de videogame no estilo pixel art".

Estilo de arte de rua: É possível criar imagens que se assemelhem a arte de rua, como "um mural de grafite com um leão".

Estilo de ilustração de livros infantis: É possível criar imagens que se assemelhem a ilustrações de livros infantis, como "um coelho fofo no estilo de ilustração de livros infantis".

Eu tentei a partir da descrição deste prompt:

- Descreva o seguinte Prompt para ChatGPT -

Construa uma imagem, em estilo Disney 3D, de um mascote que represente a minha empresa:

Este personagem seria um camaleão, que se encontra em constante adaptação de cores de seu corpo conforme o ambiente onde se encontra.

Este personagem é simpático e carismático, usa óculos e segura um pequeno modelo anatômico de cérebro em uma das patas.

O fundo da imagem apresenta um ambiente empresarial, com executivos ao fundo, gráficos e clientes.

Esta imagem não contém texto, não contém letras e não contém números.

Este é nosso novo mascote! ☺

Algumas considerações:

Como vimos, é importante conhecer, mesmo que superficialmente, os potenciais desta ferramenta, e, ao longo do tempo, ir aprofundando a sua maturidade em tirar dela o melhor resultado.

Esta pequena introdução serve somente para apresentar o nível de potencial desse tipo de ferramenta, e seria impossível esgotar as possibilidades de criação e de desenvolvimento da tecnologia que você tem em mãos neste momento.

Porém, a partir de agora, aplicaremos este potencial em seu negócio, ou seja, na forma como você poderá visualizar os seus próprios potenciais e explorar pontos de vista jamais imaginados, como análise de problemas, soluções, sugestões e até mesmo — por que não? — o desenvolvimento de novos potenciais produtos, serviços ou mercados.

1.19. CRIANDO E ARMAZENANDO SEU "CONTEXTO"

Definir "Contexto" na aba Contexto no ChatGPT é crucial por diversas razões, que contribuem para a eficácia e precisão das interações com o usuário.

Para criar seu contexto, acesse a aba "Contexto"

Logo, defina seu script de cotnexto, ou seja, a forma como você deseja que o ChatGPT se comporte e traga as respostas de suas demandas, naquele momento.

Note que, você poderá construir quantos contextos achar necessário, para ação ou atividade que melhor se adequa ao momento e a situação ao qual estará expondo seu trabalho.

Note também que, o exemplo que eu trouxe tem dois scripts de contexto, porém, somente um está selecionado, e que, neste caso é o que eu mais utilizo.

Este é o script deste contexto:

- *Evite repetir o texto da pergunta nas respostas;*

- *Responda sempre o prompt completo, cada comando é relevante a demanda;*
- *Busque sempre fontes e referências fidedignas para construir suas respostas;*
- *Traga sempre respostas mais sensatas, realistas e racionais, a não ser que o prompt exija formas alternadas;*
- *Evite considerações ou observações que estejam fora de contexto da demanda exigida;*
- *Personalize cada resposta conforme demanda;*
- *Analise profundamente todas as demandas do prompt antes de iniciar a resposta;*
- *Preze sempre pela qualidade da resposta em relação a velocidade de resposta;*
- *Sempre busque o máximo de fontes e referências disponíveis para contextualizar;*
- *Preze sempre por estudos, referências e fontes de informação mais atuais e que que representem maior indice de escore e aprovação científica.*
- *Traga sempre respostas completas, sem atalhos ou resumos que comprometam informações relevantes sobre o assunto;*

Vejamos que, este contexto, já direciona as premissas básicas de como deve se comportar meu ChatGPT no momento de responder as minhas demandas, sem que eu precise sempre contextualizar tudo novamente em cada prompt de comando.

Eis os motivos principais:

1. **Personalização das Respostas:** Ao definir o contexto, o ChatGPT pode personalizar suas respostas de acordo com as necessidades e preferências específicas do usuário. Isso significa que, em vez de fornecer respostas genéricas, o sistema pode ajustar seu conteúdo e tom para se alinhar melhor com o contexto fornecido, resultando em uma experiência de usuário mais relevante e satisfatória.

2. **Continuidade da Conversa:** O contexto permite ao ChatGPT manter uma linha de continuidade ao longo de uma sessão de conversa. Isso significa que o sistema pode referenciar informações ou tópicos discutidos anteriormente, criando uma conversa mais coesa e natural. Sem um contexto bem definido, o usuário poderia ter que repetir informações, tornando a conversa mais fragmentada e menos eficiente.

3. **Eficiência na Resolução de Consultas:** Com um contexto claramente estabelecido, o ChatGPT pode direcionar suas capacidades de processamento para áreas específicas de interesse ou preocupação do usuário,

tornando a busca por soluções, informações ou conselhos mais direta e eficaz. Isso otimiza o tempo do usuário e do sistema, facilitando respostas rápidas e precisas.

4. **Aprimoramento da Compreensão do Usuário:** O contexto ajuda o ChatGPT a entender melhor o usuário, incluindo seu nível de conhecimento sobre um tópico, suas intenções e seus objetivos. Isso permite que o sistema ajuste suas respostas para serem mais informativas, educativas ou simplificadas, dependendo das necessidades do usuário.

5. **Prevenção de Mal-entendidos:** O estabelecimento de um contexto claro pode ajudar a prevenir mal-entendidos ou interpretações errôneas das intenções do usuário. Ao ter uma compreensão clara do que o usuário espera ou deseja discutir, o ChatGPT pode evitar desvios desnecessários para tópicos irrelevantes ou sensíveis.

6. **Melhoria Contínua:** O uso efetivo do contexto também fornece dados valiosos para o treinamento e aprimoramento do modelo de inteligência artificial subjacente ao ChatGPT. Ao analisar como diferentes contextos afetam a interação e satisfação do usuário, os desenvolvedores podem fazer ajustes no sistema para melhorar sua precisão, relevância e utilidade em futuras interações.

Portanto, a definição de contexto na aba Contexto é um aspecto fundamental para maximizar a eficácia das interações com o ChatGPT, proporcionando uma experiência mais personalizada, eficiente e satisfatória para o usuário.

IMPORTANTE:

Um contexto pode e deve ser constantemente revisado, atualizado e aprimorado, no intuito de estar sempre melhor adequado a cada situação.

Agora, vamos lá, defina você o seu próprio contexto base e, antes de iniciarmos as demandas de nosso livro, já transforme seu assistente virtual em um assessor ainda mais focado ao seu universo de trabalho.

1.20. TANGIBILIZE SEU VOCABULÁRIO

Tangibilizar é o processo de tornar algo tangível, ou seja, conferir forma física, concreta ou perceptível a conceitos, ideias, projetos ou sentimentos que originalmente não possuem uma representação física ou que são abstratos. Esse termo é frequentemente utilizado em contextos profissionais, de design, marketing, inovação e arte, onde há a necessidade de transformar ideias abstratas em produtos, serviços, experiências ou resultados mensuráveis e perceptíveis ao toque ou à visão.

No âmbito do marketing e da gestão de negócios, tangibilizar pode envolver criar representações físicas ou visuais de serviços, que são essencialmente intangíveis, para que os consumidores possam compreender melhor seus benefícios. Isso pode ser feito por meio de embalagens, design gráfico, ambientes de loja, experiências de usuário e outras estratégias que ajudam a materializar a proposta de valor de um serviço ou ideia.

Na inovação e no desenvolvimento de produtos, tangibilizar é uma etapa crítica no processo de transformação de conceitos inovadores em protótipos funcionais ou em produtos finais que podem ser testados, avaliados e, eventualmente, comercializados.

A capacidade de tangibilizar efetivamente é crucial para a comunicação e para o sucesso comercial, pois permite que as partes interessadas (como clientes, investidores ou membros da equipe) visualizem, entendam e se engajem com ideias ou conceitos que, de outra forma, poderiam ser difíceis de apreciar ou avaliar.

Por exemplo, defina muito bem o que você quer dizer quanto utiliza certos tipos de palavras, como; "Resultado", "Comprometimento", "Qualidade", "Performance", "Eficiência", ou seja, palavras que possam trazer sentidos diversos aos olhos de quem as lê.

A dica é, construa critérios eficientes que definam bem estas palavras, ou o que você realmente busca realizar sobre cada uma delas, assim, quando, por exemplo, você disser a sua equipe, que seu produto precisa aprimorar a "Qualidade", todos estarão completamente cientes de quais os reais critérios que fazem parte do conjunto de qualidades que envolve o seu produto ou serviço, e assim, você irá minimizar bastante a probabilidade de entendimentos diversos sobre uma determinada instrução ou pedido que você tenha.

O infinito é o limite. A sua imaginação é, agora, a protagonista!

2.
DESENHANDO O SEU NEGÓCIO

É extremamente relevante que, para iniciarmos nossa trajetória rumo à aplicação destas ferramentas a seu negócio, tenhamos a construção de um ótimo prompt que melhor a descreva.

Aqui estão alguns aspectos adicionais que você pode considerar para aprimorar a descrição do seu negócio:

Visão geral da empresa: Inclua o nome da empresa, a localização da sede, o ano de fundação e o tipo de entidade jurídica.

Missão e visão: Qual é a missão da empresa? Qual é a visão de longo prazo?

Produtos ou serviços: Quais produtos ou serviços a empresa oferece? Quais são as características únicas desses produtos ou serviços?

Público-alvo: Para quem a empresa vende seus produtos ou serviços? A empresa atende a um nicho específico?

Estratégia de mercado: Como a empresa se posiciona no mercado? Quais são suas estratégias de marketing e vendas?

Concorrência: Quem são os principais concorrentes da empresa? Como a empresa se diferencia de seus concorrentes?

Estrutura organizacional: Como a empresa é organizada? Quem são os principais líderes?

Desempenho financeiro: Se disponível e aplicável, forneça detalhes sobre a receita, lucro e crescimento da empresa.

Planos futuros: A empresa tem algum plano ou objetivo específico para o futuro?

Especializações: Se houver áreas específicas dentro das neurociências aplicadas aos negócios e ao comportamento humano em que você se especializa, mencioná-las pode ajudar a destacar sua experiência e conhecimento.

Clientes anteriores ou projetos de destaque: Se você tiver permissão para compartilhar, mencionar empresas ou projetos anteriores com os quais você trabalhou, pode dar uma ideia do tipo de trabalho que você fez e do impacto que teve.

Metodologia de trabalho: Como você aborda o trabalho com seus clientes? Você tem uma metodologia específica que segue? Isso pode ajudar os clientes em potencial a entender o que esperar ao trabalhar com você.

Valores da empresa: Quais são os valores fundamentais da sua empresa? Eles podem ajudar a atrair clientes que compartilham desses valores.

Certificações ou qualificações: Se você tiver certificações ou qualificações relevantes em seu campo, mencioná-las pode ajudar a estabelecer sua credibilidade.

Outras características que contribuem com a melhor descrição de um negócio são:

- Dados gerais da empresa, como: ramo de atividade (empresas industriais, comerciais, serviços, produtor rural – SEBRAE), porte, natureza jurídica (empresário individual, sociedade empresária, etc.), regime tributário (lucro real, lucro presumido, SIMPLES), produto ou serviços que oferece, finalidade e vantagens que proporciona.

- Descrição da cadeia produtiva em que a empresa está inserida.- Contexto da empresa no cenário nacional e internacional: principais mercados em que atua (local, ou nacional; industrial e outros tipos de segmentação), serviços e, principalmente, tipos de clientes (consumidores, empresas, governo etc.).

- Perfil dos colaboradores.

- Processo produtivo (suprimento, processamento/produção e distribuição) e principais processos.

- Requisitos dos clientes principais (entrega no prazo, baixos níveis de não conformidades, serviços pós-venda etc.).

- Posição no mercado/segmento e relacionamento com fornecedores.

Quanto mais informações, mais próximo à sua realidade a máquina estará. O que, obviamente, não impede de construir diversos padrões de prompts, sendo um mais completo e outros, mais específicos, que possam ser utilizados conforme demanda.

2.1. DESCREVENDO O SEU NEGÓCIO EM DETALHES

Passo 1/3

Descreva uma caracterização mais detalhada possível de seu negócio.

Para tanto, podemos desenvolver um prompt inicial que nos ajude a responder o máximo de questões relativas a esta descrição.

1. Faça ao menos 10 perguntas sobre meu negócio.

2. Faça ao menos 10 perguntas sobre meu cliente.

3. Faça ao menos 10 perguntas sobre as expectativas de meus sócios.

4. Faça ao menos 10 perguntas sobre as soluções que eu vendo.

5. Faça ao menos 10 perguntas sobre meus colaboradores.

6. Faça ao menos 10 perguntas sobre minha audiência.

7. Faça ao menos 10 perguntas sobre meus principais canais digitais de atuação.

8. Faça ao menos 10 perguntas sobre nossa relação e propósitos com a sociedade.

9. Faça ao menos 10 perguntas sobre condições de nosso mercado.

10. Faça ao menos 10 perguntas sobre nossas estratégias de desenvolvimento.

11. Faça ao menos 10 perguntas sobre os concorrentes deste negócio.

12. Faça ao menos 10 perguntas sobre os como funcionam o desenvolvimento de parcerias e alianças estratégicas neste mercado.

13. Faça ao menos 10 perguntas sobre quais os meus principais objetivos.

14. Faça ao menos 10 perguntas sobre a estrutura organizacional funcional deste negócio.

15. Faça ao menos 10 perguntas sobre questões logísticas que influem sobre este negócio.

16. Faça ao menos 10 perguntas sobre questões relacionadas a forma como inovamos no desenvolvimento de nossos produtos ou serviços.

17. Faça ao menos 10 perguntas sobre quais são os nossos principais diferenciais competitivos.

18. Faça ao menos 10 perguntas sobre como queremos ser reconhecidos por nosso público-alvo e por nossos colaboradores e parceiros.

19. Faça ao menos 10 perguntas sobre os nossos principais processos.

20. Faça ao menos 10 perguntas sobre questões financeiras ligadas a sustentabilidade do negócio.

Agora, utilize esta proposta de texto sugerida pelo Chat para aprimorar informações e complementar informações faltantes ou que não estão relacionadas as intenções e propósitos do gestor.

Passo 2/3

Após esta etapa, vamos pedir ao modelo de linguagem que nos ajude a refinar nosso texto.

- Descreva o seguinte Prompt para ChatGPT -

Conforme perfil da empresa abaixo, identifique quais informações ainda precisam ser melhor descritas para que tenhamos uma caracterização deste negócio de forma mais aprimorada, sem gaps de compreensão, com vieses emocionais de contextualização, texto humanizado e que esteja, principalmente, mais completa possível para que possa ser melhor analisada e melhor alocada em seu contexto mercadológico.

Perfil a ser revisado é:

[USE AQUI A DESCRIÇÃO DETALHADA QUE VOCÊ CRIOU]

A partir das sugestões recebidas, refine a caracterização de sua empresa e descreva um perfil mais completo possível de seu negócio.

Repita este processo até que tenha a melhor descrição possível de seu negócio, pois esta será a base que deveremos utilizar para análise deste negócio daqui para a frente.

Quando estiver satisfeito e encontrar a definição mais completa de seu negócio, siga para o passo seguinte.

Passo 3/3

- Descreva o seguinte Prompt para ChatGPT -

Consolide a descrição da empresa abaixo com no máximo 3000 caracteres, exaltando os principais serviços e expertises desta empresa, seu principal público-alvo e seus diferenciais competitivos relevantes e todas as informações mercadológicas que propiciam a melhor e mais completa forma de conhecer este negócio.

Complete e ajuste o texto como achar mais interessante, agregando mais valor e tornando as informações mais claras e completas.

Descrição a ser analisada:

Pronto, todos os filtros foram utilizados com sucesso, agora temos a descrição de negócio ideal para seguirmos em frente...

Sugestão de Prompt mais resumido

Este passo, é importante para que você aproveite a descrição de seu negócio, para criar um texto menos que servira de apresentação a quem interessar, abordando uma forma mais suscinta de conhecer o que seu negócio faz.

Logo a seguir, escreva o seguinte prompt de comando.

- Descreva o seguinte Prompt para ChatGPT -

Conforme perfil da empresa abaixo, apresente de forma resumida este negócio, priorizando as informações mais relevantes em um contexto mais assertivo e objetivo da função e do propósito deste negócio.

O perfil descrito é:

[USE AQUI A DESCRIÇÃO COMPLETA QUE VOCÊ CRIOU]

Agora, para seguirmos, preciso que você tenha o desenho ideal de seu próprio prompt, um desenho mais completo, uma descrição construída em detalhes, e outro que mostre o seu negócio de forma mais resumida.

Tudo pronto?

Vamos em frente!

Após a primeira etapa, é importante definirmos alguns pontos base que irão nos auxiliar no desenvolvimento prático de nossa proposta.

2.2.   QUAL SERÁ O NOSSO SLOGAN

O slogan de uma empresa é uma frase curta e cativante que resume a identi-dade da marca. Ele é usado em publicidade e marketing para transmitir o valor central ou a missão da empresa de uma maneira que ressoe com os clientes. O slogan é frequentemente memorável e ajuda a criar uma impressão duradoura na mente dos consumidores. Por exemplo, o slogan da Nike é "Just Do It" e o da Apple é "Think Different". Esses slogans são reconhecíveis instantaneamente e refletem os valores e a imagem de suas respectivas marcas.

- Descreva o seguinte Prompt para ChatGPT -

Conforme descrição da empresa abaixo, sugira 15 slogans de impacto, que retratem bem o propósito desta empresa em buscar constantemente desenvolver soluções inteligentes alicerçadas no desenvolvimento e na capacitação de seu público em conhecer profundamente o comportamento humano, de forma a gerar valor e resultados positivos à sua vida pessoal e profissional.

Segue a descrição de negócio:

**[USE AQUI A DESCRIÇÃO MAIS DETALHADA
E COMPLETA SOBRE O SEU NEGÓCIO]**

Agora, o que vamos fazer é analisar cada sugestão e compor um que mais nos agrade.

2.3.   DEFINIÇÃO DOS COMPONENTES DE UM COMITÊ ESTRATÉGICO

| Conceito

Um "comitê estratégico" em uma empresa é um grupo formado para enfren-tar desafios específicos de gestão. Ele pode ser temporário e não precisa ser formado por muitas pessoas.

Os comitês têm naturezas diversas, dependendo do objetivo de resolver desafios diversos. Por exemplo, pode haver um comitê orientado a pessoas quando o quadro de funcionários de uma empresa precisa de programas de desenvolvimento; um comitê de produto quando a empresa quiser discutir, aprimorar ou até mesmo rever seu portfólio; ou um comitê de crise quando os gestores precisarem de um posicionamento institucional imediato.

Muitos gestores costumam confundir comitês estratégicos e conselhos, sejam administrativos ou consultivos. As principais diferenças entre os dois são a formalidade e a atuação mais direcionada dos primeiros.

Função

Este grupo é responsável por proporcionar uma troca de experiências para solucionar questões específicas, possibilitando o diálogo que ajuda o empre-endedor a gerir a empresa em um momento em que ele, por estar envolvido com muitas tarefas, precisa de orientação.

Objetivos de uso

Os principais objetivos da formação e organização de um comitê estratégico são:

- **Desenvolvimento de uma estratégia corporativa:** O comitê deve revisar todo o processo de desenvolvimento da estratégia para assegurar que ela é suficientemente robusta.

- **Exame de planos e processos de implementação da estratégia:** O comitê deve examinar os planos e processos de implementação da estratégia.

- **Monitoramento da estratégia:** O comitê deve monitorar a estratégia através de indicadores acordados e prover orientação tática e operacional.

- **Solução de desafios específicos de gestão:** O comitê existe principalmente para solucionar desafios específicos de gestão.

- **Possibilitar o diálogo:** O comitê deve possibilitar o diálogo que ajude o empreendedor a tocar a gestão em um momento em que ele, por estar envolvido com muitas tarefas, precisa de orientação.

Esses objetivos ajudam a empresa a ter uma visão de futuro, identificar oportunidades de melhoria e nortear as próximas ações do negócio.

Exemplo prático de como utilizar a ferramenta

Para ajudar o gestor a selecionar os membros integrantes de um comitê estratégico, os principais requisitos para a escolha dos integrantes de um comitê estratégico podem ser:

- **Conhecimento:** Os membros devem possuir notórios conhecimentos das matérias ou atribuições estabelecidas aos comitês.

- **Reputação:** Os membros devem possuir ilibada reputação.

- **Independência:** Os membros não devem integrar a diretoria executiva da companhia ou de suas controladas.

- **Habilidade analítica:** Os membros devem possuir habilidade analítica do processo de planejamento estratégico focando em questões críticas como as emergentes preferências do consumidor, riscos e oportunidades tecnológicas, qualidade, necessidades da cadeia de suprimentos, comércio eletrônico e outros canais, novos produtos e oportunidades de mercado.

Qual seu propósito?

Um dos passos mais relevantes para a constituição e direcionamento de uma empresa, é a construção e tangibilização de seu "Propósito".

Ter um propósito bem definido é crucial para qualquer empresa, pois serve como a bússola que orienta todas as suas decisões, estratégias e ações. Este propósito transcende a mera busca por lucro, englobando a razão de ser da organização, o que ela aspira contribuir para o mundo.

Abaixo, detalham-se as razões que sublinham a importância de um propósito empresarial claramente definido:

1. **Diferenciação no Mercado:** Em mercados saturados, onde produtos e serviços se tornam cada vez mais homogêneos, um propósito claro pode diferenciar significativamente uma empresa de seus concorrentes. O propósito ajuda a construir uma marca única, com uma narrativa que ressoa emocionalmente com os consumidores, permitindo que a empresa se destaque.

2. **Conexão Emocional com o Cliente:** Consumidores modernos, especialmente as gerações mais jovens, buscam mais do que transações comerciais; eles desejam se conectar em um nível mais profundo com as marcas. Empresas com um propósito claro são capazes de criar essa conexão emocional, cultivando lealdade e fidelidade entre seus consumidores.

3. **Motivação e Engajamento dos Funcionários:** Um propósito bem definido não apenas inspira os clientes, mas também motiva e engaja os funcionários. Saber que o trabalho contribui para algo maior aumenta a satisfação no trabalho, a produtividade e a retenção de talentos. Funcionários que acreditam no propósito da empresa tendem a trabalhar com mais paixão e comprometimento.

4. **Tomada de Decisão e Estratégia:** Um propósito claro fornece um framework para tomada de decisões estratégicas. Em momentos de incerteza, o propósito atua como um guia, ajudando líderes a escolher caminhos que estejam alinhados com a missão central da empresa. Isso assegura consistência e integridade nas ações da empresa ao longo do tempo.

5. **Sustentabilidade e Responsabilidade Social:** Empresas com um propósito definido frequentemente adotam práticas mais sustentáveis e socialmente responsáveis. Elas reconhecem seu papel na sociedade e no meio ambiente, buscando causar um impacto positivo. Isso não apenas beneficia o mundo como um todo, mas também fortalece a reputação da marca.

6. **Inovação:** Um propósito inspirador pode ser um poderoso motor de inovação. Ele encoraja a empresa a buscar soluções criativas e inovadoras para atingir seus objetivos de maneira eficaz, mantendo-se fiel à sua missão. Isso pode levar ao desenvolvimento de produtos ou serviços revolucionários que redefinem mercados.

7. **Resiliência:** Empresas com propósitos claros e significativos tendem a ser mais resilientes em tempos de crise. Um senso de propósito ajuda a manter o foco e a união, fornecendo a força necessária para superar desafios. Além disso, a lealdade construída com clientes e funcionários pode fornecer um suporte crucial em momentos difíceis.

2.4. O CÍRCULO DOURADO

O "Círculo Dourado" na definição de propósito para negócios refere-se a uma teoria de liderança e comunicação popularizada por Simon Sinek em sua palestra TED "Como grandes líderes inspiram ação" e no livro subsequente "Comece pelo porquê" ("Start with Why"). Esta teoria é frequentemente utilizada para explicar como organizações e líderes podem inspirar cooperação, confiança e mudança. O Círculo Dourado consiste em três camadas concêntricas: Porquê (Why), Como (How) e O quê (What).

Estrutura do Círculo Dourado

1. **Porquê (Why):** O núcleo do Círculo Dourado, refere-se à razão pela qual uma organização existe além de simplesmente fazer dinheiro. É a crença,

o propósito ou a causa que inspira a organização a fazer o que faz. Simon Sinek argumenta que começar com o "Porquê" é fundamental para inspirar os outros a seguir, comprar ou investir em sua ideia ou produto.

2. **Como (How):** Esta camada descreve o processo ou os princípios orientadores que a organização segue para realizar sua missão ou visão. São as estratégias, os valores ou os métodos específicos que diferenciam a organização das demais.

3. **O quê (What):** A camada externa do círculo representa os produtos, serviços ou ações que a organização fornece ou realiza. É a parte tangível do negócio, aquilo que as pessoas compram ou participam.

Aplicação e Impacto

- **Inspiração versus Manipulação:** Sinek sugere que muitas empresas dependem de manipulação (descontos, promoções, medos, pressões) para obter o que querem dos clientes. Em contraste, empresas que começam com o "Porquê" inspiram os clientes a se conectarem com a marca em um nível mais profundo, criando lealdade e advocacia.

- **Liderança:** A abordagem do Círculo Dourado também é aplicada à liderança, sugerindo que líderes que comunicam um propósito claro e inspirador podem motivar suas equipes de maneira mais eficaz.

- **Marketing e Comunicação:** No marketing, enfocar o "Porquê" de uma organização pode criar mensagens mais poderosas e conectar-se emocionalmente com o público.

Exemplos

- Apple Inc.: Frequentemente citada por Sinek, Apple começa com o "Porquê" ao enfatizar a inovação e o desafio ao status quo antes de falar sobre seus produtos específicos.

- Martin Luther King Jr.: Outro exemplo citado é Martin Luther King Jr., que não disse às pessoas o que precisavam fazer (o quê) ou como fazer (como), mas sim compartilhou sua crença (porquê) em igualdade e justiça.

O Círculo Dourado destaca a importância de entender e comunicar o propósito fundamental de uma organização. Isso não apenas ajuda a diferenciar a marca no mercado, mas também inspira lealdade e ação entre consumidores e colaboradores.

Vamos descobrir agora qual o seu propósito!!

Atue como Simon Sinek o criador do conceito de "Circulo Dourado", e me ajude a desenvolver o melhor texto que defina o propósito de meu negócio.

Analisando o perfil da empresa abaixo, responda:

A. Definindo o "Porquê" - Why -:

Conforme o conceito de "Círculo dourado", traga 5 sugestões do "Porquê" este negócio deve existir. Leve em conta na formulação da resposta, elementos como conexão emocional com seu público-alvo, inspiração e senso de pertencimento, contribuição a sociedade, responsabilidade em resolver problemas, desenvolver pessoas e torna-las melhor, entre outros.

Utilize uma linguagem emocional, positiva e motivadora para a construção desta ideia.

B. Definindo o "Como" - How -:

Conforme o conceito de "Círculo dourado", traga 5 sugestões do "Como" este negócio funciona. Leve em conta na formulação da resposta, elementos que direcionem a diferenciais competitivos, inovação, construção de ideias disruptivas, liberdade mental através do desenvolvimento de competências, estratégias competitivas, métodos e formas de atingimento de objetivos e resultados excelentes, processos inteligentes, entre outros.

Utilize uma linguagem emocional, positiva e motivadora para a construção desta ideia.

C. Definindo o "O que" - What -:

Conforme o conceito de "Círculo dourado", traga 5 sugestões do "O que" esta empresa oferece. Leve em conta na formulação da resposta, elementos que direcionem ao desenvolvimento de produtos e serviços que se encaixam perfeitamente na solução de problemas de nosso público-alvo, produtos e serviços inteligentes e diferentes, produtos e serviços que maximizem o sucesso e nossos clientes, produtos e serviços que servem como ponte de credibilidade diante dos resultados a serem entregues, produtos e serviços que são pensado e projetados para atender as mais exigentes expectativas de nossas partes interessadas, entre outros.

Utilize uma linguagem emocional, positiva e motivadora para a construção desta ideia.

D. Definindo o "Propósito":

Analisando todas as respostas acima, desenvolva 5 textos que expliquem o grande propósito de existência deste negócio.

Utilize uma linguagem emocional, positiva e motivadora para a construção desta ideia

[USE AQUI A DESCRIÇÃO MAIS DETALHADA E COMPLETA SOBRE O SEU NEGÓCIO]

3.
ANÁLISE DE CENÁRIO

Ter uma boa visão do cenário de negócios é crucial para um gestor. Isso auxilia na tomada de decisões estratégicas, permite antecipar tendências e mudanças, identificar oportunidades e ameaças, auxilia no planejamento estratégico e na gestão de riscos. Compreender o cenário de negócios ajuda a definir objetivos claros, desenvolver estratégias para alcançá-los e garantir a sustentabilidade da empresa. Portanto, é fundamental para a gestão eficaz e o sucesso de uma empresa.

3.1. CARACTERIZAÇÃO DO SETOR DE ATIVIDADE

A caracterização de um setor é a forma como o gestor consegue orientar-se a olhar para fora da empresa, e buscar conhecer e aprimorar seu conhecimento sobre as necessidades e dinâmicas de seu mercado de atuação.

Caracterizar um determinado mercado de negócios é crucial por várias razões:

- **Entendimento do cliente:** Permite que as empresas entendam melhor as necessidades, desejos e comportamentos de seus clientes. Isso pode ajudar a empresa a desenvolver produtos e serviços que atendam às necessidades dos clientes de maneira mais eficaz.

- **Identificação de oportunidades e ameaças:** A caracterização do mercado pode ajudar a identificar novas oportunidades de negócios, bem como ameaças potenciais. Por exemplo, pode revelar tendências emergentes que a empresa pode aproveitar ou mudanças no ambiente de negócios que podem representar uma ameaça.

- **Posicionamento competitivo:** Ajuda a empresa a entender como ela se compara aos concorrentes. Isso pode informar decisões sobre como posicionar seus produtos e serviços para se destacar no mercado.

- **Tomada de decisão informada:** As informações coletadas durante a caracterização do mercado podem informar uma variedade de decisões de negócios, desde o desenvolvimento de produtos até estratégias de marketing e vendas.

- **Previsão e planejamento:** Compreender o mercado permite que as empresas façam previsões mais precisas sobre vendas futuras e planejem adequadamente para o futuro.

Portanto, a caracterização do mercado é uma ferramenta valiosa que pode contribuir para o sucesso e crescimento de uma empresa.

Atue como um cientista de mercado, especialista em buscar e analisar informações detalhadas sobre como reagem determinados tipos de mercados.

Sua maior habilidade como um cientista de mercado é buscar detalhes sobre as principais necessidades e dores dos clientes de determinado campo de negócios e quais são as principais soluções que esses clientes compram e, a partir disso, orientar empresas quanto a melhor maneira de adequar suas práticas, para que possam aprimorar o atendimento a essas demandas e desenvolver e refinar seus processos, trazendo como resultado maior competitividade, estímulo ao crescimento, atingimento de resultados financeiros relevantes e desenvolvimento de equipes de alta performance.

Para analisar um determinado setor de negócio, além dos aspectos citados, sugira quais os principais aspectos de gestão que as grandes mentes deste campo e os estudos mais atuais e relevantes sugerem, para uma análise mais completa e precisa de uma empresa de determinado ramo, a fim de tornar-se a melhor e mais competitiva em relação a seu portfólio de soluções.

Cite, juntamente com essa gama de informações, as fontes de buscas e pesquisa e os principais estudos envolvidos na formação do texto.

Como principal foco de análise, busque retratar este cenário avaliando o seguinte perfil de negócios:

[INSIRA AQUI A DESCRIÇÃO MAIS COMPLETA DO SEU NEGÓCIO]

* A melhor resposta foi elaborada pelo Gemini

Exemplo prático de como utilizar a ferramenta

A resposta a esse prompt deverá trazer dicas de quais aspectos são mais relevantes a cada tipo de negócio. Note que, quanto mais indagações forem feitas a partir da primeira resposta, costumeiramente mais ampla, mais específicas serão as informações trazidas.

Alguns aspectos não devem ser respondidos em uma única questão, pois quanto mais ampla a questão, incluindo mais termos, mais pedidos, mais palavras e contextos, mais inteligência de máquina é exigida. Por outro lado, prompts mais curtos, objetivos e simples ajudam a ferramenta a aprofundar as informações.

Minha sugestão é, portanto, construir um guia de sua empresa, um livro que deverá ser constantemente abastecido de ideias e informações sobre seu negócio.

Dicas:

- Apresente informações básicas sobre o setor (pesquise nas publicações do setor, nos órgãos representativos do setor, institutos de pesquisa e nos sites).

- Informe se o mercado é fragmentado; tamanho; se o setor está maduro, emergente ou em declínio; se há demanda reprimida em determinado nicho.

- Descreva as tendências do setor a partir de informações do negócio em mercados mais desenvolvidos.

3.1.1. COMO SE APROFUNDAR MAIS EM CADA TÓPICO DESTE MANUAL?

Construí um prompt genérico que conseguiu aproximar-se da melhor resposta sobre como buscar as melhores referências e obter um conjunto mais abrangente de pontos pelos quais podemos saber mais sobre determinado ponto.

- Descreva o seguinte Prompt para ChatGPT ou Gemini -

Seja sucinto e objetivo.

Apresente referências centradas nos temas "Análise mercadológica de negócios" e "Como construir a caracterização de um setor para determinada atividade de negócios", conforme os critérios abaixo descritos.

Quais são as 5 principais, mais atuais e mais relevantes referências em materiais como:

- Livros: Apresente em formato APA acompanhado com um breve resumo sobre cada obra.

- Artigos científicos: Apresente os artigos devidamente identificados em formato APA, acompanhados de seu link web de acesso à obra, com um breve resumo de cada obra e instrução simples de acesso.

- Matérias de sites e textos de blogs: Apresente os artigos devidamente identificados em formato APA, acompanhados de seu link web de acesso à obra, com um breve resumo sobre cada obra e instrução simples de acesso.

- Pesquisas acadêmicas: Apresente os artigos devidamente identificados em formato APA, acompanhados de seu link web de acesso à obra, com um breve resumo sobre cada obra e instrução simples de acesso.

- Filmes e vídeos: Apresente os filmes e vídeos devidamente identificados em formato APA, acompanhados do seu link web de acesso ao vídeo, com um breve resumo sobre cada filme ou vídeo apresentado e instrução simples de acesso.

- Podcasts: Apresente sugestões devidamente identificadas em formato APA, acompanhadas de seu link web de acesso à obra, com um breve resumo sobre cada podcast e instrução simples de acesso.

Apresente todas essas referências com informações completas e específicas, de forma que eu consiga ter acesso a elas através da internet por suas URLs.

---

* Melhor resposta com o uso do Gemini

Importante citar que questões feitas individualmente sobre cada tipo de referência terão resultados mais promissores e completos que um prompt maior.

3.2.   ANÁLISE DO SETOR

A "análise de setor" em um contexto organizacional é um estudo aprofundado do cenário econômico no qual uma empresa está inserida. Ela considera aspectos como as características do mercado, a concorrência com outras empresas, o público-alvo da companhia, a demanda pelas soluções oferecidas pela empresa (sejam produtos ou serviços), entre outros.

Essa análise permite entender melhor o posicionamento da organização no mercado e quais são as principais tendências que ele apresenta. Além disso, a análise setorial serve para analisar de forma detalhada o panorama do cenário econômico no qual as empresas estão inseridas e em plena atuação. Essa avaliação de setores fornece informações que permitem identificar e avaliar riscos e oportunidades nos investimentos.

- Descreva o seguinte Prompt para ChatGPT ou Gemini -

Faça uma breve análise do setor de "Consultorias e capacitação em desenvolvimento de pessoas" no mercado do Brasil, conforme descrição referente à empresa abaixo, levando em consideração aspectos como: como vem sendo trabalhado este mercado na última década? Este é um mercado que evolui constantemente? Este é um mercado que inova constantemente? Qual a sua percepção sobre evolução ou involução deste mercado? Tende a Crescer? Estabilizar? Decrescer? Existe alguma política governamental que protege este mercado ou o impeça de desenvolver? Existem muitas regras para atender este mercado? Quais as principais? Este mercado tem características sazonais? Identifique onde e quais períodos. E, caso entenda haver outros pontos tão relevante quantos os apresentados, apresente sua análise.

Como principal foco de análise, busque retratar este cenário avaliando o seguinte perfil de negócios:

[INSIRA AQUI A DESCRIÇÃO MAIS COMPLETA DO SEU NEGÓCIO]

A melhor resposta foi elaborada pelo Gemini

Exemplo prático de como utilizar a ferramenta

Neste caso, sugiro a criação de uma tabela de análise. A tabela deverá ser constantemente remodelada e atualizada, a partir do reconhecimento de novas características que compõem o setor.

Segmentação de setor por produto ou serviço.

Setor	Produto ou serviço relacionado	Tamanho	Expectativa de crescimento	Share deste mercado	Há intenção de ser mais atuante neste mercado?

4.
PRINCIPAIS
FERRAMENTAS
DE GESTÃO

Ferramentas de gestão são técnicas e modelos utilizados para auxiliar na tomada de decisões assertivas dentro das empresas, proporcionando melhores resultados. Elas podem ser softwares, planilhas ou metodologias, que têm como objetivo auxiliar no gerenciamento de projetos, tarefas, vendas, marketing, estratégias e muito mais.

O conhecimento de ferramentas de gestão e estratégia é vital para um gestor. Essas ferramentas auxiliam na tomada de decisões informadas, promovem a melhoria contínua e a competitividade, estimulam a inovação e ajudam na gestão de riscos. Elas fornecem dados valiosos para análise de tendências, medição da eficácia das estratégias atuais e previsão de resultados futuros. Além disso, permitem identificar oportunidades de mercado, entender as necessidades dos clientes e desenvolver estratégias eficazes para atendê-las. Portanto, são fundamentais para o sucesso e a competitividade de uma empresa.

É importante que um gestor desenvolva diferentes pontos de vista sobre a sua empresa, por várias razões:

Compreensão abrangente: Ter diferentes perspectivas permite ao gestor ter uma compreensão mais completa e abrangente da empresa. Isso pode incluir entender melhor as operações diárias, a estratégia de longo prazo, as necessidades dos funcionários e as expectativas dos clientes.

Tomada de decisão informada: Diferentes pontos de vista podem fornecer informações valiosas que auxiliam na tomada de decisões. Por exemplo, entender a perspectiva dos clientes pode ajudar a informar decisões sobre produtos e serviços.

Inovação: A diversidade de perspectivas pode levar a novas ideias e inovações. Ao considerar diferentes pontos de vista, os gestores podem encontrar novas maneiras de resolver problemas ou melhorar produtos e serviços.

Gestão de riscos: Compreender diferentes aspectos do negócio pode ajudar a identificar e gerir riscos. Por exemplo, entender as preocupações dos funcionários pode ajudar a prevenir problemas de retenção de pessoal.

Liderança eficaz: Os líderes eficazes são capazes de entender e valorizar diferentes perspectivas. Isso pode ajudar a construir uma cultura de respeito e inclusão, o que pode levar a uma maior satisfação e produtividade dos funcionários.

O que é cada tipo de ferramenta:

Ferramentas de gestão: São técnicas que auxiliam na tomada de decisões nas empresas. Elas podem ser aplicadas em negócios de diferentes segmentos e portes, ajudando os gestores a terem maior controle sobre os processos da organização.

Ferramentas estratégicas: São recursos que facilitam o processo de gerenciamento das estratégias empresariais. Elas fornecem uma estrutura e direcionamento para a tomada de decisões, permitindo que as empresas alinhem melhor suas atividades com os objetivos de longo prazo e enfrentem os desafios do mercado.

Existem cinco tipos principais de ferramentas de gestão, classificadas por função e aplicação:

1. **Ferramentas de planejamento:** Facilitam a definição de objetivos e metas de curto e longo prazo.

   Exemplos:

- **Análise SWOT:** Ajuda a identificar as forças, fraquezas, oportunidades e ameaças de uma empresa.

- **Plano de Negócios:** Usado para detalhar os objetivos de um empreendimento.

- **Matriz BCG:** Ferramenta de análise de portfólio de produtos ou de unidades de negócio.

- **OBZ (Orçamento Base Zero):** Técnica de planejamento e controle de orçamentos que avalia, analisa e justifica todas as despesas previstas para a próxima operação ou período.

- **Objetivos e principais resultados (OKRs):** Uma ferramenta simples de planejamento estratégico que ajuda as empresas a alinhar e acompanhar continuamente suas metas mensuráveis.

- **Diagrama de Relações:** Usado para identificar e analisar as relações entre diferentes elementos ou ideias.

- **Diagrama de Afinidades:** Ajuda a organizar grandes quantidades de dados com base em temas ou relações naturais.

- **Diagrama em Árvore:** Usado para representar hierarquias e estruturas complexas em uma forma gráfica fácil de entender.

- **Matriz de Priorização:** Ajuda a identificar e priorizar itens que atendem a determinados critérios.

2. **Ferramentas de controle:** Servem para controlar as finanças, estoque, performance e qualidade.

   Exemplos:

- **Six Sigma:** Metodologia estruturada para melhorar a qualidade dos processos de produção por meio da eliminação dos defeitos e das variações.

- **5W2H:** Ferramenta de gestão que auxilia no planejamento de atividades de forma detalhada e organizada.

- **Plano de Negócios:** Usado para detalhar os objetivos de um empreendimento.

- **Matriz GUT:** Auxilia na definição de prioridades, através da análise da Gravidade, Urgência e Tendência.

- **Diagrama de Ishikawa:** Também conhecido como Diagrama de Espinha de Peixe, é usado para identificar e representar as possíveis causas de um problema.

- **Matriz de relações:** Usada para analisar a relação entre diferentes variáveis.

- **Diagrama de Processo Decisório (Process Decision Program Chart):** Ajuda a identificar e documentar possíveis riscos ou obstáculos e as ações apropriadas para superá-los.

- **Análise de Hipóteses:** Usada para considerar muitas variáveis diferentes e saber como obter um resultado pretendido.

- **Tabelas de dados:** Usadas para ver os efeitos de uma ou duas variáveis em uma fórmula.

3. **Ferramentas de processo:** Auxiliam na gestão e melhoria dos processos de negócio.

   Exemplos:

- **Ciclo PDCA:** Método utilizado para identificar e solucionar problemas em processos.

- **Método DMAIC:** Ferramenta de melhoria de processos que segue cinco etapas: Definir, Medir, Analisar, Melhorar e Controlar.

- **Plataforma Eclipse:** Ferramenta que auxilia a engenharia de software, desde o planejamento até a inspeção.

- **Software BizAgi:** Ferramenta usada para modelagem de processos de negócio.

- **Aplicação Redmine:** Ferramenta de gerenciamento de projetos para rastreamento de problemas.

4. **Ferramentas de projeto:** Utilizadas para gerenciar projetos, incluindo o planejamento, execução e controle de atividades.

   Exemplos:

- **Sistema Subversion:** Ferramenta de controle de versão para rastrear mudanças em arquivos e diretórios.

- **Framework JUnit:** Framework para escrever testes repetíveis, ajudando a garantir que as mudanças no código não quebrem nada.

- **Ferramenta Sonar:** Ferramenta de inspeção de código para melhorar a qualidade do código.

- **Microsoft Project:** Ferramenta de gerenciamento de projetos que permite planejar projetos, atribuir tarefas, gerenciar orçamentos e analisar cargas de trabalho.

- **Monday:** Plataforma de gerenciamento de trabalho que permite que as equipes planejem, executem e acompanhem projetos em um só lugar.

5. **Ferramentas de decisões estratégicas:** Apoiam a tomada de decisões estratégicas, fornecendo informações e análises relevantes.

   Exemplos:

- **Análise PESTEL:** Esta ferramenta considera os fatores Políticos, Econômicos, Sociais, Tecnológicos, Ambientais e Legais que podem afetar uma organização.

- **Análise de cenários:** Esta técnica envolve a identificação de cenários futuros e a compreensão dos possíveis impactos desses cenários na organização.

- **Análise de decisão multicritério (MCDA):** Esta ferramenta é usada quando uma decisão envolve várias dimensões ou critérios.

- **Análise de sensibilidade:** Esta técnica é usada para entender como a incerteza nas variáveis de um modelo pode impactar o resultado.

- **Análise de risco:** Esta ferramenta é usada para identificar e avaliar os riscos que podem afetar a realização dos objetivos de uma organização.

- **Análise de custo-benefício:** Esta técnica é usada para avaliar os custos e benefícios associados a uma decisão.

- **Análise de valor esperado (EVA):** Esta ferramenta é usada para calcular o valor monetário esperado de uma decisão, considerando as probabilidades e os resultados possíveis.

- **Análise de opções reais:** Esta técnica é usada para avaliar investimentos estratégicos sob condições de incerteza.

- **Análise de impacto no negócio (BIA):** Esta ferramenta é usada para identificar as funções críticas de uma organização e os recursos necessários para suportá-las.

- **Análise de árvore de decisão:** Esta técnica gráfica é usada para representar as opções de decisão, os eventos possíveis e os resultados potenciais.

Cada tipo de ferramenta tem as próprias características e é usado de acordo com as necessidades específicas da empresa.

Como vimos, existe uma infinidade de ferramentas, que se relacionam às mais diversas soluções e necessidades. Infelizmente, é impossível retratá-las com o devido respeito e a devida responsabilidade, dando a atenção necessária para que você consiga tirar bom proveito de todas.

Dessa maneira, buscarei, através de uma seleção própria, abordar as mais relevantes e que, em minha visão, consigam trazer a melhor visão 360° de qualquer tipo de negócio, além de trazer benefícios reais a todos que buscam aprimorar suas habilidades de análise, interpretação, rapidez e fluidez de compreensão sobre gestão.

Divirtam-se, como eu me diverti!

4.1. O PLANEJAMENTO ESTRATÉGICO

O planejamento estratégico é um processo sistemático e contínuo que visa definir os objetivos e as estratégias de uma organização, bem como as ações necessárias para alcançá-los. É um processo fundamental para o sucesso de qualquer empresa, pois fornece uma direção clara e um foco para os esforços da organização.

As principais etapas do planejamento estratégico são:

1. **Missão, Visão e Valores:** Definem a identidade e o posicionamento da organização, servindo como base para a construção de um planejamento estratégico eficiente.

    Objetivo: Estabelecer a razão pela qual a empresa existe (missão), aonde a empresa quer chegar (visão) e os princípios inegociáveis (valores).

2. **Análise dos ambientes interno e externo:** Considera fatores internos e externos à organização que exercem influência direta ou indireta nos processos da empresa.

    Objetivo: Identificar as forças, fraquezas, oportunidades e ameaças da empresa (análise SWOT) e considerar fatores macroeconômicos que podem impactar as atividades da empresa (análise PESTEL).

3. **Definição de metas e objetivos:** Estabelece o que a empresa pretende alcançar.

    Objetivo: Definir o que a empresa pretende alcançar.

4. **Definição do plano de ação (mapa estratégico):** Estabelece as ações que serão realizadas para alcançar os objetivos.

Objetivo: Estabelecer as ações que serão realizadas para alcançar os objetivos.

5. **Mensuração e acompanhamento de resultados:** Monitora o progresso em direção aos objetivos e permite ajustes conforme necessário.

Objetivos: Monitorar o progresso em direção aos objetivos e permitir ajustes conforme necessário.

4.1.1. DEFINIÇÃO DE "MISSÃO", "VISÃO" E "VALORES" ORGANIZACIONAIS

- Descreva o seguinte Prompt para ChatGPT -

Conforme a descrição da empresa a seguir, sugira o que seria as melhores formulações de "Missão", "Visão" e "Valores" organizacionais, levando em conta o melhor e mais positivo impacto a todos os Stakeholders envolvidos neste mercado. Traga sugestões que estejam alinhadas às principais expectativas do mercado e que contemplem alinhamento com a solução de suas principais necessidades, repassando seriedade, comprometimento, responsabilidade e inovação nas práticas exercidas.

A descrição da empresa é a seguinte:

[INSIRA A DESCRIÇÃO MAIS DETALHADA DO NEGÓCIO]

4.2. MATRIZ SWOT

A matriz SWOT é uma ferramenta de gestão que ajuda as empresas a entenderem seu cenário competitivo e a se planejarem estrategicamente. A sigla SWOT vem do inglês e representa Forças (Strengths), Fraquezas (Weaknesses), Oportunidades (Opportunities) e Ameaças (Threats). Esta matriz pode ser aplicada a uma empresa, um produto, uma indústria ou mesmo a nível pessoal. A matriz

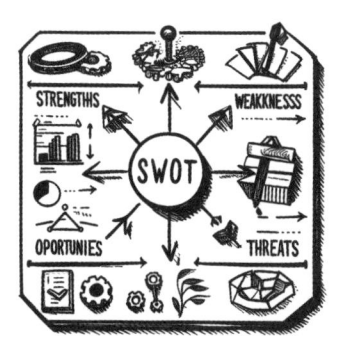

SWOT é usada para consolidar pontos-chave de uma avaliação estratégica do negócio.

Os principais objetivos e funções da matriz SWOT são:

Avaliação e compreensão: A análise SWOT ajuda na avaliação e na compreensão da atual situação de uma determinada empresa.

Planejamento estratégico: Facilita a elaboração de um planejamento estratégico mais adequado aos objetivos da organização.

Tomada de decisão: Contribui para a tomada de decisão e otimiza a tomada de decisões ao estudar uma situação de negócio.

Identificação de itens-chave: Identifica itens chave para a gestão da organização, o que implica estabelecer prioridades de atuação.

Preparação de opções estratégicas: Prepara opções estratégicas, identificando riscos e problemas a resolver.

Síntese das análises: Efetua uma síntese das análises externas e internas.

Essencialmente, a matriz SWOT é uma ferramenta de gestão que permite estudar uma situação de negócio, seja para uma organização, um produto ou um serviço. Ela permite obter dados sobre as forças, oportunidades, ameaças e fraquezas de um negócio.

4.2.1. LEVANTAMENTO DE "FORÇAS", "FRAQUEZAS", "OPORTUNIDADES" E "AMEAÇAS"

- Descreva o seguinte Prompt para ChatGPT -

Conforme a descrição da empresa a seguir, e, levando em conta o desenvolvimento de um conceito de matriz SWOT, construa uma análise detalhada com pelo menos 10 sugestões sobre cada um dos seguintes pontos:

- "Forças": Sendo, esta relação de sugestões, as vantagens que este tipo de negócio tem em relação a outros de mesmo ramo, levando em conta as suas características particulares e expectativas futuras de aprimoramento.

- "Fraquezas": Sendo, esta relação de sugestões, baseada em possíveis desvantagens que este tipo de negócio apresenta, levando em conta as suas características. Sugira também possíveis fragilidades às quais este tipo de negócio possa estar sendo submetido conforme predominâncias mercadológicas.

- "Oportunidades": Sugira relações que exprimam onde o mercado como um todo mostra-se mais receptivo aos tipos de soluções que este negócio apresenta e, avaliando um futuro próximo, quais mais oportunidades poderiam estar presentes ou surgir que possam ser alvo de ações a favor desta empresa.

- "Ameaças": Sugira, a partir de leitura mercadológica e da avaliação das soluções ofertadas em comparação as necessidades de clientes, quais seriam os maiores obstáculos que poderiam trazer problemas de performance ou prejuízos à gestão operacional e financeira deste tipo de negócio. Sugira também possíveis tendencias que poderiam de alguma forma impactar negativamente nossa expertise ou nos forçar a alterar a forma como atuamos no presente.

Traga sugestões que estejam alinhadas às principais expectativas do mercado e que contemplem alinhamento com a solução de suas principais necessidades, priorizando assertividade, mais probabilidade de ocorrência e impactos mais relevantes.

A descrição da empresa é a seguinte:

> **[INSIRA A DESCRIÇÃO MAIS DETALHADA DO NEGÓCIO]**

4.2.2. ANÁLISE SWOT: DEFININDO ESTRATÉGIAS DE "DESENVOLVIMENTO", "CRESCIMENTO", "MANUTENÇÃO" E "SOBREVIVÊNCIA".

Agora precisamos refinar e dar mais valor a este levantamento de informações. Aqui está a cereja do bolo: a análise e a construção de ideias e estratégias para estruturação do negócio.

O aprimoramento da ferramenta SWOT veio com o que chamamos de "análise SWOT", ou seja, a maneira como juntamos os elementos trazidos pela SWOT e construímos possibilidades que contemplem estratégias de "Desenvolvimento", "Crescimento", "Manutenção" ou "Sobrevivência" para cada tipo de negócio.

Estratégias de Desenvolvimento:

As estratégias de desenvolvimento são aquelas que visam aproveitar as oportunidades identificadas no ambiente externo utilizando as forças internas da empresa.

Elas podem ser utilizadas para:

- Aumentar a participação de mercado.
- Expandir os negócios para novos mercados.
- Desenvolver novos produtos ou serviços – Inovar em processos e tecnologias.
- Aumentar a eficiência operacional.
- Melhorar a qualidade dos produtos ou serviços.
- Aumentar a satisfação dos clientes.

Estratégias de Crescimento

As estratégias de crescimento são aquelas que visam aumentar o tamanho da empresa, seja através do aumento da participação de mercado, da expansão para novos mercados ou da diversificação dos negócios, alinhando pontos fracos a oportunidades. Ou seja, a capacidade de nos aprimorarmos e qualificarmos nos aproxima das oportunidades que se apresentam.

Elas podem ser utilizadas para:

- Aquisições de empresas ou ativos.
- Investimentos em novos negócios.
- Expansão internacional.
- Diversificação de produtos ou serviços.

Estratégias de Manutenção

As estratégias de manutenção são aquelas que visam proteger a empresa das ameaças externas através do melhor uso de nossas forças internas.

Elas podem ser utilizadas para:

- Proteger a marca.
- Manter a fidelidade dos clientes
- Aumentar a eficiência operacional.
- Reduzir custos.
- Melhorar a gestão de riscos.

Estratégias de Sobrevivência

As estratégias de sobrevivência são aquelas que visam garantir a continuidade da empresa diante de ameaças significativas que estejam alinhadas também a fragilidades.

Elas podem ser utilizadas para:

- Reestruturação da empresa.
- Redução de custos.
- Mudanças no modelo de negócios.
- Fusões ou aquisições.

A escolha do tipo de estratégia a ser adotada depende de uma análise criteriosa do ambiente externo e interno da empresa. É importante que a empresa tenha um objetivo claro e que as estratégias sejam alinhadas com esse objetivo.

Agora vamos tentar aproveitar a resposta do prompt anterior, ao qual deve estar em sua tela, mas, caso não esteja, siga o seguinte passo.

Caso a resposta completa não caiba em um só bloco, divida-a por mais blocos, ex. Bloco 1, Bloco 2, Bloco 3... e, no próximo prompt, cite-os como parte fundamental da composição da resposta.

- Descreva o seguinte Prompt para ChatGPT -

Armazene as seguintes informações:

[INSIRA A RESPOSTA DO EXERCÍCIO ANTERIOR]

Não responda nada, somente aguarde novas instruções.

Logo...

A partir do conjunto de itens e sugestões apresentadas acima, trabalhe na seguinte relação:

1. Analise qual conjunto de sugestões contidos no item "Forças", mais se alinha e converge com os itens sugeridos no item "Oportunidades".

   Após a apresentação desse alinhamento, sugira ações que possam ser utilizadas para melhor desenvolvê-las dentro da empresa.

   Nomeie esta análise como "Estratégias de Desenvolvimento".

2. Analise qual conjunto de sugestões contidos no item "Forças" mais se alinha e converge com os itens sugeridos no item "Ameaças".

   Após a apresentação deste alinhamento, sugira ações que possam ser utilizadas para gerir esses processos, sugerindo práticas e ideias de como minimizar os impactos negativos dessas ameaças para esta empresa.

   Nomeie esta análise como "Estratégias de Manutenção".

3. Analise qual conjunto de sugestões contidos no item "Fraquezas" mais se alinha e converge com os itens sugeridos no item "Oportunidades".

   Após a apresentação deste alinhamento, sugira ações que possam ser utilizadas para que possamos aprimorar habilidades e nos tornar mais inteligentes, minimizando o impacto negativo de nossas fraquezas, de forma que possamos maximizar ao máximo as chances de aproveitarmos as oportunidades presentes e futuras sugeridas, e, assim, trazer resultados relevantes e que a propiciem crescimento da empresa em seu campo de atuação.

   Nomeie esta análise como "Estratégias de Crescimento".

4. Analise qual conjunto de sugestões contidos no item "Fraquezas" mais se alinha e converge com os itens sugeridos no item "Ameaças".

   Após a apresentação deste alinhamento, sugira ações que possam ser utilizadas para que, apesar de haver fraquezas organizacionais relevantes, sugira ideias e estratégias que possam ser construídas para que os resultados presentes e futuros desta empresa sofram menos impacto negativo possível, com menos perdas, e que contribuam para minimizar algum tipo de prejuízo.

   Nomeie esta análise de "Estratégias de Sobrevivência".

É essencial que a resposta esteja absolutamente alinhada com a atividade e as soluções promovidas pela descrição da empresa descrita como:

[INSIRA A DESCRIÇÃO MAIS DETALHADA DO NEGÓCIO]

4.3. ANÁLISE PESTEL

A análise PESTEL é uma ferramenta estratégica utilizada para identificar, analisar, organizar e monitorar fatores que podem gerar impacto em uma organização, seja no presente ou no futuro. Ela é usada para avaliar o mercado externo à empresa, a partir da observação de diversos fatores.

| PESTEL é um acrônimo para:

Político

Econômico

Sociocultural

Tecnológico

Environmental (Ambiental)

Legal (Jurídico)

Cada um desses fatores tem um grande impacto no mercado e, consequentemente, nas empresas que fazem parte dele. A análise PESTEL ajuda a compreender como funciona o mercado. Ao monitorizar as oportunidades e ameaças às suas operações e mercados, a empresa pode antecipar a evolução do ambiente e assim assegurar a sustentabilidade das suas operações.

É importante notar que, ao contrário da análise SWOT que avalia o ambiente interno, com as forças e fraquezas da empresa, e o ambiente externo, com as ameaças e oportunidades, a análise PESTEL se concentra apenas no ambiente externo. No entanto, as duas análises, SWOT e PESTEL, não são excludentes. Ao contrário, podem ser usadas de forma complementar.

Seguindo a linha de análise sugerida pela ferramenta de gestão "PESTEL", apresente em detalhes uma sugestão de itens que melhor descrevem sobre a descrição da seguinte empresa:

[INSIRA AQUI A DESCRIÇÃO MAIS DETALHADA DO NEGÓCIO]

4.3.1. INFORMAÇÕES COMPLEMENTARES ESTRATÉGICAS: "METAS", "OBJETIVOS", "PLANO DE AÇÃO", "CAUSA–EFEITO", "EXPERTISES", "COMPORTAMENTOS", "PROCESSOS" E "PONTOS DE INOVAÇÃO" ENVOLVIDOS.

Definição de uma série de itens de práticas de gestão, como:

A. Impacto dos objetivos a cada Stakeholder.

B. Apresentação de "Metas" e "Objetivos".

C. Apresentação de planos de ação em formato 5W2H.

D. Apresentação de uma relação de causa-efeito entre este objetivo sugerido e os benefícios organizacionais esperados.

E. Apresentação uma forma de medir estas metas e objetivos.

F. Apresentação de quais expertises, novas inteligências ou quais habilidades aumentariam a probabilidade de alcance de sucesso na implementação dos objetivos.

G. Apresentação de uma análise de comportamentos mais funcionais.

H. Identificação dos principais processos organizacionais.

I. Apresentação de estratégias de inovação.

Qual a relevância desses pontos?

1. **"Metas" e "Objetivos":** Metas e objetivos fornecem uma direção clara para a organização e ajudam a focar os esforços de todos em direção a um propósito comum. Eles servem como um padrão para avaliar o desempenho e o progresso.

2. **Planos de ação em formato 5W2H:** O 5W2H é uma ferramenta de gestão que auxilia na clareza das tarefas a serem realizadas, garantindo que todos saibam o que precisa ser feito, por quem, onde, quando, por que, como e quanto vai custar. Isso ajuda a evitar mal-entendidos e a garantir que todos estejam na mesma página.

3. **Sistemas de medição:** Os sistemas de medição são essenciais para avaliar o desempenho em relação às metas e objetivos. Eles fornecem feedback sobre onde a organização está indo bem e onde precisa melhorar.

4. **Reflexão sobre novas inteligências ou habilidades:** A reflexão sobre novas habilidades ou inteligências que podem aumentar a probabilidade de sucesso na implementação dos objetivos pode ajudar a identificar lacunas de habilidades existentes e a desenvolver planos para preenchê-las.

5. **Análise de comportamentos mais funcionais:** A análise de comportamentos mais funcionais pode ajudar a identificar comportamentos que contribuem para o sucesso da organização e aqueles que podem estar impedindo o progresso. Isso pode informar estratégias de desenvolvimento de pessoal e mudanças organizacionais.

6. **Identificação dos principais processos organizacionais:** A identificação dos principais processos organizacionais é crucial para entender como o trabalho é realizado na organização e onde existem oportunidades para melhoria.

7. **Estratégias de inovação:** As estratégias de inovação são importantes para garantir que a organização continue a se adaptar e evoluir em um ambiente de negócios em constante mudança. Elas podem ajudar a organização a se manter competitiva e a se antecipar às mudanças do mercado.

- Descreva o seguinte Prompt para ChatGPT -

Atue como um consultor especialista em competitividade empresarial e relacionamento de mercado.

Para cada item numerado descrito no texto mais abaixo, apresente em detalhes, próximos à realidade do perfil de negócio, o conjunto de informações a seguir:

A. Apresente um título para iniciar, ao analisar o item que identifique o tipo de estratégia ao qual se relaciona, escreva um breve resumo estratégico deste item e demonstre o seu impacto a cada Stakeholder.

B. Apresente sugestões de "Metas" e "Objetivos" que aproximem ou possam repelir o item apresentado, conforme mais adequado ao cenário e levando em conta a maximização de resultados positivos ao negócio.

C. Apresente, para cada meta e objetivo sugerido no item B, uma sugestão de plano de ação em formato 5W2H.

D. Apresente, para cada objetivo sugerido no item B, uma possível ligação de causa-efeito entre este objetivo sugerido e os benefícios organizacionais esperados.

E. Apresente uma forma de medir estas metas e objetivos apresentados no item B, assim como, formas de acompanhar o desenvolvimento e evolução dos planos de ação apresentados no item C.

F. Apresente uma sugestão de quais expertises, novas inteligências ou quais habilidades devem ser desenvolvidas pelo gestor ou pela equipe envolvida, para que se tenha maior probabilidade de alcance de sucesso na implementação integral dos objetivos sugeridos no Item B.

G. Apresente uma sugestão de quais comportamentos, existentes ou não, são mais funcionais e agregam mais valor e aproximam a empresa do alcance deste objetivo, e quais comportamentos são disfuncionais e devem ser evitados, afastando a empresa do alcance do objetivo sugerido no item B.

H. Identifique e descreva quais os principais processos organizacionais que impactam o aprimoramento e o desenvolvimento, que convirjam em prol do alcance mais eficaz do objetivo sugerido pelo item B.

I. Apresente sugestões de quais inovações poderiam trazer diferenciais competitivos e vantagens estratégicas que agreguem mais valor ao negócio e que estejam alinhadas ao desenvolvimento do objetivo sugerido no item B.

Descrição dos itens numerados:

[INSIRA AQUI PARTE A PARTE DO CONJUNTO DE ITENS RECEBIDOS DA ANÁLISE SWOT]

Aprofunde a consistência da análise seguindo o perfil de negócio a seguir:

[INSIRA AQUI A DESCRIÇÃO MAIS RESUMIDA DO NEGÓCIO]

4.4. 20 PRINCIPAIS HARD SKILLS

Hard skills são habilidades técnicas específicas e mensuráveis adquiridas através de educação, treinamento, cursos e experiência prática. Elas são frequentemente associadas ao conhecimento e habilidades necessárias para realizar tarefas específicas ou operar equipamentos e ferramentas particulares dentro de um campo de trabalho ou estudo. Diferentemente das soft skills, que são habilidades interpessoais e de comunicação que podem ser transferidas entre diferentes contextos de trabalho, as hard skills são muitas vezes específicas a um tipo de trabalho, indústria ou ambiente profissional.

Características das Hard Skills

1. **Mensuráveis e Certificáveis:** As hard skills podem ser avaliadas e mensuradas por meio de testes, certificações ou demonstrações práticas de competência. Isso facilita a verificação da habilidade por empregadores ou instituições de ensino.

2. **Adquiridas por Educação Formal ou Treinamento Específico:** Geralmente, são adquiridas através de cursos, programas de graduação, certificações profissionais, workshops, treinamentos on-the-job (no próprio trabalho) ou autoestudo.

3. **Essenciais para a Execução de Tarefas Específicas:** São fundamentais para a realização de tarefas técnicas específicas dentro de uma profissão, como codificação em linguagens de programação para desenvolvedores de software, operação de máquinas em engenharia mecânica ou análise de dados em ciência de dados.

Importância das Hard Skills no Mercado de Trabalho

As hard skills são cruciais para a execução eficaz de funções técnicas dentro de organizações e são frequentemente os requisitos mínimos para se qualificar para posições específicas. Elas permitem que os profissionais demonstrem competência em suas áreas de especialização e são um indicador chave da capacidade de um indivíduo para contribuir de forma tangível para os objetivos de uma organização. No entanto, para um desempenho profissional bem-sucedido e completo, é importante que as hard skills sejam complementadas por soft skills, como trabalho em equipe, comunicação eficaz e resolução de problemas, criando um perfil profissional equilibrado e adaptável.

Em um mercado de trabalho cada vez mais competitivo e em rápida evolução, a atualização e aprimoramento contínuo das hard skills são essenciais para manter a relevância profissional e aproveitar as oportunidades de carreira.

Com base nas seguintes fontes abaixo:

- **LinkedIn Learning:** Relatórios anuais sobre as habilidades mais demandadas no mercado.

- **World Economic Forum:** "The Future of Jobs Report", que oferece insights sobre as tendências de emprego e habilidades.

- **Gartner, McKinsey, e Deloitte:** Publicações e estudos de tendências de habilidades no mercado de trabalho.

- **Bases de dados acadêmicas:** Como Google Scholar, para acesso a pesquisas recentes sobre competências profissionais.

As 20 hard skills mais desejadas no momento atual pelo mercado são:

1. **Análise de Dados:** A capacidade de coletar, analisar e interpretar grandes volumes de dados para suportar a tomada de decisão.

2. **Desenvolvimento de Software:** Proficiência em linguagens de programação como Python, Java, e JavaScript é altamente valorizada em quase todos os setores.

3. **Cybersegurança:** Habilidades para proteger sistemas, redes e programas de ataques digitais.

4. **Inteligência Artificial e Aprendizado de Máquina:** Desenvolver sistemas que podem aprender e adaptar-se sem seguir instruções explícitas.

5. **Gestão de Projetos:** Capacidade de planejar, executar e finalizar projetos eficientemente, muitas vezes certificada por metodologias como PMP (Project Management Professional).

6. **Design Gráfico e UX/UI:** Criar experiências visuais e interfaces de usuário que são esteticamente agradáveis e fáceis de usar.

7. **Marketing Digital:** Inclui SEO (Search Engine Optimization), marketing de conteúdo, e gestão de redes sociais.

8. **Cloud Computing:** Habilidades em serviços baseados na nuvem, como AWS, Google Cloud e Microsoft Azure.

9. **Blockchain:** Tecnologia por trás das criptomoedas e aplicações de contratos inteligentes.

10. **Análise Financeira:** Capacidade de interpretar dados financeiros para ajudar na tomada de decisões de negócios.

11. **CRM e ERP:** Proficiência em software de gestão de relacionamento com o cliente e planejamento de recursos empresariais.

12. **Big Data:** Habilidades para trabalhar com conjuntos de dados extremamente grandes que podem ser analisados para revelar padrões e tendências.

13. **IoT (Internet das Coisas):** Desenvolvimento e gestão de dispositivos conectados à internet.

14. **Robótica e Automação:** Projetar e manter sistemas automatizados e robóticos.

15. **Linguagens de Script:** Como Shell, Perl, e Python, para automação de tarefas e análise de dados.

16. **Gestão de Supply Chain:** Otimização da cadeia de suprimentos, desde a aquisição de matéria-prima até a entrega do produto final.

17. **Biotecnologia:** Habilidades relacionadas ao uso de organismos vivos ou biomoléculas em processos industriais.

18. **Engenharia de Dados:** Construção e manutenção de sistemas de dados e pipelines para análise de dados em larga escala.

19. **Design de Produto:** Desenvolvimento de novos produtos, desde a concepção até a produção.

20. **Energias Renováveis:** Conhecimento em tecnologias de energia solar, eólica, hidrelétrica, e outras formas de energia limpa.

Essas hard skills refletem a crescente demanda por profissionais capazes de navegar na transformação digital, gerenciar dados complexos, liderar projetos inovadores e contribuir para o desenvolvimento sustentável. Manter-se atualizado com essas competências técnicas é crucial para profissionais que buscam se destacar em um mercado de trabalho competitivo e em constante evolução.

- Descreva o seguinte Prompt para ChatGPT -

Atue como um reconhecido consultor em desenvolvimento de pessoas e competências, especializado em análise e adequação de Hard Skills em ambiente organizacional com propósito de desenvolvimento de mercado e maximização de performance de equipes e negócios.

Importante:

- Traga respostas completas.

- Apresente respostas alinhadas especificamente ao contexto e a realidade deste negócio descrito abaixo.

- Em caso de falta de informação, simule situações que mais possam aproximar-se desta realidade mercadológica.

- Em caso de necessidade, utilize cases e informações disponíveis nos mais diversos canais que possam estar alinhados a realidade deste negócio para construir uma base de melhor compreensão de cada cenário.

- Personalize cada resposta conforme características do negócio, características de cada solução disponível e perfil de público-alvo indicado.

- Não repita a pergunta na resposta.

- Evite ocupar o texto da resposta com textos com considerações fora de contexto, ou lamentações operacionais que não agreguem valor as demandas deste prompt.

Para tanto, responda:

Bloco 1:

1. Identifique todos os produtos e serviços que esta empresa trabalha atualmente.

2. Identifique todos os perfis de público-alvo desta empresa, apresente o conjunto de expectativas que cada perfil tem em relação a cada produto ou serviço apresentado no item 1, a seguir sugira quais são suas principais necessidade e fatores motivacionais que o impelem a buscar cada um dos produtos e serviços apresentados no item 1.

Bloco 2:

Levando em conta o contexto desta empresa, seu propósito de atuação, o perfil de seus clientes identificados no item 2 e seu portfólio de produtos e serviços explicitados no item 1, responda as demandas abaixo numerando-as:

3. A partir dos 20 principais Hard Skills mais valorizados pelo mercado identificados abaixo, responda individualmente de forma personalizada e única cada um dos seguintes itens abaixo, numerando em ordem crescente cada resposta:

Traga um breve e suscinto resumo explicativo sobre o Hard Skill a ser analisado, e, logo, passe as questões abaixo.

3.1. Explique com exemplos práticos, como esta empresa tem contribuído, ou conecta-se diretamente ou indiretamente para o desenvolvimento de cada um dos Hard Skills apresentados. Apresente exemplos práticos de quando e como isto ocorre.

3.2. Explique, trazendo exemplos práticos dentro do contexto e da realidade deste negócio, como seu conjunto de colaboradores poderiam ser estimulados a desenvolverem cada um dos Hard Skills apresentados.

Apresente quais benefícios ele teria para a sua vida profissional e quais benefícios esta empresa poderia desenvolver aumentando as competências neste aspecto.

3.3. Comparando o escopo do portfólio de produtos e serviços desta empresa com as necessidades e expectativas de seu público-alvo, indique quais pontos esta empresa mais consegue conectar-se e estimular o desenvolvimento de cada Hard Skill identificado conforme seu objeto de construção de soluções.

3.4. Comparando o escopo do portfólio de produtos e serviços desta empresa com as necessidades e expectativas de seu público-alvo, indique quais pontos esta empresa encontra-se mais frágil, ou seja, menos consegue atingir conexões, proximidade ou desenvolvimento de cada hard Skill identificado, logo, para cada sugestão, apresente exemplos práticos de formas de contornar este problema e assim, aumentar seu valor e reputação.

3.5. Por fim, avalie o perfil do CEO desta empresa diante seu possível conhecimento e prática de cada hard Skill, sugerindo a ele, meios práticos de buscar desenvolver mais cada competência e, como esta competência traria benefícios a este tipo de negócio. Sugira uma nota de 0 a 10 para a performance deste CEO em cada habilidade analisada. Seja bem crítico e rigoroso na avaliação.

Importante:

Responda o prompt completo para cada um dos 20 itens abaixo mencionados, individualmente, sem exceção, numerando cada resposta.

Não atalhe nem resuma ou padronize respostas, utilize todo o tempo e espaço necessário para realizar cada uma das análises abaixo de forma única.

Os 20 Hard Skills a serem analisados são:

1. Análise de Dados.

2. Desenvolvimento de Software.

3. Cybersegurança.

4. Inteligência Artificial e Aprendizado de Máquina.

5. Gestão de Projetos.

6. Design Gráfico e UX/UI.

7. Marketing Digital.

8. Cloud Computing.

9. Blockchain.

10. Análise Financeira.

11. CRM e ERP.

12. Big Data.

13. IoT (Internet das Coisas).

14. Robótica e Automação.

15. Linguagens de Script.

16. Gestão de Supply Chain.

17. Biotecnologia.

18. Engenharia de Dados.

19. Design de Produto.

20. Energias Renováveis.

Evite avisos e contribuições desnecessárias ao propósito do prompt.

Não responda ao bloco 3, antes que todos os 20 Hard Skills sejam devidamente avaliados pelo bloco 2.

Bloco 3:

Após certificar-se que todos os 20 Hard Skills acima foram devidamente respondidos por cada um dos itens do bloco 2, responda:

4. Avaliando todo o conjunto de respostas anteriores, sugira quais são os principais pontos organizacionais, mercadológicos e que impactam em seus stakeholders, merecem maior atenção deste gestor para que ele possa construir diferenciais competitivos fortes o bastante para destacar cada um de seus produtos, serviços e negócio em seu mercado. Para cada sugestão, sugira exemplos práticos de como ele poderá realizá-los.

Considere para responder este bloco o seguinte perfil de negócio:

[INSIRA AQUI A DESCRIÇÃO MAIS DETALHADA DO NEGÓCIO]

4.5. SALESTECH INTELLIGENCE

SalesTech Intelligence, embora não seja um termo amplamente definido, pode ser entendido como a aplicação de tecnologia para melhorar e otimizar o processo de vendas. Isso pode envolver o uso de uma variedade de soluções tecnológicas, incluindo automação de vendas, análise de dados, inteligência artificial e machine learning, mas não se limitando a isso.

Aqui estão algumas definições relacionadas que podem ajudar a entender melhor o conceito:

Sales Intelligence: É a informação que os vendedores usam para tomar decisões informadas no ciclo de vendas. Inclui as ferramentas, técnicas e práticas que facilitam a coleta, rastreamento e análise de dados. A inteligência de vendas fornece insights de dados sobre perspectivas de clientes e leads.

SalesTech: Refere-se a uma gama de soluções tecnológicas que fornecem dados para equipes de receita B2B.

Portanto, SalesTech Intelligence pode ser considerada a interseção desses dois conceitos, referindo-se ao uso de tecnologia para coletar, analisar e aplicar dados de maneira a melhorar o processo de vendas e tomada de decisões. Isso pode resultar em vendas mais eficientes e eficazes, melhor compreensão do cliente e, em última análise, crescimento de receita para a empresa.

Principais objetivos deste conceito:

Os principais objetivos da utilização do conceito de SalesTech Intelligence incluem:

- **Melhorar a eficiência das vendas:** Ao automatizar tarefas repetitivas e demoradas, as equipes de vendas podem se concentrar em atividades de maior valor, como construir relacionamentos com os clientes.

- **Aumentar a eficácia das vendas:** Com insights mais precisos e detalhados sobre os clientes, as equipes de vendas podem personalizar suas abordagens para atender melhor às necessidades e preferências dos clientes.

- **Tomada de decisão informada:** A inteligência de vendas fornece dados valiosos que podem informar a tomada de decisão em todos os níveis da organização.

- **Acelerar o ciclo de vendas:** Com melhores informações e processos mais eficientes, as empresas podem acelerar o ciclo de vendas, fechando negócios mais rapidamente.

- **Melhorar a previsão de vendas:** Com dados mais precisos e análises avançadas, as empresas podem fazer previsões de vendas mais precisas, o que pode ajudar no planejamento e na alocação de recursos.

- **Aumentar a receita:** Em última análise, todos esses benefícios podem levar a um aumento nas vendas e na receita para a empresa.

4.5.1. AQUI ESTÁ UM RESUMO DAS FERRAMENTAS QUE IREMOS ANALISAR

1. **UpLead:** Ajuda a identificar e se conectar com potenciais clientes em todo o mundo, fornecendo informações detalhadas e atualizadas sobre empresas e indivíduos.

2. **Winmo:** Fornece insights sobre as tendências do mercado e os principais concorrentes, ajudando a entender melhor o cenário competitivo.

3. **Clearbit:** Enriquece o banco de dados com informações detalhadas de contato, melhorando a eficácia das campanhas de marketing e vendas.

4. **Detective:** Automatiza o processo de pesquisa de vendas de clientes, fornecendo uma experiência de vendas mais valiosa.

5. **Cognism:** Fornece acesso a dados B2B de alta qualidade que seguem protocolos rigorosos de privacidade e são compatíveis com o GDPR.

6. **Datanyze:** Fornece informações de contato de prospectos para alcançá-los de maneira mais eficaz. Fornece informações valiosas sobre a tecnologia usada por potenciais clientes, ajudando a entender melhor as necessidades tecnológicas de seus clientes.

7. **DiscoverOrg:** Fornece leads de vendas baseados em notícias, inteligência de TI e contatos ilimitados de empresas.

8. **Crystal:** Fornece dados de personalidade para todos que você encontra, permitindo que você adapte sua abordagem de vendas para se conectar melhor com diferentes tipos de pessoas.

9. **Lead411:** Fornece leads de vendas baseados em notícias, permitindo que a empresa identifique e se conecte com os prospects certos no momento certo.

10. **LinkedIn Sales Navigator:** Ajuda a encontrar e se conectar com os tomadores de decisão certos no LinkedIn.

11. **InsideView:** Oferece uma ampla gama de serviços, incluindo a limpeza de dados de CRM, enriquecimento de dados, gerenciamento de mercado-alvo (TAM), análise de mercado total endereçável, pesquisa de empresas, criação de lista de contas-alvo, contas ABM-alvo, hierarquias de contas e muito mais.

12. **Vainu:** Oferece uma plataforma de inteligência de vendas que fornece insights baseados em dados e sinais de compra que revelam empresas prontas para comprar.

13. **ZoomInfo:** Fornece uma plataforma de prospecção de vendas B2B que acelera seu pipeline e receita.

14. **DataFox:** Fornece recursos como limpeza de dados de CRM, enriquecimento de dados, gerenciamento de mercado-alvo (TAM), análise de mercado total endereçável, pesquisa de empresas, criação de lista de contas-alvo, contas ABM-alvo, hierarquias de contas e muito mais.

15. **EverString:** Fornece pontuação preditiva, geração de demanda e segmentação de anúncios que permitem aos clientes construir um novo pipeline e aumentar as taxas de conversão facilmente.

- Descreva o seguinte Prompt para ChatGPT -

Utilizando como base de formulação de resposta a inteligência e os objetivos funcionais de cada ferramenta abaixo citada, sugira ações práticas que podem ser facilmente implementadas em uma empresa descrita no perfil mais abaixo.

Cite, para cada ferramenta numerada, ao menos duas práticas de fácil implementação as quais a própria equipe possa realizar, sem a necessidade de ter acesso à ferramenta em questão.

As sugestões devem vir acompanhadas de quais expectativas e resultados estas práticas devem trazer a empresa.

Nota 1: não utilize as ferramentas, mas, sim, a sua funcionalidade e a forma como apresenta seus resultados.

Nota 2: apresente, após cada sugestão, o "como" realizar e aplicar tais práticas.

1. UpLead;

2. Winmo;

3. Clearbit;

4. Detective;

5. Cognism;

6. Datanyze;

7. DiscoverOrg;

8. Crystal;

9. Lead411;

10. LinkedIn Sales Navigator;

11. InsideView:

12. Vainu;

13. ZoomInfo;

14. DataFox:

15. EverString;

Traga casa análise detalhada e prática à realidade do seguinte perfil de empresa:

[INSIRA AQUI A DESCRIÇÃO MAIS DETALHADA DO NEGÓCIO]

Fique atento: imediatamente após a resposta do prompt acima, tente isto e descreva.

- Descreva o seguinte Prompt para ChatGPT -

Para cada prática acima sugerida, detalhe em passo a passo como realizá-la e como medi-la.

4.6. METODOLOGIA OKR E SMART

❙ O que é a metodologia OKR

OKR é a sigla para "Objective Key Results", uma metodologia para orientar os esforços das empresas em direção a objetivos cruciais mensuráveis. Esta metodologia de gestão foi criada pelo ex-CEO da Intel, Andrew Grove, e tem como objetivo simplificar a forma de encarar os chamados "Objectives and Key Results", ou seja, os objetivos principais de uma empresa.

A metodologia OKR funciona da seguinte maneira:

Objectives (Objetivos): Apresentam uma direção clara do que a empresa pretende conquistar. Cada objetivo pode ser formulado não apenas para tornar claro o que se deve buscar, mas também para manter todos engajados na missão em questão.

Key Results (Resultados-chave): São métricas que indicam se o objetivo foi alcançado. Eles devem ser quantitativos e mensuráveis.

A implementação da metodologia OKR pode ajudar a empresa a definir metas mensuráveis e garantir que os resultados desejados sejam atingidos. Além disso, permite que todos na empresa entendam para onde devem direcionar os esforços e como o trabalho de cada um interfere no resultado final da companhia.

❙ O que é a metodologia SMART:

A metodologia SMART é uma ferramenta que auxilia na definição de metas e objetivos de maneira eficaz e inteligente. O termo SMART é um acrônimo em inglês que representa as características cruciais que devem estar presentes em uma meta:

S (Specific/Específica): A meta deve ser clara e direta.

M (Measurable/Mensurável): Deve ser possível medir o progresso em direção à meta.

A (Attainable/Atingível): A meta deve ser realista e alcançável.

R (Relevant/Relevante): A meta deve ser importante e ter um impacto significativo.

T (Time–based/Temporal): A meta deve ter um prazo definido para a sua execução.

As principais funções da metodologia SMART são:

- **Definir um objetivo:** A metodologia SMART ajuda a identificar pontos fortes e fracos e direcionar esforços e recursos de maneira inteligente e eficaz.

- **Fornecer motivação para o sucesso:** As metas SMART fornecem um senso de direção, motivação e foco claro.

- **Convocar o time a ir além:** A metodologia SMART convoca a equipe a superar desafios e alcançar metas.

- **Manter o foco no propósito:** A metodologia ajuda a manter o foco no propósito e determina o grau de importância para a realização da meta.

Portanto, a metodologia SMART é uma excelente ferramenta para planejamento e gestão de metas, seja no âmbito pessoal ou profissional.

- Descreva o seguinte Prompt para ChatGPT -

Atue como um profissional consultor estrategista, especialista em desenvolvimento de mercado e desenvolvimento de ações práticas de aprimoramento da competitividade organizacional com foco no cliente.

Levando-se em conta este resultado de análise SWOT abaixo e o correspondente perfil descrito da empresa apresentado logo depois, analise em detalhes, cada "Meta" e "Objetivos" propostos, apresentando os resultados conforme os seguintes itens de análise:

A. Escreva de forma detalhada a aplicação da metodologia OKR — Objetives and Key Results —, para cada "meta e objetivos" identificados

B. Utilize o método SMART para refinar a forma de apresentação desta análise.

C. Defina, se for o caso, quais são os envolvidos em cada etapa do processo, e quais as competências são necessárias para que esses envolvidos atinjam seus objetivos.

D. Apresente quais impactos cada analise causaria em todos os Stakehoders envolvidos.

[INSIRA AQUI PARTE A PARTE DO TEXTO DA ANALISE SWOT JÁ APRESENTADA]

Considere o seguinte perfil de empresa, perfil de clientes mais próximos e mercados relacionados a este contexto como base para a construção da análise:

[INSIRA AQUI A DESCRIÇÃO MAIS DETALHADA DO NEGÓCIO]

4.7. METODOLOGIA BSC

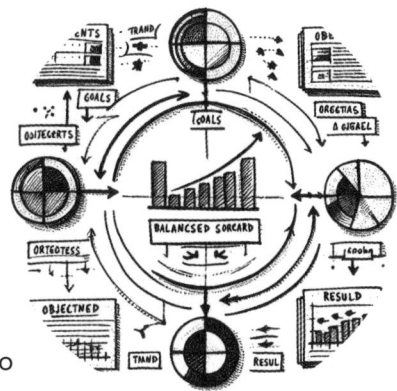

O Balanced Scorecard (BSC) é uma ferramenta de gestão estratégica que permite que as organizações traduzam sua visão e estratégia em um conjunto coerente de indicadores de desempenho.

A principal função do BSC é fornecer uma visão equilibrada do desempenho da organização, considerando quatro perspectivas principais:

1. **Perspectiva financeira:** Mede o desempenho financeiro e o uso eficiente dos recursos.

2. **Perspectiva do cliente:** A perspectiva do cliente se concentra nas necessidades e expectativas dos clientes da organização. Ela visa garantir que a organização esteja fornecendo produtos e serviços que atendam às necessidades dos seus clientes.

3. **Perspectiva dos processos internos:** A perspectiva dos processos internos se concentra nos processos internos da organização que são críticos para o sucesso da estratégia. Ela visa garantir que a organização esteja operando de forma eficiente e eficaz.

4. **Perspectiva de aprendizado e crescimento:** A perspectiva de aprendizado e crescimento se concentra nos recursos humanos e capacidades da organização que são necessários para o sucesso da estratégia. Ela visa garantir que a organização tenha as pessoas, as habilidades e a cultura necessárias para atingir seus objetivos.

Cada perspectiva é associada a um conjunto de objetivos estratégicos e indicadores de desempenho. O BSC ajuda a garantir que a organização esteja trabalhando em direção aos objetivos corretos e fornece um meio de medir o progresso em direção a esses objetivos.

Porem aqui em nossos exercícios, iremos avaliar uma empresa por mais que somente as quatro perspectivas básicas, mas também pelas seguintes perspectivas complementares:

5. **Perspectiva de análise de risco:** Esta perspectiva foca na identificação, avaliação e mitigação de riscos que podem afetar a capacidade da organização de atingir seus objetivos estratégicos. Isso pode incluir riscos financeiros, operacionais, de reputação, entre outros.

6. **Perspectiva de análise de concorrência:** Esta perspectiva considera o posicionamento da organização em relação aos seus concorrentes. Isso pode envolver a análise das forças e fraquezas dos principais concorrentes, bem como a identificação de oportunidades e ameaças no ambiente competitivo e a forma como estes elementos se comportam em relação a performance de nossa empresa aos concorrentes mais prováveis.

7. **Perspectiva de sustentabilidade:** Esta perspectiva avalia o desempenho da organização em termos de sustentabilidade ambiental, social e econômica. Isso pode incluir medidas de eficiência energética, redução de emissões de carbono, responsabilidade social corporativa, sustentabilidade financeira e perpetuação do negócio e suas soluções a longo prazo.

8. **Perspectiva de clima organizacional:** Esta perspectiva avalia a cultura e o clima da organização, incluindo a satisfação, o comprometimento e o engajamento dos funcionários, a eficácia da liderança e a qualidade das relações de trabalho em relação ao desempenho e evolução de resultados estratégicos do negócio.

9. **Perspectiva de inovação e busca de novas oportunidades:** Esta perspectiva foca na capacidade da organização de prever condições de mercado e inovar e se adaptar a mudanças no ambiente de negócios. Isso pode incluir medidas de desempenho relacionadas ao desenvolvimento de novos produtos ou serviços, aprimoramento de soluções a entrada em novos mercados ou a adoção de novas tecnologias ou processos de negócios.

Em resumo, o BSC é uma ferramenta poderosa para ajudar as organizações a desenvolver e implementar sua estratégia de maneira eficaz.

A partir destas 9 perspectivas, vamos buscar levantar informações relevantes sobre como podemos gerir elementos que se alinham cada uma delas.

Atue como expert em construção de estratégias organizacionais e desenvolvimento de competitividade de mercado.

Seguindo a premissa e as funcionalidades da ferramenta de gestão estratégia "BSC — Balanced Scorecard", faça uma análise detalhada da empresa descrita abaixo, conforme a perspectiva a seguir, apresentando o seguinte bloco de informações consolidadas:

1. O título da análise é o nome da perspectiva em questão.

2. Identifique os 10 principais objetivos estratégicos relacionados ao propósito foco da perspectiva abaixo citada, que reflitam maior relevância na busca por sucesso em seu mercado.

Para cada objetivo sugerido no item 2, complemente com as seguintes informações:

Descreva um resumo do impacto deste objetivo na performance positiva do negócio. Apresente quais seriam os 4 melhores indicadores para medir cada um dos 10 objetivo sugeridos; cada um destes indicadores deve vir acompanhado da fórmula para medir seu resultado. E, logo em seguida dos indicadores do item acima, sugira quem seriam os responsáveis pelo acompanhamento e pela gestão de cada um desses indicadores.

Por fim, apresente uma análise de relação causa-efeito do sucesso desses objetivos na empresa, ou seja, quais impactos o sucesso na conquista desses objetivos causaria em outros processos ou ações que envolvem cada Stakeholder.

A perspectiva a ser analisada é a seguinte:

**[INSIRA AQUI A DESCRIÇÃO DA
PERSPECTIVA A SER ANALISADA]**

O perfil da empresa a ser analisada é este abaixo. Foque a análise nos elementos estratégicos e competitivos que tragam a esta empresa inteligência suficiente para se destacar pela forma como atende às principais expectativas dos Stakeholders e principalmente de seu público-alvo. Traga uma análise centrada em novidades e tendências, que permita esta empresa explorar novos e promissores mercados:

[INSIRA AQUI A DESCRIÇÃO MAIS DETALHADA DO NEGÓCIO]

Logo, repita o prompt acima, para cada uma das nove perspectivas, ou mais, pelas quais você gostaria de observar o seu negócio.

4.8. ANÁLISE DE PERSONA

A análise de persona em um contexto de análise estratégica organizacional é uma prática que permite um conhecimento aprofundado sobre todos os públicos de uma organização. O objetivo principal dessa prática é tornar tangível a abordagem das relações públicas sobre públicos de interesse e construir, a partir do desenho de personas arquetípicas, um caminho para a construção de relacionamento através de ações de comunicação.

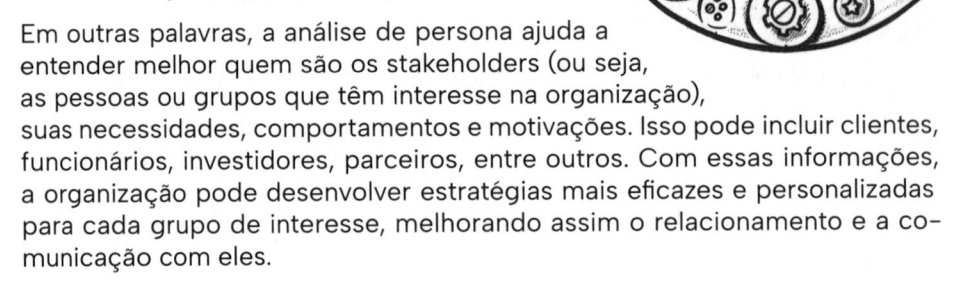

Em outras palavras, a análise de persona ajuda a entender melhor quem são os stakeholders (ou seja, as pessoas ou grupos que têm interesse na organização), suas necessidades, comportamentos e motivações. Isso pode incluir clientes, funcionários, investidores, parceiros, entre outros. Com essas informações, a organização pode desenvolver estratégias mais eficazes e personalizadas para cada grupo de interesse, melhorando assim o relacionamento e a comunicação com eles.

Além disso, a análise de persona também pode ser usada para identificar oportunidades e áreas que precisam de melhorias dentro da organização. Isso pode ajudar a empresa a tomar decisões mais informadas e estratégicas, levando a melhores resultados no longo prazo.

Para uma breve análise de Persona, vamos considerar somente dez requisitos:

1. **Nível de instrução:** O nível de instrução da persona pode afetar suas habilidades, conhecimentos e compreensão.

2. **Responsabilidades principais:** Quais são as principais responsabilidades da persona no trabalho e na vida pessoal.

3. **Objetivos e desafios:** Quais são os principais objetivos da persona e quais obstáculos ela enfrenta para alcançá-los.

4. **Comportamento nas redes sociais:** Quais redes sociais a persona usa e como ela se comporta nelas.

5. **Dores e desejos:** Quais problemas e necessidades a persona quer resolver? Quais são suas frustrações e desejos.

6. **Personalidade:** A personalidade pode afetar como a persona interage com os outros e como ela reage a diferentes situações.

7. **Expectativas:** Quais são as expectativas da persona em relação à sua empresa ou produto.

8. **Atitude em relação à aprendizagem contínua:** Como a persona se sente sobre a aprendizagem ao longo da vida.

9. **Atitude em relação a uso e interesse em novas tecnologias:** Como a persona se sente sobre a evolução tecnológica e sua disposição em acompanhar esta tendência.

10. **Atitude em relação à carreira:** Como a persona vê sua carreira e quais são suas aspirações profissionais.

Existem infinitos mais, os quais você poderá utilizar de forma a buscar uma proximidade muito mais personalizada de seu público, como:

– Nome – Idade – Localização – Ocupação – Comportamento nas redes sociais – Renda – Estado civil – Filhos – Hobbies e interesses – Valores pessoais – Estilo de vida – Experiência com a sua empresa ou produto – Motivações de compra – Preferências de comunicação – Nível de lealdade à marca – Nível de conhecimento tecnológico – Barreiras de compra – Canais de compra preferidos – Frequência de compra – Nível de satisfação – Nível de exigência – Decisões de compra – Necessidades não atendidas – Percepção da marca – Etc.

4.8.1. PASSO 1: QUEM SÃO MINHAS PERSONAS

- Descreva o seguinte Prompt para ChatGPT -

Atue como um consultor de mercado especialista em análise e prospecção de clientes externos e, conforme descrição da empresa a seguir, identifique quais as principais e potenciais personas mais estariam alinhados a este negócio:

[INSIRA AQUI A DESCRIÇÃO MAIS DETALHADA DO NEGÓCIO]

4.8.2. PASSO 2: QUAIS CARACTERÍSTICAS PODEMOS ANALISAR

Vamos trabalhar os dez itens acima e aprimorar um pouco a análise buscando informações sobre os arquétipos.

- Descreva o seguinte Prompt para ChatGPT -

Atue como um consultor de mercado especialista em análise e prospecção de clientes e analise em detalhes cada uma das personas abaixo conforme requisitos:

[INSIRA AQUI PARTE A PARTE DOS 10 ITENS QUE ESCOLHEMOS PARA ANALISAR]

As principais personas a serem analisadas são:

[INSIRA AQUI A DESCRIÇÃO MAIS DETALHADA DAS PERSONAS DO PASSO 1]

Para uma análise mais assertiva, considere o seguinte perfil de empresa e sua relação com o mercado:

[INSIRA AQUI A DESCRIÇÃO MAIS DETALHADA DO NEGÓCIO]

4.8.3. PASSO 3: QUAIS OS ARQUÉTIPOS RELACIONADOS

| O que são Arquétipos?

Arquétipos são um conceito da psicologia utilizado para representar padrões de comportamento associados a um personagem ou papel social. A mãe, o sábio e o herói são exemplos de arquétipos. Esses "personagens" têm características percebidas de maneira semelhante por todos os seres humanos.

Este conceito foi desenvolvido por Carl G. Jung, psiquiatra suíço e fundador da psicologia analítica. Para Jung, esses comportamentos estão no inconsciente coletivo e, por isso, são percebidos de maneira similar por todos.

Os 12 arquétipos mais comuns e seus significados são:

1. **Sábio:** pessoa que busca o conhecimento e pratica a autorreflexão. Ela analisa as situações e age com sabedoria e inteligência.

2. **Mago:** acredita que o mundo pode ser diferente, crê na transformação e na revolução, age no sentido de renovar as relações.

3. **Explorador:** gosta de liberdade para agir e descobrir o mundo. Busca por experiências novas e foge das situações rotineiras.

4. **Criador:** é o arquétipo do artista, do inventor. Essa pessoa dá vida à imaginação e às coisas que ainda não existem.

5. **Herói:** arquétipo presente em filmes e lendas, o herói é o guerreiro e destemido. Luta para proteger os seus e não teme os perigos.

6. **Rebelde:** pensa de maneiras diferentes, foge dos padrões. Acredita que as regras podem ser quebradas.

7. **Amante:** dá grande importância para as relações. É sensível e se sente feliz ao amar e ser amado.

8. **Tolo:** é alegre e gosta de se divertir, de aproveitar a vida e fazer piadas. Também conhecido como louco, é autêntico e não tem vergonha de rir de si mesmo.

9. **Cuidador:** gosta de cuidar dos outros e faz o possível para que todos estejam bem. Costuma ser muito prestativo e ajudar quem precisa.

10. **Homem comum:** age em conformidade com o que a sociedade espera. É bom para quem o rodeia, mas pode perder sua individualidade.

11. **Inocente:** sabe enxergar os aspectos positivos em todas as situações. É espontâneo, mas pode ser ingênuo às vezes.

12. **Governante:** é o arquétipo do líder. Tem autoridade e sabe se impor, mas pode se tornar autoritário para fazer valer a sua vontade.

Atue como um consultor de marketing e psicólogo e analise em detalhes cada uma das personas abaixo conforme se encaixar nos perfis desenhados pelos 12 Arquétipos definidos por Jung. Logo, apresente a melhor forma de aproximar nossa abordagem e chamar a atenção deste público-alvo para nossas soluções conforme sua personalidade:

As principais personas a serem analisadas são:

[INSIRA AQUI A DESCRIÇÃO MAIS DETALHADA DAS PERSONAS DO PASSO 1]

Para uma descrição de prospecção e abordagem mais assertiva, considere o seguinte perfil de empresa e sua relação com todas as partes interessadas:

[INSIRA AQUI A DESCRIÇÃO MAIS DETALHADA DO NEGÓCIO]

4.8.4. PASSO 4: VAMOS EXPLORAR AINDA MAIS CARACTERÍSTICAS

Levando em conta as principais personas definidas no Passo 1 desta descrição desta ferramenta, vamos agora explorar mais características deste público–alvo.

Ao seguir essas sugestões, você poderá criar personas que fornecem uma visão profunda de seus clientes e prospects. As informações podem ser usadas para dar às suas empresas uma vantagem competitiva, permitindo que você:

Levante necessidades não atendidas: Ao entender as necessidades e desejos de seus clientes, você pode identificar oportunidades para atender às suas necessidades de maneiras que seus concorrentes não estão fazendo.

Desenvolva soluções mais necessária: Ao entender os problemas que seus clientes estão tentando resolver, você pode desenvolver produtos e serviços que sejam mais úteis e eficazes.

Considere os requisitos de qualidade mais importantes: Ao entender o que é importante para seus clientes, você pode garantir que seus produtos e serviços atendam às suas expectativas de qualidade.

Escolha as formas de contato mais eficazes: Ao entender como seus clientes preferem se comunicar, você pode escolher os canais de marketing e vendas que são mais propensos a atingir seu público–alvo.

Adote abordagens mais eficientes: Ao entender como seus clientes tomam decisões, você pode desenvolver abordagens de marketing e vendas que sejam mais eficazes em gerar leads e vendas.

- Descreva o seguinte Prompt para ChatGPT -

Analise a persona abaixo atuando como um especialista em marketing, com ênfase em análise de competitividade de mercado.

Utilize conhecimentos e práticas advindas do campo da UX (User Design) para construir sugestões funcionais reais alinhadas ao negócio descrito mais abaixo.

Cada analise deve ser construída de acordo com uma profunda pesquisa de cada ponto. Priorize os principais canais mundiais e credíveis como fonte.

1. Cite um título que identifique este conjunto de análise.

2. Analise esta persona seguindo a teoria das necessidades de Maslow.

3. Conforme a persona a seguir, sugira quais canais melhor favorecem a sua abordagem. Sugira, para cada canal, 2 exemplos de abordagens que poderiam torná-los mais eficientes.

4. Analise quais as 10 principais necessidades e problemas enfrentados por esta persona, logo, sugira produtos ou serviços que poderíamos desenvolver para melhor atendê-los.

5. Quais os 10 principais motivadores "internos" e "externos" desta persona.

6. Quais os 10 principais pontos de interesse desta persona e, destes, quais podemos melhor ajudá-la a conquistar e como.

7. Com quais principais nichos e mercados relacionados esta persona se comunica, e em quais destes podemos atuar, logo, sugira que tipo de produto ou serviço podem agregar mais valor.

8. Quais as 10 principais características da personalidade desta persona?

9. Quais ações a empresa poderia promover para demostrar maior vantagem competitiva em relação a ações que empresas semelhantes vêm oferecendo a esta persona.

10. Quais os 10 principais diferenciais a empresa pode oferecer a esta persona, que possam estimular uma aproximação mais emocional e gerar memórias afetivas positivas mais relevantes.

11. Cite as 5 principais características demográficas desta persona, seguidas de descrições reais aplicadas sobre cada ponto.

12. Cite as 5 principais características psicográficas desta persona, seguidas de descrições reais aplicadas sobre cada ponto.

13. Cite as 5 principais características comportamentais que melhor explorem as seguintes condições: "Como ele compra", "Como ele consome", "Como ele se comunica", "Como ele pesquisa por soluções", "Como ele usa mídias sociais", "Quais são seus influenciadores", logo, sugira exemplos seguidos de descrições reais aplicadas sobre cada aspecto.

14. Pesquise sobre quais serão as principais tendências futuras de "interesses", "soluções" e "necessidades" que esta persona poderá apresentar e como poderíamos melhor nos adaptar a este cenário.

Analise tecnicamente em profundidade o seguinte perfil de persona:

> **[INSIRA AQUI A DESCRIÇÃO MAIS DETALHADA DAS PERSONAS DO PASSO 1]**

Utilize o seguinte perfil de negócio como referência:

> **[INSIRA AQUI A DESCRIÇÃO MAIS DETALHADA DO NEGÓCIO]**

4.8.5. PASSO 5: APRESENTANDO A EMPRESA A ESTA PERSONA

Agora vamos criar um texto de apresentação a personalizado a esta persona.

- Descreva o seguinte Prompt para ChatGPT -

Conforme analise acima, sugira um texto de apresentação que melhor apresente nossa empresa como solução a esta persona. Busque envolver os principais temas acima relacionados. Crie um texto persuasivo, dinâmico, que possa ser utilizado de forma genérica, porém centrado nos desejos e necessidades do público acima descrito. Busque construir um storytelling emocional, que direcione a uma abordagem de valor competitivo, seriedade, inteligência aplicada e experiência de mercado.

Agora, repita os Passos 4 e 5 para cada uma das personas relacionadas ao seu negócio!!

4.9. MODELO COMPETITIVO DE GESTÃO DE PESSOAS

O modelo competitivo de gestão de pessoas é uma abordagem que busca otimizar o desempenho dos funcionários e, consequentemente, da organização como um todo. Este modelo é caracterizado por uma forte ênfase na competição, onde o valor de cada profissional é baseado em seus esforços e nos resultados alcançados a favor da organização.

No entanto, é importante notar que a busca pelo reconhecimento pode gerar um ambiente altamente competitivo dentro das organizações. Isso pode levar a um aumento da pressão sobre os funcionários para atingir metas e objetivos, o que pode ter tanto efeitos positivos quanto negativos.

Os efeitos positivos podem incluir um aumento na produtividade e eficiência, pois os funcionários se esforçam para se destacar e alcançar seus objetivos. No entanto, os efeitos negativos podem incluir um aumento do estresse e da pressão sobre os funcionários, o que pode levar a problemas de saúde mental e física.

Portanto, ao implementar um modelo competitivo de gestão de pessoas, é importante garantir que haja um equilíbrio adequado entre a competição e o bem-estar dos funcionários. Isso pode ser alcançado através de uma gestão eficaz e de práticas de trabalho que promovam tanto a saúde e o bem-estar dos funcionários quanto a produtividade e eficiência.

Os cinco pilares do modelo competitivo de gestão de pessoas são:

Gestão por competência: A gestão por competências é um modelo de gerenciamento de pessoas que visa aprimorar os conhecimentos, habilidades e atitudes de cada colaborador. Ela busca alinhar as habilidades e comportamentos dos funcionários aos objetivos globais da empresa.

Gestão da cultura organizacional: A cultura organizacional é a combinação de atitudes praticadas por uma empresa, que influencia a percepção dos colaboradores a respeito do empregador. A gestão da cultura organizacional envolve questões como boa gestão, responsabilidades compartilhadas em torno da cultura e seu gerenciamento.

Gestão da mudança estratégica: A gestão da mudança é uma metodologia estruturada para preparar a empresa, gradualmente, para assimilar mudanças importantes. Ela deve proporcionar todas as condições para que os colaboradores e o negócio se adaptem à mudança com o menor atrito possível.

Gestão do clima organizacional: O clima organizacional é a percepção dos colaboradores em relação ao ambiente de trabalho. A gestão do clima organizacional busca compreender o nível de satisfação e de motivação dos colaboradores de uma empresa.

Gestão do conhecimento e aprendizado: A gestão do conhecimento é uma prática estratégica que visa promover a eficiência e inovação dentro das organizações. Ela é voltada para a identificação, captura, armazenamento, recuperação e disseminação do conhecimento existente na empresa.

Esses pilares são fundamentais para a gestão eficaz de pessoas e para o sucesso de uma organização. Eles ajudam a criar um ambiente de trabalho positivo, promovem o desenvolvimento contínuo dos funcionários e alinham as metas individuais com os objetivos organizacionais.

Passo 1: Construa uma definição completa sobre o tema, que servirá de base para a análise

- Descreva o seguinte Prompt para ChatGPT -

Atue como um consultor em gestão de pessoas, especialista em desenvolvimento de comportamentos funcionais que melhor se adaptem aos requisitos competitivos de cada negócio.

Descreva em detalhes o conceito de "Gestão por competência", a função deste tema em ambiente organizacional, como o desenvolvimento desta competência pode alavancar positivamente um determinado negócio e por que este tema é tão mundialmente reconhecido como um grande diferencial competitivo em empresas de sucesso em seu mercado e com seus clientes.

4.9.1. CONSTRUINDO A ANÁLISE DE GESTÃO POR COMPETÊNCIA

Aproveitando a resposta anterior, apresentada pelo Passo 1, siga ao seguinte prompt.

- Descreva o seguinte Prompt para ChatGPT -

Atue como um consultor em gestão de pessoas, especialista em desenvolvimento de comportamentos funcionais que melhor se adaptem aos requisitos competitivos de cada negócio.

Analisando o tipo de gestão conforme descrito na resposta anterior, e considerando o cenário mais abaixo representado, e o perfil da empresa logo após, faça a seguinte análise:

1. Quais os principais conhecimentos que precisam ser desenvolvidos internamente para que a empresa traga diferenciais competitivos relevantes que a destaquem em seu mercado.

   1.1. Descreva quais práticas podem garantir a melhor forma de buscar e preservar as considerações do item 1.

   1.2. Descreva os melhores indicadores que possam ajudar o gestor a controlar o desenvolvimento das sugestões do item 1.

2. Quais as principais habilidades a ser desenvolvidas internamente para que a empresa traga diferenciais competitivos relevantes que a destaquem em seu mercado.

   2.1. Descreva quais práticas podem garantir a melhor forma de buscar e preservar as considerações do item 2.

   2.2. Descreva quais melhores indicadores possam ajudar o gestor a controlar o desenvolvimento das sugestões do Item 2.

3. Quais as principais atitudes precisam ser desenvolvidas internamente para que a empresa traga diferenciais competitivos relevantes que a destaquem em seu mercado.

   3.1. Descreva quais práticas podem garantir a melhor forma de buscar e preservar as considerações do item 2.

   3.2. Descreva quais os melhores indicadores que podem ajudar o gestor a controlar o desenvolvimento das sugestões do Item 3.

4. Quais principais perfil profissionais melhor se encaixam neste cenário.

Cenário a ser considerado:

> **[INSIRA AQUI A DESCRIÇÃO DETALHADA REFERENTE À PERSPECTIVA DE CLIENTE DO EXERCÍCIO DE BSC]**

Alinhe sua análise de cenário de forma a se encaixar perfeitamente na descrição da empresa a seguir:

> **[INSIRA AQUI A DESCRIÇÃO MAIS DETALHADA DO NEGÓCIO]**

4.9.2. CONSTRUINDO A ANÁLISE DE GESTÃO DA CULTURA ORGANIZACIONAL

Agora repita o Passo 1, substituindo o termo "Gestão por competência" por "Gestão da cultura organizacional"

Aproveitando a resposta anterior, apresentada pelo Passo 1, siga ao seguinte prompt.

- Descreva o seguinte Prompt para ChatGPT -

Atue como um consultor em gestão de pessoas, especialista em desenvolvimento de comportamentos funcionais que melhor se adaptem aos requisitos competitivos de cada negócio.

Analisando o tipo de gestão conforme descrito na resposta anterior, considerando o cenário mais abaixo representado e o perfil da empresa logo após, faça a seguinte análise:

1. Quais são os comportamentos que nossa equipe deveria estimular mais, os quais tornam-se mais relevantes para que a empresa evolua positivamente.

2. Sugira políticas organizacionais que poderiam contribuir para o melhor aprimoramento ético deste negócio e quais tópicos poderiam ser mais funcionais.

3. Quais canais de comunicação podem ser os mais funcionais para que, a partir da análise deste cenário, a equipe possa manter-se mais alinhada e coesa de suas ações.

4. Cite quais são os perfis de colaboradores mais estão envolvidos nas demandas exigidas pelo cenário proposto e, logo, sugira quais ações poderiam fazer com

que este profissional se mantivesse mais engajado e comprometido com suas funções e resultados.

5. Sugira práticas que poderiam ajudar os líderes deste negócio a acelerar resultados e a melhor conduzir o time, conforme o cenário apresentado.

6. Sugira quais temas são mais relevantes para que esta equipe se desenvolva mais, ou seja, quais conteúdos mais atuais precisariam aprender.

7. Indique, a partir da leitura deste cenário, como a empresa pode adotar práticas socialmente inclusivas.

8. Indique quais práticas esta empresa poderia fazer para recompensar colaboradores que dediquem maior esforço em alcançar seus objetivos, e quais poderiam ser essas recompensas.

9. Sugira formas de como esta empresa poderia desenvolver ações que promovessem o desempenho de sua força de trabalho, como eventos, competições internas, premiações etc.

10. Indique se há possibilidade de ajustar processos internos de forma a desenvolver práticas que elevem questões sociais como sustentabilidade ambiental e responsabilidade social.

Cenário a ser considerado:

[INSIRA AQUI A DESCRIÇÃO DETALHADA REFERENTE À PERSPECTIVA DE INOVAÇÃO E BUSCA DE NOVAS OPORTUNIDADES DO EXERCÍCIO DE BSC]

Alinhe sua análise de cenário de forma a se encaixar perfeitamente na descrição da empresa a seguir:

[INSIRA AQUI A DESCRIÇÃO MAIS DETALHADA DO NEGÓCIO]

4.9.3. CONSTRUINDO A ANÁLISE DE GESTÃO DA MUDANÇA ESTRATÉGICA

Agora repita o Passo 1, substituindo o termo "Gestão por competência" por "Gestão da mudança estratégica".

Aproveitando a resposta anterior, apresentada pelo Passo 1, siga ao seguinte prompt.

Atue como um consultor em gestão de pessoas, especialista em desenvolvimento de comportamentos funcionais que melhor se adaptem aos requisitos competitivos de cada negócio.

Analisando o tipo de gestão conforme descrito na resposta anterior, e considerando o cenário mais abaixo representado e o perfil da empresa logo após, faça a seguinte análise:

1. A partir da análise de cenário a seguir, apresente oportunidades que podem ser desenvolvidas a partir da implementação dos objetivos propostos.

2. Sugira as melhores práticas de como realizar uma transição segura de um cenário atual a um cenário futuro conforme apresentado abaixo.

   2.1. Apresente quais são os principais requisitos de mudança para item elencado no item 2.

3. Quais resistências comportamentais deveriam ser observadas para que a transição torne-se mais fluida e tranquila? Logo, indique quais pontos desta transição poderiam ser menos aceitos ou sofrer algum tipo de sabotagem não intencional de membros da equipe.

   3.1. Apresente um plano de como podemos compor ações que minimizem o impacto de cada comportamento disfuncional identificado no item 3.

4. Sugira um plano de capacitação que considere que a equipe responsável pelos compromissos advindos deste cenário seja hábil o suficiente para assumir esses compromissos. Logo, apresente cenários futuros que possam trazer oportunidades ou ameaças à empresa e indique quais competências seriam necessárias para confrontarem esses desafios.

5. Quais condições precisam ser ajustadas para que esta empresa apresente relevante melhora operacional.

6. Sugira ações que possam contribuir para o aprimoramento da reputação corporativa com seus stakeholders.

Cenário a ser considerado:

[INSIRA AQUI A DESCRIÇÃO DETALHADA REFERENTE À PERSPECTIVA DE PROCESSOS INTERNOS DO EXERCÍCIO DE BSC]

Alinhe sua análise de cenário de forma a se encaixar perfeitamente na descrição da empresa a seguir:

[INSIRA AQUI A DESCRIÇÃO MAIS DETALHADA DO NEGÓCIO]

4.9.4. CONSTRUINDO A ANÁLISE DE GESTÃO DO CLIMA ORGANIZACIONAL

Agora repita o Passo 1, substituindo o termo "Gestão por competência" por "Gestão do clima organizacional".

Aproveitando a resposta anterior, apresentada pelo Passo 1, siga ao seguinte prompt.

- Descreva o seguinte Prompt para ChatGPT -

Atue como um consultor em gestão de pessoas, especialista em desenvolvimento de comportamentos funcionais que melhor se adaptem aos requisitos competitivos de cada negócio.

Analisando o tipo de gestão conforme descrito na resposta anterior, e considerando o cenário mais abaixo representado e o perfil da empresa logo após, faça a seguinte análise:

1. A partir da análise de cenário a seguir, apresente quais aspectos psicológicos dos colaboradores são mais afetados de forma positiva e de forma negativa.

2. Como a implementação destes requisitos de cenário poderiam influenciar a motivação dos colaboradores.

   2.1. Quais motivadores internos poderiam influenciar os envolvidos em cada desenvolvimento de objetivo a se envolverem de corpo e alma no sucesso destas demandas.

3. Identifique quais habilidades funcionais poderiam ser reconhecidas como talentos e valoradas de forma especial como capital intelectual diferenciado.

4. Como a boa gestão dos elementos deste cenário poderia contribuir para a redução de custos fixos ou variáveis.

5. Como a boa gestão deste cenário poderia contribuir para minimizar impactos de rotatividade e absenteísmo funcional.

6. Quais indicadores poderiam ser mais relevantes para acompanhar o melhor desenvolvimento de gestão do cenário proposto? Além do nome, indique a forma como devemos medi-los.

7. Apresente elementos que demonstrem que a gestão eficiente deste cenário poderia trazer a esta empresa o refinamento de sua inteligência corporativa e como essa inteligência poderia refletir em processos de inovação e estímulo à criatividade.

8. Quais áreas seriam as mais impactadas mediante implementação de sucesso deste plano.

9. Quais práticas poderiam alinhar-se com a implementação deste cenário que promovam o bem-estar dos envolvidos.

10. Quais líderes estão mais envolvidos neste processo e quais suas principais responsabilidades.

11. Por fim, descreva quais os níveis de dificuldade este plano apresenta e quais são as etapas mais fundamentais a qual devemos dar mais atenção.

Cenário a ser considerado:

[INSIRA AQUI A DESCRIÇÃO DETALHADA REFERENTE À PERSPECTIVA DE CLIMA ORGANIZACIONAL DO EXERCÍCIO DE BSC]

Alinhe sua análise de cenário de forma a se encaixar perfeitamente na descrição da empresa a seguir:

[INSIRA AQUI A DESCRIÇÃO MAIS DETALHADA DO NEGÓCIO]

4.9.5. CONSTRUINDO A ANÁLISE DE GESTÃO DO CONHECIMENTO E APRENDIZADO

Agora repita o Passo 1, substituindo o termo "Gestão por competência" por "Gestão do conhecimento e aprendizado".

Aproveitando a resposta anterior, apresentada pelo Passo 1, siga ao seguinte prompt.

- Descreva o seguinte Prompt para ChatGPT -

Atue como um consultor em gestão de pessoas, especialista em desenvolvimento de comportamentos funcionais que melhor se adaptem aos requisitos competitivos de cada negócio.

Analisando o tipo de gestão conforme descrito na resposta anterior, e considerando o cenário mais abaixo representado e o perfil da empresa logo após, faça a seguinte análise:

1. A partir da análise de cenário a seguir, identifique os principais temas de conhecimento que trazem mais valor a este campo.

2. Apresente como gestores podem captar conhecimentos externos que ainda não estejam alinhados às necessidades deste negócio.

3. Demonstre como podemos desenvolver conhecimento através de práticas internas e quem seriam os envolvidos neste processo.

4. Demonstre também como esta empresa poderia armazenar este conhecimento, refiná-lo e mantê-lo sempre atualizado.

5. Apresente um plano de como o conhecimento adquirido poderia ser compartilhado, garantindo a sua manutenção e preservação ao longo do tempo.

6. Apresente soluções de como podemos construir meios de reconhecer novos conhecimento e, assim, utilizá-los de forma a agregar ainda mais valor a nossos processos.

7. Apresente evidências de como o bom desenvolvimento desta forma de gestão poderia melhorar a forma como a liderança toma decisões mais assertivas.

8. Apresente pontos práticos de como os colaboradores desta empresa poderiam ter ganhos e maior reconhecimento quando esta gestão alcança seu sucesso.

9. Demonstre, com exemplos próximos à realidade deste negócio, como ele poderia tornar-se mais competitivo quando a gestão destes pontos é bem-sucedida.

Cenário a ser considerado:

**[INSIRA AQUI A DESCRIÇÃO DETALHADA
REFERENTE À PERSPECTIVA DE APRENDIZADO
E CRESCIMENTO DO EXERCÍCIO DE BSC]**

Alinhe sua análise de cenário de forma a se encaixar perfeitamente na descrição da empresa a seguir:

[INSIRA AQUI A DESCRIÇÃO MAIS DETALHADA DO NEGÓCIO]

4.10. DESENVOLVENDO UM SISTEMA DE GAMIFICAÇÃO

Um sistema gamificado refere-se ao uso de elementos e mecânicas de jogos em contextos que não são de jogos. A gamificação é uma técnica que busca engajar pessoas, resolver problemas e melhorar o aprendizado, motivando ações e comportamentos em ambientes fora do contexto de jogos.

Ela é aplicada em várias áreas, incluindo empresas, onde pode otimizar o desenvolvimento de talentos em treinamentos ou atividades de capacitação profissional. A gamificação pode envolver regras, objetivos, pontuação, recompensas e muito mais.

Em resumo, a gamificação é sobre entender e descobrir o que move as pessoas para aplicar em questões tediosas do mundo real. Ela mescla diversão com retorno sobre o investimento, baseado nos KPIs das empresas ou instituições, e tem como objetivo engajar as pessoas, fazendo com que elas estejam motivadas a fazer algo.

Os principais elementos de um sistema de gamificação incluem:

1. **Título do jogo:** Crie um nome que estimule os jogadores a se envolverem neste processo e que faça parte do mundo de soluções que a empresa promove.

2. **Storytelling:** Trata-se da utilização de uma linguagem que faz o público se envolver em determinado processo através de uma história contada. A história é o principal elemento engajador em um jogo, independente do público-alvo.

   2.1. Crie em detalhes a Jornada do herói ao qual se relaciona a construção deste game.

3. **Ambiente:** Explique qual plataforma deverá ser implementado este jogo. Será online? Será in loco na empresa? Virtual ou físico? Será um aplicativo para celular?

   3.1. A partir das condições do item 3, defina onde e como este game será desenvolvido.

4. **Objetivos:** Qual o objetivo primário deste jogo?

   4.1. Quais as funções deste jogo?

4.2. Quais os propósitos de fazer com que pessoas participem deste jogo?

4.3. Considerando as definições do item 4.2, defina objetivos e metas claras que de aos jogadores um propósito e uma direção a qual seguir.

4.4. Quais os elementos de aprendizagem cada público deverá desenvolver durante a sua participação neste jogo?

5. **Pontos emocionais de contato:** Determine quais estímulos emocionais este game deverá explorar de maneira a envolver o jogador estimulando-o a engajar-se e comprometer-se no cumprimento dos objetivos do jogo.

6. **Dinâmica:** Qual a dinâmica do jogo, ou seja, como ele vai funcionar.

6.1. Como o jogador acessa o jogo?

6.2. Quais devem ser suas ações para que os resultados do jogo sejam mais bem observados?

7. **Mecânica do jogo:** Descreva em detalhes quais deveriam ser as principais mecânicas deste jogo.

7.1. Descreva em detalhes como poderiam ser desenvolvidos as principais mecânicas deste jogo.

8. **Artefatos:** Quais elementos físicos precisam estar presentes para que este jogo se torne funcional, por exemplo: Dados? Cartas? Tabuleiro? ou será desenvolvido em ambiente virtual?

9. **Regras:** Estabelecer em detalhes as regras em linguagem clara e compreensível é fundamental para o sucesso de qualquer jogo. As regras precisam definir o que os jogadores podem ou não fazer.

10. **Personagens:** Os personagens são importantes ferramentas nos games para motivar as ações. Sugira quem serão estes personagens.

10.1. Quais características de cada um?

10.2. Qual a história deste personagem no game e quais as suas principais funções?

11. **Obstáculos e jornada:** descreva como deverá ser a progressão deste jogo, verificando e detalhando os obstáculos e os desafios que envolvem o progresso no game e, atingindo as metas propostas o que deverá acontecer. Basicamente, é preciso descrever como deverá funcionar a jogabilidade.

12. **Competição:** Grande parte das estratégias de gamificação devem envolver uma competição saudável — estilo ganha-ganha —, ou seja, algo pelo qual o jogador dispenda atenção e energia para conquistar e ultrapassar desafios, e, em contrapartida, receba os prêmios e recompensas definidos no item 4.

13. **Pontuações:** A pontuação é uma maneira de rastrear e tangibilizar o progresso dos jogadores durante o percurso do jogo, incentivando ainda mais a competição e sua participação. Quais critérios deverão ser adotados para a construção desta dinâmica de pontuação?

13.1. Quais de cada tipo de pontuação podem existir nesta proposta de jogo?

13.2. Quantos pontos serão recebidos pelo jogador durante seu desempenho em cada fase do jogo?

13.3. Quando cada tipo de pontuação deverá ser recebido pelo jogador durante seu desempenho em cada fase do jogo?

13.4. Como cada tipo de pontuação deverá ser recebido pelo jogador durante seu desempenho em cada fase do jogo?

14. **Prêmios e recompensas:** Sugira quais recompensas ou prêmios os jogadores poderiam receber em cada etapa do game que mais os estimulassem a continuar participando.

14.1. Quantos pontos ou desafios precisam ser alcançados para que possam receber estes prêmios?

14.2. Como os prêmios poderão ser entregue?

15. **Ranking:** Geralmente, os jogos possuem um sistema de ranqueamento onde os jogadores são desafiados a cumprirem determinadas tarefas com o objetivo de ganharem pontuações e assumirem os primeiros lugares nas colocações ganhando destaque e reconhecimento. Descreva como este item poderia ser construído.

15.1. Exemplifique uma forma de apresentação do item 14.

15.2. Quais requisitos seriam necessários, conforme os desafios propostos pelo jogo, para que haja a ascensão ou queda de jogadores em relação ao ranking?

15.3. Como deverá ocorrer esta relação e a comparação entre os jogadores? Quais os principais pontos de comparação?

15.4. Quais as regras de valor destas pontuações? Cada ação receberá pesos e medidas diferentes? Explique em detalhes como este processo deverá ocorrer para que haja a melhor jogabilidade possível de forma que torne a participação do jogado mais interessante e motivadora.

16. **Feedback:** O feedback permite que os jogadores saibam como estão se saindo durante o percurso no jogo, os ajudando a compreenderem quais

seus pontos fortes e fracos e como podem melhorar suas habilidades para ganharem mais performance.

16.1. Quais recursos e dinâmicas funcionariam melhor neste caso?

16.2. Quais canais cada jogador poderia melhor acompanhar a sua performance ou um dash board de análise de seu desempenho?

16.3. Como ele poderia fazer isto de uma forma simples, rápida e em tempo real?

17. **Participantes:** Descreva que tipo de jogadores deve estar dispostos a participar e se envolver neste jogo. Quais seriam uma possível descrição do perfil deste jogador?

18. **Tarefas periódicas:** Parte essencial da gamificação consiste em estabelecer tarefas periódicas a serem cumpridas, por exemplo: entregar certa demanda até determinado prazo, bater uma meta de vendas etc. Quais poderiam ser as formas mais adequadas de ações, avaliando profundamente o perfil e personas envolvidas, melhor contribuiriam para o engajamento e interesse em seguir jogando e realizando as tarefas do jogo.

18.1. Cite quais poderiam ser as principais ações e desafios que poderiam ser apresentados aos jogadores em cada estágio do jogo.

18.2. Indique como cada fase poderia ser pontuada conforme descrição do item 13.

19. **Controle:** Descreva em detalhes, como podem ser feitos os principais controles deste jogo.

19.1. Como deverão ser feitas as medições destes controles apresentados no item 19?

19.2. Como deverão ser construídos os indicadores de performance apresentados no item 19?

19.3. Como deverão ser feitos os pontos de contato dos jogadores durante o seu trajeto no jogo?

19.4. Como deverão ser realizados e completados o cumprimento de objetivos do jogo?

19.5. Quais outros itens de controle poderiam contribuir para que seja garantida a melhor funcionalidade deste game?

20. **Pontos motivacionais:** Quais elementos seria mais relevante e que possam contribuir para maior "motivação interna" deste jogador em participar deste game?

20.1. Quais elementos seriam mais relevantes e que possam contribuir para maior "motivação externa", induzindo este jogador a participar deste jogo?

20.2. Quais pontos devem ser incorporados a este game que farão com que o jogador se mostre mais engajado e permaneça por mais tempo possível envolvido neste processo?

20.3. Quais pontos devem ser implementados para que este jogador fosse estimulado a convidar outras pessoas a participar e juntar-se a ele neste processo, indicando e compartilhando a ideia?

21. Divulgação: Como poderíamos divulgar e promover este game para que nosso público-alvo soubesse da possibilidade de participar?

21.1. Quais canais seriam os mais apropriados para trabalhar esta divulgação?

21.2. Sugira ao menos 3 formas criativas de como podemos realizar esta divulgação para cada público especificamente, ou seja, quais abordagens seriam as mais funcionais.

22. Avaliação: Aqui precisamos definir quais seriam as formas de avaliação do jogo pelos jogadores. Esta etapa é importante para criar uma corrente positiva de aceitação do jogo e ajudar os desenvolvedores a aprimorarem a experiência de jogo a partir destes feedbacks.

22.1. Sugira como estes jogadores poderiam avaliar o jogo.

22.2. Apresente sugestões em que fase isto deveria acontecer.

23. Interação: A interação serve para humanizar a relação entre empresa e usuário. Desta forma, quais poderiam ser os requisitos de interação entre a empresa e o jogador durante o processo e progresso deste jogador ao se envolver no game?

23.1. Sugira pontos de contato entre a empresa e este jogador, como a empresa poderia ser avisada do momento de contatar um determinado jogador?

23.2. Em que situação uma interação entre a empresa e o jogador poderia ser mais apropriada?

24. Interrelação: A inter-relação serve para que o jogo possa estimular a viabilidade de desenvolvimento de um network positivo entre os jogadores. Sendo assim, quais poderiam ser os requisitos de interação entre os jogadores durante a sua experiência de jogo?

24.1. Sugira quais seriam os mais eficazes pontos de contato entre os jogadores, uma forma como poderiam trocar informações, se conhecerem e construírem redes de ideia e grupos que possibili-tem construção de projetos de interesse em comum.

25. Ponto de chegada: Qual a finalidade fundamental do game?

    25.1. Este game tem final? Como seria o final?

    25.2. Qual o resultado macro que a empresa deverá ter a "curto", "médio" e "longo" prazo a partir da participação deste público neste processo.

26. Qualidade: Sugira quais os 10 principais requisitos de qualidade deste game poderia ser mais considerado pelo jogador usuário e porque seriam tão valorizados.

    26.1. Como podemos garantir que estes requisitos sugeridos pelo item 26 sejam efetivamente aplicados ao projeto?

27. Orçamento: Apresente, juntamente com uma proposta em passo a passo de construção e desenvolvimento deste game, um possível orçamento e custos envolvidos no desenvolvimento desta ideia.

    27.1. Busque elaborar este fluxo da forma mais próxima da realidade possível, identificando quais profissionais e quais habilidades devem ser levadas em conta na hora da contratação.

Esses elementos devem trabalhar juntos integrados e relacionados para criar uma experiência de jogo mais criativa, envolvente, persuasiva, interessante e motivadora.

- Descreva o seguinte Prompt para ChatGPT -

Atue como um mestre no desenvolvimento de solução de jogos simulados organizacionais de forma que objetivos relevantes para esta empresa sejam mais eficientes, atingidos pelas diversas partes interessadas.

Seguindo os requisitos abaixo descritos, construa em detalhes o seguinte plano de gamificação:

Construa um plano completo o qual detalhe cada fase deste projeto, envolvendo um sistema gamificado que estimule os diversos tipos de clientes desta empresa a aumentar a sua aproximação, participação e contato com os diversos canais desta empresa, principalmente Instagram e YouTube.

Indique em detalhes um passo a passo de como podemos construir e implementar este sistema gamificado, levando-se em conta as capacidades e a realidade da empresa com o perfil descrito abaixo.

Requisitos de construção do plano:

Alinhe a ideia de construção do jogo e desenvolvimento deste cenário de forma que se encaixe perfeitamente na realidade e descrição da empresa abaixo:

Logo, insira o seguinte prompt de comando:

> **- Descreva o seguinte Prompt para ChatGPT no Bing -**

Levando em conta o título e a descrição do sistema gamificado acima, crie uma imagem estilo game 2D que melhor represente a proposta de jogo acima. A imagem precisa ser criativa e divertida.

4.11. MODELO AIDA

O modelo AIDA é um clássico framework de marketing que descreve as etapas ou os estados cognitivos pelos quais um indivíduo passa durante o processo de compra de um produto ou serviço. O acrônimo AIDA representa as seguintes etapas:

1. **Atenção (Awareness):** A fase inicial do processo é capturar a atenção do potencial cliente. Isso pode ser alcançado através de anúncios, campanhas publicitárias, ou qualquer forma de comunicação que faça o consumidor tomar conhecimento da existência do produto ou serviço.

2. **Interesse (Interest):** Uma vez que a atenção foi capturada, o objetivo é despertar o interesse do consumidor. Isso envolve mostrar ao cliente potencial como o produto ou serviço pode resolver um problema ou satisfazer uma necessidade que ele tem. O conteúdo deve ser relevante e convincente para manter o consumidor engajado.

3. **Desejo (Desire):** Esta etapa é um aprofundamento do interesse. Aqui, o potencial cliente já está considerando a possibilidade de compra. O desejo

é criado ao destacar os benefícios e as vantagens únicas do produto ou serviço, fazendo com que o consumidor queira possuir ou ser parte do que está sendo oferecido.

4. **Ação (Action):** A última etapa é incitar o potencial cliente a tomar uma ação, que pode ser a compra do produto, o registro em um serviço, a inscrição em um curso, entre outros. As chamadas para ação (CTAs) são cruciais aqui, dando ao consumidor uma maneira clara de realizar essa ação, seja visitando uma loja, clicando em um botão de compra online, preenchendo um formulário, etc.

Desenvolvido originalmente em 1898 por E. St. Elmo Lewis, o modelo foi adotado e adaptado por profissionais de marketing e vendas ao longo dos anos. Em um ambiente digital moderno, o modelo AIDA ainda é relevante, embora muitos profissionais adicionem etapas adicionais para refletir elementos como a retenção de clientes e a defesa da marca (advocacy).

Por exemplo, após a "ação", podem ser incluídas etapas como "satisfação" (satisfaction), na qual a experiência do cliente com o produto ou serviço é confirmada como positiva, e "lealdade" (loyalty), em que o cliente repete a compra ou recomenda a marca a outros, transformando-se em um defensor ou embaixador da marca.

O modelo AIDA é útil não só para estruturar campanhas de marketing e vendas, mas também para avaliar a eficácia de cada etapa do processo de marketing e identificar pontos de melhoria.

Construindo as contribuições do modelo AIDA:

Passo 1: Descobrindo o conjunto de produtos e serviços mais está adequado a cada persona.

- Descreva o seguinte Prompt para ChatGPT -

Você é um profissional de profundo conhecimento em marketing, especialista em criação e lançamento de novos produtos com ênfase em diferenciais competitivos e soluções inovadoras.

1. Dê um título a esta análise, que seja o nome da persona a qual se está analisando, e responda aplicando o raciocínio centrado no modelo AIDA, vinculando o perfil de persona caracterizada à realidade e às propostas oferecidas pela empresa descrita a seguir:

1.1. Apresente e explique quais seriam as principais "expectativas", "necessidades" e "dificuldades" que esta persona enfrenta quando busca soluções com a empresa em questão.

1.2. Quais tipos ou conjuntos de produtos e serviços a empresa tem ou precisaria criar que, alinhados com suas expertises, melhor se encaixam, solucionam e agregam valor os elementos trazidos pelo item 1.1, conforme perfil desta persona.

1.3. Descreva o que significa valor agregado para este perfil de persona, e como ela o reconhece e considera de forma prática. Alinhe sua resposta a cada sugestão trazida pelo item 1.2, de forma a tangibilizar de forma clara e prática este aspecto.

Responda o item 1.1 conforme a descrição da seguinte persona. Foque ideias que agreguem profundo valor a este perfil e às suas características, considerando seus mais diversos âmbitos:

[INSIRA AQUI A DESCRIÇÃO DETALHADA DE UM DOS TIPOS DE PERSONAS ENVOLVIDAS EM SEU NEGÓCIO CONSTRUÍDA NO EXERCÍCIO SOBRE PERSONAS]

Para a construção das respostas e soluções a serem desenvolvidas, considere a seguinte descrição da empresa e suas expertises:

[INSIRA AQUI A DESCRIÇÃO MAIS DETALHADA DO NEGÓCIO]

Passo 2: Vamos construir as considerações referentes aos pontos de ATENÇÃO.

- Descreva o seguinte Prompt para ChatGPT -

Você é um profissional de profundo conhecimento em marketing, especialista em criação e lançamento de novos produtos com ênfase em diferenciais competitivos e soluções inovadoras.

Responda as questões a seguir, aplicando o raciocínio centrado no modelo AIDA, vinculando o perfil de persona caracterizada, a realidade e as propostas oferecidas pela empresa descrita a seguir.

Inicie com um título "Análise AIDA — Fase ATENÇÃO". Juntamente, cite o nome de persona avaliada.

2. Foque exclusivamente o desenvolvimento do ponto de Atenção (Awareness), sugerido pelo método AIDA, sendo está a fase inicial do processo, responsável especialmente pela captura de "atenção potencial do cliente".

    2.1. Alinhando a persona descrita abaixo e cada tipo de produto ou serviço relacionada a ela, também apresentado abaixo, indique os principais canais e as peças de divulgação que poderiam melhor promover e captar a atenção deste público especificamente em cada tema.

    2.2. Indique como cada elemento sugerido no item 2.1 poderia ser mais bem construído, adaptado à realidade desta empresa, e quais as principais abordagens que poderiam ser utilizadas de forma a tornar este ponto de atenção ainda mais persuasivo e engajador aos olhos desta persona.

Responda estas demandas considerando a seguinte descrição de persona, foque em sugestões que agreguem profundo alinhamento a deste perfil especificamente, levando em conta suas particulares características:

[INSIRA AQUI UM DOS TIPOS DE PERSONA APRESENTADOS NO EXERCÍCIO SOBRE PERSONAS]

Conjunto de produtos e serviços que devem ser considerados para a realização desta análise:

[INSIRA AQUI DESCRIÇÃO MAIS DETALHADA DOS PRODUTOS E SERVIÇOS SUGERIDOS NO PASSO 1]

Considere a construção das respostas e soluções a serem desenvolvidas aplicadas à realidade da seguinte descrição da empresa e suas expertises e propósitos:

[INSIRA AQUI A DESCRIÇÃO MAIS DETALHADA DO NEGÓCIO]

Passo 3: Vamos construir as considerações referentes aos pontos de INTERESSE.

- Descreva o seguinte Prompt para ChatGPT -

Você é um profissional de profundo conhecimento em marketing, especialista em criação e lançamento de novos produtos com ênfase em diferenciais competitivos e soluções inovadoras.

Responda as questões a seguir, aplicando o raciocínio centrado no modelo AIDA, vinculando o perfil de persona caracterizada, a realidade e as propostas oferecidas pela empresa descrita a seguir.

Inicie com um título "Análise AIDA — Fase INTERESSE", juntamente com o nome de persona avaliada.

3. Foque exclusivamente o desenvolvimento do ponto de Interesse (Interest) sugerido pelo método AIDA. O objetivo é despertar o interesse da persona em relação aos produtos e serviços.

   3.1. Indique, conforme persona abaixo, quais devem ser seus principais pontos de interesse quando buscam cada um dos produtos e serviços relacionados abaixo.

   3.2. Indique como cada elemento destacado no item 3.1 poderia ser incorporado às soluções promovidas pela empresa.

   3.3. Sugira quais seriam as abordagens mais eficientes, apresentando-as de forma clara e objetiva, conforme interesses relacionados no item 3.1, vinculadas a cada uma das soluções ofertadas pela empresa. Cite exemplos.

   3.4. Descreva os principais pontos que estimulem a aproximação desta persona em relação aos produtos e serviços apresentados. Cite exemplos.

   3.5. Indique os principais fatores que transformam cada produto ou serviço descrito abaixo em uma solução perfeitamente alinhada aos objetivos desta persona, de maneira que esta persona não encontre motivos para recusar sua oferta. Cite exemplos.3.6) Indique os possíveis motivos pelos quais cada produto ou serviço descrito poderia ser, de alguma forma, rejeitado pela persona em questão. Cite exemplos para cada item.

   3.6. Indique as principais abordagens que melhor poderiam contornar os argumentos apresentados no item 3.5. Apresente estes contrapontos acompanhados de exemplos concretos que os demonstrem.

   3.7. Desenvolva um exemplo para cada produto ou serviço e o descreva em um texto de apresentação a esta persona especificamente. Adapte e refine as considerações deste texto considerando as respostas sugeridas nos itens 3, 3.1, 3.2, 3.3, 3.4, 3.5 e 3.6.

Responda essas demandas considerando a seguinte descrição de persona. Foque sugestões que agreguem um profundo alinhamento a este perfil específico, levando em conta suas características particulares:

[INSIRA AQUI A MESMA DESCRIÇÃO MAIS DETALHADA DO PERFIL DE PERSONA USADO NO PROMPT ANTERIOR]

Conjunto de produtos e serviços que devem ser considerados para a realização desta análise:

> **[INSIRA AQUI A DESCRIÇÃO MAIS DETALHADA DOS PRODUTOS E SERVIÇOS SUGERIDOS NA DESCRIÇÃO DO PROMPT ANTERIOR]**

Para a construção das respostas e soluções a serem desenvolvidas, considere que elas serão aplicadas à realidade da seguinte descrição da empresa e suas expertises e propósitos:

> **[INSIRA AQUI A DESCRIÇÃO MAIS DETALHADA DO NEGÓCIO]**

Logo;

Passo 4: Vamos construir as considerações referentes aos pontos de DESEJO.

- Descreva o seguinte Prompt para ChatGPT -

Você é um profissional de profundo conhecimento em marketing, especialista em criação e lançamento de novos produtos com ênfase em diferenciais competitivos e soluções inovadoras.

Responda as questões a seguir, aplicando o raciocínio centrado no modelo AIDA, vinculando o perfil de persona caracterizada e a realidade e propostas oferecidas pela empresa descrita a seguir.

Inicie com um título "Análise AIDA — Fase DESEJO", juntamente com o nome de persona avaliada.

4. Foque exclusivamente o desenvolvimento do ponto de Desejo (Desire) sugerido pelo método AIDA. Esta etapa é importante para o aprofundamento dos itens de interesse.

   4.1. Elenque o que poderiam ser os principais desejos da persona descrita abaixo, relacionando-os a cada um dos produtos e serviços descritos abaixo. Cite exemplos.

   4.2. Elenque as principais intenções, em âmbito profissional, em relação aos produtos e serviços apresentados que esta persona poderia ter ao adquirir seus produtos ou serviços. Cite exemplos.

4.3. Quais elementos fariam esta persona desenvolver uma relação emocional mais profunda com esta empresa, criando conexões afetivas mais forte? Relacione estes elementos demonstrando como os serviços e produtos apresentados fariam de sua experiência de uso um evento memorável. Cite exemplos.

4.4. Descreva, de forma detalhada, como esta empresa poderia construir ou desenvolver práticas que poderiam adaptar seus produtos e serviços aos elementos sugeridos no item 4.3. Cite exemplos.

4.5. Descreva quais abordagens seriam mais efetivas e mais persuasivas para cada persona, quando em contato como cada tipo de produto ou serviço descrito abaixo, e que estimulassem fortemente a persona a indicar esta empresa a seus amigos e colegas como uma solução perfeita ao sucesso de seus objetivos. Cite exemplos.

Responda essas demandas considerando a seguinte descrição de persona. Foque sugestões que agreguem profundo alinhamento a este perfil específico, levando em conta suas características particulares:

[INSIRA AQUI A MESMA DESCRIÇÃO MAIS DETALHADA DO PERFIL DE PERSONA USADO NO PROMPT ANTERIOR]

Conjunto de produtos e serviços que devem ser considerados para a realização desta análise:

[INSIRA AQUI A DESCRIÇÃO MAIS DETALHADA DOS PRODUTOS E SERVIÇOS SUGERIDOS NA DESCRIÇÃO DO PROMPT ANTERIOR]

Considere para a construção das respostas e soluções a serem desenvolvidas, aplicados à realidade da seguinte descrição da empresa e suas expertises e propósitos:

[INSIRA AQUI A DESCRIÇÃO MAIS DETALHADA DO NEGÓCIO]

Logo;

Passo 5: Vamos construir as considerações referentes aos pontos de AÇÃO.

- Descreva o seguinte Prompt para ChatGPT -

Você é um profissional de profundo conhecimento em marketing, especialista em criação e lançamento de novos produtos com ênfase em diferenciais competitivos e soluções inovadoras.

Responda as questões a seguir, aplicando o raciocínio centrado no modelo AIDA, vinculando o perfil de persona caracterizada e a realidade e propostas oferecidas pela empresa descrita a seguir.

Inicie com um título "Análise AIDA — Fase AÇÃO" juntamente com o nome de persona avaliada.

5. Foque exclusivamente o desenvolvimento do ponto de Ação (Action) sugerido pelo método AIDA. O objetivo é incitar o potencial cliente a agir de modo que o leve à compra de uma solução ou o induzir a um determinado ponto de contato com a empresa.

   5.1. Descreva quais seriam as principais chamadas de ação para que a persona descrita no perfil abaixo assumisse a ideia de participar, comprar ou desenvolver parcerias nos produtos e serviços descritos abaixo. Cite exemplos.

   5.2. Descreva quais seriam as principais abordagens que poderiam deixar esta persona preocupada ou instigada por estar perdendo determinadas oportunidades pelo fato de ainda não ter tomado a decisão de comprar ou usufruir do conjunto de produtos ou serviços relacionados abaixo. Cite exemplos.

   5.3. Descreva exemplos de quais benefícios extras poderiam ser desenvolvidos e cedidos gratuitamente pela empresa a esta persona, caso adquirisse os produtos e serviços relacionados abaixo, tendo como objetivo incitar ainda mais as vantagens de a persona vincular-se a essas oportunidades. Cite exemplos.

Responda essas demandas considerando a seguinte descrição de persona. Foque sugestões que agreguem profundo alinhamento a este perfil especificamente, levando em conta as seguintes características particulares:

[INSIRA AQUI A MESMA DESCRIÇÃO MAIS DETALHADA DO PERFIL DE PERSONA USADO NO PROMPT ANTERIOR]

Conjunto de produtos e serviços que devem ser considerados para a realização desta análise:

Logo, refaça cada passo anterior com cada tipo de persona apresentada no tópico "Personas", relacionando-as aos seus principais conjuntos de soluções, que deverão ser apresentados como resposta quando aplicados ao Passo 1.

4.12. MODELO FLYWHEEL

O modelo Flywheel, popularizado pela Amazon e por Jim Collins em seu livro *Good to Great* (publicado no Brasil como *Empresas Feitas para Vencer*), é uma ferramenta de pensamento estratégico que ajuda empresas e organizações a entender e melhorar a dinâmica de crescimento do negócio. Em contraste com o tradicional funil de vendas, o Flywheel enfatiza a importância da retenção de clientes e do crescimento orgânico.

Aqui estão as principais características do modelo Flywheel:

Momento (Momentum): O Flywheel é uma metáfora para um disco pesado e grande que demora a começar a rodar, mas, uma vez que ganha movimento, continua a rodar com o próprio peso. Isso ilustra como as atividades de uma empresa podem construir um sobre a outra para gerar crescimento sustentável.

Cliente no Centro: No modelo Flywheel, o cliente está no centro de tudo. A satisfação e a experiência positiva do cliente são vistas como os principais motores de crescimento, pois levam a mais vendas e referências.

Forças Propulsoras: Existem diferentes forças que impulsionam o Flywheel, que podem incluir aquisição de clientes, atendimento ao cliente, inovação de produto, eficiência operacional, entre outros. Cada força deve ser otimizada para acelerar o Flywheel.

Redução de Atrito: Qualquer ponto de atrito que desacelere o Flywheel deve ser identificado e minimizado. Isso pode ser qualquer coisa, desde um processo de vendas ineficiente até um fraco serviço ao cliente.

Retroalimentação Positiva: O desempenho em uma área pode influenciar positivamente outras áreas. Por exemplo, um produto melhorado pode levar a uma maior satisfação do cliente, o que, por sua vez, pode resultar em mais referências e novos negócios.

Crescimento Sustentável: Ao contrário do funil de vendas, que termina com a aquisição do cliente, o Flywheel representa um ciclo contínuo de engajamento e crescimento, pois os clientes satisfeitos ajudam a atrair novos clientes.

Análise e Ajuste: Empresas que utilizam o modelo Flywheel devem analisar continuamente o desempenho de cada componente do Flywheel, fazendo ajustes conforme necessário para manter o disco girando eficientemente.

Em essência, o Flywheel é um modelo centrado no cliente que enfoca a criação de um ciclo virtuoso de melhoria e crescimento. Ele destaca a importância de alinhar todas as funções da empresa em torno de uma experiência de cliente excepcional, que leva a mais negócios e, por sua vez, alimenta ainda mais o crescimento.

As fases do modelo Flywheel são:

Atrair: Nesta fase, a empresa cuida de converter os visitantes do site e ama-durecê-los a ponto de se tornarem leads qualificados para vendedores.

Engajar (ou Compromisso): Trata-se de estabelecer um relacionamento contínuo e de longo prazo com o target por meio do fornecimento de soluções, educação e atendimento personalizado em todo o processo de compra do cliente. A empresa converterá esses leads em clientes e encontrará uma solução adequada para as dores de problemas deles.

Encantar (ou Deleite): Nesta fase, a empresa aproveita o momento dos clientes satisfeitos para obter indicações e vendas repetidas. É a parte de encantar os clientes que se reflete neste modelo, razão pela qual envolve um método constante e cíclico de análise do comportamento do utilizador.

- Descreva o seguinte Prompt para ChatGPT -

Atue como um consultor especialista em desenvolvimento de estratégias competitivas e modelos de inovação.

Faça uma análise detalhada conforme características sugeridas pelo modelo Flywheel da empresa descrita abaixo.

Para a construção desta resposta, considere sugestões e cenários mais próximos possíveis à realidade e às práticas que impulsionem a competitividade desta empresa e seus clientes.

Considere cada ciclo completo deste conjunto de análises — "Atrair", "Engajar" e "Encantar" — para cada um os principais clientes abaixo desta empresa, levando-se em conta as suas características:

[INSIRA AQUI A DESCRIÇÃO MAIS DETALHADA DAS PERSONAS DESTE NEGÓCIO]

Após a descrição dos ciclos de análise para cada cliente, prossiga com as seguintes demandas:

- Sugira exemplos práticos de como implementar as sugestões descritas na análise.

- Logo, apresente os possíveis impactos positivos para a empresa e como esses impactos podem ser traduzidos em resultados reais que tragam maior competitividade e diferenciais em relação aos seus principais concorrentes.

- Por fim, apresente os possíveis impactos positivos que demonstrem valor ao cliente e como esses impactos influenciam sua maior satisfação.

- Ao final, explique como cada processo e sugestão se inter-relaciona e se complementa dentro deste negócio.

Considere a descrição da empresa abaixo como referência para compor respostas mais assertivas, aplicáveis e completas:

[INSIRA AQUI A DESCRIÇÃO MAIS DETALHADA DO NEGÓCIO]

4.13. MARKETING DE CONTEÚDO

O marketing de conteúdo é uma estratégia de marketing que se concentra na criação, publicação e distribuição de conteúdo relevante, consistente e valioso para atrair e reter um público–alvo claramente definido. O objetivo final é impulsionar ações lucrativas do cliente.

A aplicação do marketing de conteúdo pode aprimorar o desenvolvimento de um negócio de várias maneiras:

Construção de relacionamento com o cliente: O marketing de conteúdo permite que as empresas construam relacionamentos duradouros com seus clientes. Ao fornecer conteúdo valioso e relevante, as empresas podem se tornar uma fonte confiável de informação, o que pode levar a um aumento na lealdade e confiança do cliente.

Aumento da visibilidade da marca: O criar e compartilhar conteúdo de alta qualidade, as empresas podem aumentar sua visibilidade online e atrair mais tráfego para seus sites. Isso pode levar a um maior reconhecimento da marca e a um aumento nas vendas e leads.

Posicionamento como autoridade no setor: Ao fornecer conteúdo que é educativo e útil, as empresas podem se posicionar como líderes de pensamento em seu setor. Isso pode aumentar a credibilidade da empresa e torná-la a primeira escolha para os clientes quando eles precisam de produtos ou serviços.

Melhoria do SEO: O conteúdo de qualidade pode ajudar a melhorar o ranking de uma empresa nos motores de busca, tornando mais fácil para os clientes potenciais encontrá-la. Isso pode levar a um aumento no tráfego do site e a um maior potencial de conversão.

Geração de leads: O marketing de conteúdo pode ser uma ferramenta eficaz para a geração de leads. Ao fornecer conteúdo que é de interesse para o público-alvo, as empresas podem atrair leads qualificados que estão mais propensos a se converter em clientes.

Em resumo, o marketing de conteúdo pode ser uma ferramenta poderosa para o crescimento e desenvolvimento de um negócio. Ele permite que as empresas se conectem com seus clientes em um nível mais profundo, construam confiança e lealdade, e impulsionem as vendas e o crescimento.

As principais etapas da aplicação de um modelo de marketing de conteúdo são:

Definição de objetivos: Antes de iniciar qualquer estratégia de marketing de conteúdo, é crucial definir claramente os objetivos que você deseja alcançar. Isso pode incluir aumentar a conscientização da marca, gerar leads, aumentar as vendas, melhorar a retenção de clientes etc.

Pesquisa de público-alvo: Entender quem é seu público-alvo e o que eles estão interessados é fundamental para criar conteúdo que ressoará com eles. Isso pode envolver a criação de personas de comprador, a realização de pesquisas de mercado e a análise de dados demográficos e comportamentais.

Criação de conteúdo: Com base em sua pesquisa de público-alvo, você pode começar a criar conteúdo que atenda às suas necessidades e interesses. Isso pode incluir blogs, vídeos, infográficos, podcasts, e-books, webinars, etc.

Distribuição de conteúdo: Depois de criar seu conteúdo, você precisa distribuí-lo nos canais certos para alcançar seu público-alvo. Isso pode incluir seu site, redes sociais, e-mail marketing, SEO, publicidade paga, etc.

Promoção de conteúdo: Além de distribuir seu conteúdo, você também precisa promovê-lo para aumentar seu alcance. Isso pode incluir o uso de SEO, publicidade paga, marketing de influência, relações públicas etc.

Análise de resultados: Por fim, é importante medir o sucesso de sua estratégia de marketing de conteúdo. Isso pode envolver o rastreamento de métricas como tráfego do site, engajamento nas redes sociais, geração de leads, vendas etc.

Otimização: Com base em sua análise, você pode precisar ajustar sua estratégia de marketing de conteúdo para melhorar seus resultados. Isso pode envolver a experimentação com diferentes tipos de conteúdo, canais de distribuição, técnicas de promoção etc.

Lembre-se, o marketing de conteúdo é um processo contínuo que requer monitoramento e ajustes constantes para garantir que você esteja atendendo às necessidades de seu público-alvo e alcançando seus objetivos de negócios.

IMPORTANTE:

O próximo exercício, precisar realizado em sincronia, ou seja, um prompt logo após o outro, pois iremos aproveitar as respostas do prompt anterior para desenvolvimento do próximo.

Como temos uma boa quantidade de informação relacionada, existem formas alternativas de proceder com esta análise, como por exemplo:

• Podendo ser realizadas através de blocos de questão separadas.

• Questões individuais por tema as quais são separadas por informações relevantes adaptando o prompt a cada nova análise.

Para tanto é importante sempre ter em mente que, para questões que envolvem quantidade maiores de informação e respostas mais complexas, soluções alternativas devem ser sempre planejadas de forma a não depender exclusivamente de um único bloco de questões para obter a sua resposta, o que torna, inclusive, questões demasiadamente grande, mais complexas e sujeitas a ruídos de interpretação pelo modelo de linguagem.

Para tanto, nosso prompt a seguir, irá trabalhar sob as seguintes condicionantes:

4.13.1. PLANEJAMENTO

Definição da Persona: Compreender o público–alvo para direcionar o conteúdo e a estratégia.

Análise da Concorrência: Avaliar o que os concorrentes estão fazendo para se destacar.

Definição dos Objetivos: Estabelecer metas SMART (específicas, mensuráveis, atingíveis, relevantes e temporizáveis) para o marketing de conteúdo.

Criação do Calendário Editorial: Planejar a produção e publicação de conteúdo.

- Descreva o seguinte Prompt para ChatGPT -

Atue como um especialista em marketing digital, focado em desenvolvimento de estratégias e conteúdos engajadores e de relevante valor agregado a cada tipo de cliente, buscando o seu destaque e construção de autoridade em seu tema de expertise.

Desenvolva uma estratégia de marketing de conteúdo, levando em conta a descrição de cada persona abaixo relacionada e suas características, que esteja alinhada aos objetivos e propósitos do perfil da empresa abaixo.

Para cada uma das personas relacionadas abaixo desenvolva:

1. Planejamento:

    1.1. Sugira quais tipos de conteúdo seriam os mais interessantes e teriam maior aceitação e atenção de cada persona envolvida conforme sua linha de maior interesse. Construa exemplos destas abordagens que possam ser diretamente aplicados no tipo de negócio apresentado.

    1.2. Construa metas e objetivos claros pelos quais devemos desenvolver cada uma das linhas de conteúdos apresentados no item 1.1. Utilize a metodologia SMART para apresentar suas sugestões.

    1.3. Analise a concorrência, ou, simule padrões pelos quais outras empresas poderiam estar aplicando e sugira diferenciais que possam nos destacar e sermos mais lembrados na construção de nossas peças de marketing.

    1.4. A partir da construção de todas estas ideias, elabora um calendário que preveja, ações de planejamento e produção de conteúdo, e dias e melhores horários para a publicação destes conteúdos, identificando o foco da persona ao qual será mais impactada e quais resultados comportamentais são esperados desta persona. Inicia na data

[SELECIONE UMA DATA DE INICIO] até [SELECIONE UMA DATA DE FINAL OU LANÇAMENTO]

Personas:

[INSIRA AQUI A DESCRIÇÃO MAIS DETALHADA DAS PERSONAS DESTE NEGÓCIO]

Empresa:

[INSIRA AQUI A DESCRIÇÃO MAIS DETALHADA DO NEGÓCIO]

Logo em seguida entre com o seguinte prompt.

4.13.2. CONSTRUA METAS E OBJETIVOS

Aumento do Tráfego: Atrair mais visitantes para o site ou blog da empresa.

Geração de Leads: Captar leads qualificados para a equipe de vendas.

Aumento da Visibilidade da Marca: Tornar a marca mais conhecida e reconhecida no mercado.

Melhoria do Engajamento: Criar interação com o público e aumentar o tempo que ele passa no site.

Educação do Público: Informar e educar o público sobre os produtos ou serviços da empresa.

- Descreva o seguinte Prompt para ChatGPT -

2. metas e objetivos:

2.1. Para cada tipo de sugestão de conteúdo sugerido no item 1.1 da resposta anterior, descreva exemplos que possam ser aplicados e que convirjam com os propósitos e características da descrição do perfil da empresa abaixo. Construa exemplos destas abordagens

2.2. Sugira ideias e planos de como poderemos atrais mais visitantes para nossa rede de contatos de forma orgânica além da produção dos conteúdos.

2.3. Sugira ideias e ações de como aprimorar o processo de captação de leads de qualidade e, logo, quais as melhores formas de contatá-los e influenciá-los. Traga exemplos aplicados ao negócio para cada caso.

2.4. Sugira ideias ações que ajudem esta empresa a promover e tornar a sua marca mais conhecida de forma orgânica, sem que seja necessário grande investimentos financeiros. Traga exemplos que possam der aplicados ao negócio.

2.5. Apresente ideias e exemplos que possam ser utilizados para aprimorar o engajamento de cada uma das personas conectadas a este negócio de forma personalizada. Para cada ideia apresentada, traga exemplos que possam der aplicados ao negócio.

2.6. Apresente ideias e exemplos que possam ser utilizados para educar e informar de cada uma das personas conectadas a este negócio de forma personalizada. Para cada ideia apresentada, traga exemplos que possam der aplicados ao negócio.

Personas:

> **[INSIRA AQUI A DESCRIÇÃO MAIS DETALHADA DAS PERSONAS DESTE NEGÓCIO]**

Empresa:

> **[INSIRA AQUI A DESCRIÇÃO MAIS DETALHADA DO NEGÓCIO]**

Logo em seguida entre com o seguinte prompt.

4.13.3. CRIAÇÃO DE CONTEÚDO

Produção de conteúdo de alta qualidade: Relevante, informativo e interessante para o público-alvo.

Variedade de formatos: Textos, imagens, vídeos, infográficos, podcasts, etc.

Otimização para SEO: Melhorar a visibilidade do conteúdo nos mecanismos de busca.

- Descreva o seguinte Prompt para ChatGPT -

3. Criação de conteúdo:

3.1. Analise cada uma das personas deste negócio e, apresente:

3.2. A) Quais são seus maiores temas de interesse. B) Quais seriam seus maiores potenciais objetivos profissionais e pessoais C) Quais são os maiores problemas profissionais e pessoais que mais poderiam estar as atrapalhando de alcançar os objetivos sugeridos no item B.

3.3. Para cada sugestão apresentada no item A, B e C apresentados na questão 3.1.1, apresente ideias e exemplos completos de temas e conteúdo que possam ser diretamente aplicados exclusivamente ao perfil da empresa abaixo.

3.4. Analisando cada exemplo apresentado no item 3.2, sugira novas ideias que possam ser aplicados aos mais diferentes formatos, como texto para blog, texto para e-mail, imagens que melhor descrevam cada exemplo, infográficos, podcasts, posts para redes sociais, etc.

3.5. Avalie cada um dos exemplos apresentados no item 3.2 e sugira quais as melhores estratégias de SEO que possam melhorar a visibilidade de cada conteúdo nos principais canais de busca da internet.

Personas:

[INSIRA AQUI A DESCRIÇÃO MAIS DETALHADA DAS PERSONAS DESTE NEGÓCIO]

Empresa:

[INSIRA AQUI A DESCRIÇÃO MAIS DETALHADA DO NEGÓCIO]

Logo em seguida entre com o seguinte prompt.

4.13.4. DISTRIBUIÇÃO

Divulgação do conteúdo em diferentes canais: Blog, redes sociais, e-mail marketing, etc.

Análise de dados: Monitorar o desempenho do conteúdo e identificar os canais mais eficazes.

Otimização da distribuição: Ajustar a estratégia de acordo com os resultados.

- Descreva o seguinte Prompt para ChatGPT -

4. Distribuição:

4.1. Defina quais canais seriam os mais apropriados para a distribuição de cada tipo de conteúdo gerado no item 3.2 da resposta anterior, logo, desenvolva especialmente conteúdos direcionados a Instagram, YouTube e LinkedIn. Construa exemplos dessas abordagens em cada plataforma.

4.2. Descreva um plano de distribuição que melhor se alinhe às condições e às características desta empresa, levando em conta as sugestões apresentadas no item 3.2 da resposta anterior.

4.3. Para cada uma das sugestões apresentadas no item 3.2 da resposta anterior, apresente formas de medir o seu desempenho, e como podemos identificar quais são os canais que estão mais conectados com cada persona.

Personas:

[INSIRA AQUI A DESCRIÇÃO MAIS DETALHADA DAS PERSONAS DESTE NEGÓCIO]

Empresa:

[INSIRA AQUI A DESCRIÇÃO MAIS DETALHADA DO NEGÓCIO]

Logo em seguida entre com o seguinte prompt.

4.13.5. MENSURAÇÃO DE RESULTADOS

Acompanhamento de indicadores chave: Tráfego, leads, engajamento, conversões, etc.

Utilização de ferramentas de análise: Google Analytics, Facebook Insights, etc.

Avaliação do ROI (retorno sobre investimento): Medir o retorno do investimento em marketing de conteúdo.

- Descreva o seguinte Prompt para ChatGPT -

5. Mensuração de resultados:

    5.1. Por fim, é importante medir os resultados da estratégia de marketing de conteúdo. Sugira, portanto, quais as melhores formas de o ROI de cada sugestão apresentada no item 3.2 da resposta anterior.

    5.2. Avalie as principais práticas aplicadas e sugira quais seriam as melhores ações que esta empresa deveria adotar para melhorar ainda mais o seu ROI sobre os esforços despendidos neste campo de marketing de conteúdo.

Personas:

> **[INSIRA AQUI A DESCRIÇÃO MAIS DETALHADA DAS PERSONAS DESTE NEGÓCIO]**

Empresa:

> **[INSIRA AQUI A DESCRIÇÃO MAIS DETALHADA DO NEGÓCIO]**

Logo em seguida entre com o seguinte prompt.

4.13.6. RESULTADOS ESPERADOS

Aumento do tráfego e do número de leads.

Maior visibilidade da marca e engajamento do público.

Melhoria na conversão de leads em vendas.

Aumento do ROI do marketing de conteúdo.

- Descreva o seguinte Prompt para ChatGPT -

6. Resultados esperados:

6.1. Demonstre quais os ganhos a empresa deverá ter com a aplicação destas práticas e quais resultados deverá construir que a levem a uma melhor performance e aprimoramento da conexão com seu público.

6.2. Demostre como a aplicação destas sugestões poderão promover o desenvolvimento de autoridade da empresa em relação a cada necessidade de seu cliente – Persona – conectada a ela.

6.3. analisando cada um dos produtos e serviços oferecidos por esta empresa, apresente como o desenvolvimento deste plano de marketing de conteúdo poderá contribuir para o melhor desenvolvimento das vendas e resultados de cada um destes produtos e serviços.

Personas:

[INSIRA AQUI A DESCRIÇÃO MAIS DETALHADA DAS PERSONAS DESTE NEGÓCIO]

Empresa:

[INSIRA AQUI A DESCRIÇÃO MAIS DETALHADA DO NEGÓCIO]

4.14. MODELO HOOK

O modelo Hook é um framework desenvolvido por Nir Eyal para criar produtos que formam hábitos. Ele é composto de quatro fases: gatilho, ação, recompensa variável e investimento.

Gatilho (Trigger): Essa é a fase que inicia o impulso. Pode ser um gatilho externo, como um e-mail marketing ou um clique que incentiva a interação com o produto, ou um gatilho interno, que é desencadeado pelas emoções do usuário, como tédio ou angústia.

Ação: Esta é a fase em que o usuário realiza uma ação em resposta ao gatilho. Por exemplo, abrir o Google para tirar uma dúvida ou enviar uma mensagem via WhatsApp para falar com alguém. Para que as ações sejam bem-sucedidas, são necessárias três condições: motivação, habilidade e um gatilho.

Recompensa variável: Esta é a fase em que o usuário recebe algo em troca da ação realizada. A variabilidade da recompensa é o que incentiva o engajamento. A recompensa pode ser desde cashback, cupons de desconto até formas de aprovação social como likes e comentários em redes sociais.

Investimento: Esta fase ainda não foi mencionada na fonte consultada, mas geralmente se refere ao tempo, esforço ou recursos que o usuário investe no produto, o que aumenta a probabilidade de o usuário retornar e passar pelo ciclo Hook novamente.

As vantagens da utilização deste modelo pela empresa incluem:

Engajamento do usuário: O modelo Hook ajuda a criar um ciclo de engajamento que incentiva os usuários a retornar e passar pelo ciclo novamente. Isso pode levar a um maior envolvimento do usuário com o produto ou serviço.

Formação de hábitos: Ao passar repetidamente pelo ciclo Hook, os usuários podem formar hábitos em torno do uso do produto ou serviço. Isso pode levar a um uso mais frequente e, potencialmente, a uma maior lealdade à marca.

Personalização: O modelo Hook permite que a empresa personalize a experiência do usuário com base em seus gatilhos internos e externos, suas ações e as recompensas que eles valorizam. Isso pode levar a uma experiência de usuário mais satisfatória e a um maior valor percebido.

Retenção de usuários: Ao incentivar os usuários a investir tempo, esforço ou recursos no produto ou serviço, o modelo Hook pode ajudar a aumentar a retenção de usuários. Isso pode levar a um maior valor ao longo da vida do cliente para a empresa.

- Descreva o seguinte Prompt para ChatGPT -

Atue como um especialista em desenvolvimento de produtos que tragam relevante valor agregado a cada tipo de cliente conforme a sua busca e necessidade.

Desenvolva uma análise profunda que utilize as premissas do modelo Hook, levando em conta a descrição de cada persona abaixo relacionada e suas características, e que esteja alinhada aos objetivos e propósitos do perfil da empresa abaixo:

Desenvolva a análise para cada uma das personas relacionadas abaixo desenvolva, conforme as fases de construção do modelo:

1. Gatilho (Trigger), ou seja, como podemos construir os melhores pontos de abordagem para que cada persona abaixo mais se aproxime de nossa empresa.

    1.1. Quais gatilhos externos podem ser utilizados e como. Cite exemplos.

    1.2. Quais gatilhos internos deverão ser disparados no cliente para que o induzam e o motivem a nos dar maior atenção, por exemplo, as emoções do usuário, como tédio ou angústia. Cite exemplos.

2. Ação: Descreva como possivelmente estes clientes realizariam uma ação em resposta aos gatilhos promovidos nos itens 1.1 e 1.2. Cite exemplos possíveis das mais prováveis reações e comportamentos.

    2.1. O que os motivaria.

    2.2. Quais habilidades devem ter para agirem de determinada forma.

    2.3. Quais outras formas de promover gatilhos semelhantes e que possam expandir a forma como a empresa constrói suas abordagens.

3. Recompensa variável: Apresente o que o usuário recebe em troca da ação realizada.

    3.1. Apresente formas de como entregar recompensas diversas de forma a incentivar o engajamento sustentável deste cliente.

    3.2. Apresente as diversas formas de aprovação social pelos quais os clientes poderiam se utilizar para se autopromover ou divulgar nossas soluções.

4. Investimento: Apresente quais custos serão envolvidos quando o cliente adota as soluções propostas. Exemplo: tempo, dinheiro etc.

4.1. Quais ações aumentariam as probabilidades de o usuário retornar e passar pelo ciclo Hook novamente.

Personas:

> **[INSIRA AQUI A DESCRIÇÃO MAIS DETALHADA DAS PERSONAS DESTE NEGÓCIO]**

Empresa:

> **[INSIRA AQUI A DESCRIÇÃO MAIS DETALHADA DO NEGÓCIO]**

4.15. MATRIZ BCG

A matriz BCG é uma ferramenta de gestão estratégica que foi desenvolvida pela consultoria Boston Consulting Group na década de 1970. Ela é usada para analisar o desempenho e o potencial de um mix de produtos em relação ao mercado.

A matriz BCG é composta de dois eixos principais:

- **Crescimento de mercado:** Este eixo representa a taxa de crescimento do mercado em que o produto está inserido.

- **Participação relativa de mercado:** Este eixo indica a participação de mercado do produto em relação aos seus principais concorrentes.

A ideia é entender quais são os produtos que geram maior lucro para a empresa, quais têm o maior potencial de crescimento e quais estão trazendo prejuízo. Com essas informações, o gestor é capaz de traçar estratégias de vendas mais robustas, mantendo a sua empresa competitiva frente aos concorrentes.

A matriz BCG é uma técnica simples de aplicar e pode ser usada para entender melhor o desempenho e o potencial da sua carta de produtos. Ela ajuda a tomar decisões estratégicas sobre investimentos e ações de marketing. É uma ferramenta barata de aplicar e fácil de aprender.

A matriz BCG é dividida em quatro fases principais, cada uma representando um tipo diferente de produto no portfólio de uma empresa:

Construir: São os produtos em que vale a pena investir para o seu desenvolvimento. Eles têm potencial para se tornarem líderes de mercado e gerar um retorno significativo.

Manter: São os produtos que devem permanecer na mesma posição. Eles já têm uma boa participação de mercado e geram um fluxo de caixa estável.

Colher: São os produtos que representam bons ganhos e são uma fonte de receita para a empresa. A ideia é maximizar o retorno sobre esses produtos, mesmo que isso signifique desistir de seu crescimento a longo prazo.

Abandonar: São os produtos com baixo desempenho, que não valem a pena investir e que devem ser descontinuados. Eles têm baixa participação de mercado e baixo crescimento, e estão consumindo recursos que poderiam ser mais bem utilizados em outros lugares.

- Descreva o seguinte Prompt para ChatGPT -

Atue como um especialista em desenvolvimento de produtos que tragam relevante valor agregado a cada tipo de cliente conforme a sua busca e necessidade.

Desenvolva uma análise profunda que utilize as premissas da matriz BCG, levando-se em conta a descrição de cada persona abaixo relacionada e suas características, e que esteja alinhada aos objetivos e propósitos do perfil da empresa abaixo:

Para cada uma das personas relacionadas abaixo, considere suas necessidades e desejos e desenvolva, conforme as fases de construção do modelo proposto, as seguintes respostas:

1. Crescimento de mercado:

1.1. Como cada mercado se comporta, ou seja, quais as características principais de cada tipo de mercado que envolve cada uma das personas relacionadas.

1.2. Quais as principais tendências dos mercados elencados no item 1.1

1.3. Quais principais oportunidades podemos encontrar em cada um dos mercados apresentados no item 1.1

1.4. Quais principais inovações, alinhadas ao tipo de expertise que a empresa propõe, podem ganhar destaque e maior atenção na empresa abaixo.

2. Participação de mercado:

2.1. Quais melhores estratégias ajudam esta empresa a expandir sua participação em cada um dos mercados apresentados pelo item 1.1

2.2. Para cada estratégia apresentada pelo item 2.1, construa ideias e sugestões de como podemos construir diferenciais competitivos que superem os principais concorrentes.

2.3. Para cada mercado definido no item 1.1, sugira produtos ou serviços que possam ser tendência nesses mercados ou cujo desenvolvimento possa ser necessário pelos quais a empresa ainda não trabalha.

3. Análise de produto:

3.1. Apresente quais os principais produtos e serviços são consumidos ou são do interesse de cada um dos tipos de personas relacionados abaixo.

3.2. A partir das sugestões apresentadas no item 3.1, indique quais são os produtos em que mais vale a pena investir para o seu desenvolvimento.

3.3. Faça uma análise de cada produto apresentado no item 3.2 e descreva se eles têm potencial para se tornarem líderes de mercado e gerar um retorno significativo.

4. Seleção de produtos:

4.1. Dos produtos apresentados no item 3.1, quais têm o perfil de tipo de produtos que devem permanecer na mesma posição, ou seja, que já estão satisfatórios da forma como estão construídos?

4.2. Estes produtos já estão perfeitamente adaptados a cada necessidade de cliente ou haveria sugestões de como poderíamos aprimorar esta relação?

5. Potencializar:

5.1. Avalie como cada produto ou serviço apresentado no item 3.1 poderia apresentar melhores oportunidades à empresa, caso fosse adaptado ou tivesse mais valor agregado. Cite exemplos de como isso poderia ser feito.

6. Abandonar: São os produtos com baixo desempenho, nos quais não vale a pena investir e que devem ser descontinuados. Eles têm baixa participação de mercado e baixo crescimento, e estão consumindo recursos que poderiam ser mais bem utilizados em outros lugares.

6.1. Avalie quais produtos ou serviços apresentados no item 3.1 apresentam algum tipo de esgotamento ou excesso de ofertas no mercado que os aproxima cada vez mais de um produto com características comoditizadas.

6.2. Avalie cada sugestão apresentada no item 6.1 e apresente alternativas de como podemos minimizar impactos negativos.

7. Sugestões:

   7.1. A partir do conjunto de respostas já descritas, faça uma análise profunda sobre como esta empresa está alinhada e atendendo a essas necessidades, apresente seus pontos fortes e quais pontos poderia melhorar.

Personas:

> **[INSIRA AQUI A DESCRIÇÃO MAIS DETALHADA DAS PERSONAS DESTE NEGÓCIO]**

Empresa:

> **[INSIRA AQUI A DESCRIÇÃO MAIS DETALHADA DO NEGÓCIO]**

4.16. MODELO SOSTAC

O modelo SOSTAC é uma metodologia amplamente utilizada em todo o mundo para ajudar a definir uma estratégia para um negócio. Foi criado por Paul R. Smith na década de 1990 e tem aplicação perfeita no marketing digital.

O modelo SOSTAC envolve a análise da:

- **Situação (S):** Avalia-se em que ponto a empresa se encontra atualmente. Isso envolve a análise da performance atual nos vários indicadores, estudo do consumidor, análise SWOT, tendências de mercado e análise da concorrência direta e indireta.

- **Objetivos (O):** Define-se para onde a empresa quer ir, qual a sua missão, valores e objetivos de marketing a atingir. Os objetivos devem ser SMART (específicos, mensuráveis, exequíveis, realistas e com prazos definidos).

- **Estratégia (S):** Responde à questão "como vamos chegar aos nossos objetivos". Aqui se define o posicionamento da marca e como dividir o mercado para adequar a comunicação aos públicos.

- **Táticas (T):** Estabelecem-se os detalhes da estratégia a seguir num planeamento das ferramentas de comunicação ao dispor das empresas: SEO, PPC, Email Marketing, social media etc.

- **Ação (A):** Corresponde a colocar o plano em prática, nomeadamente os processos de trabalho no dia a dia da entidade. Define-se a responsabilidade por cada área, as tarefas de cada projeto, os timings das campanhas, as medições estatísticas no decorrer de cada ação com os indicadores mais adequados, entre outras atividades.

- **Controle (C):** Refere-se a medir os KPIs definidos na fase de definição da estratégia e monitorizar ao longo do tempo.

Este método é utilizado por empresas em todo o mundo, desde as mais importantes multinacionais cotadas em bolsa a pequenos negócios. É uma ferramenta eficaz para planejar e avaliar estratégias de negócios.

- Descreva o seguinte Prompt para ChatGPT -

Atue como um especialista em desenvolvimento de mercados e avaliação de performance de negócios.

Desenvolva uma análise detalhada utilizando os passos do modelo SOSTAC, conforme descrição de cada persona abaixo relacionada. Alinhe esta análise a cada um dos objetivos propostos, conectando as sugestões aos propósitos e às expertises da empresa descrita abaixo:

1. Analise cada objetivo separadamente o relacionado a cada tipo de cliente desta empresa.

   1.1. Para cada sugestão, apresente exemplos práticos de como podemos implementar a ideia.

   1.2. Para cada sugestão, descreva como podemos inovar nossa forma de trabalhar.

   1.3. Identifique quais seriam as abordagens mais criativas e persuasivas para reter a atenção do cliente e maximizar o sucesso na busca de cada um dos objetivos. Cite exemplos da forma como poderíamos construir estas abordagens.

   1.4. Identifique quais seriam os pontos emocionais que precisaríamos estimular para construir uma memória sólida e positiva em cada etapa. Cite exemplos da forma como poderíamos implementá-los.

Objetivos:

[INSIRA AQUI OS OBJETIVOS REFERENTES À PERSPECTIVA DE CLIENTE DO EXERCÍCIO SOBRE BSC]

Empresa:

4.17. MODELO DOS 9 PASSOS DA FLUÊNCIA COMUNICATIVA

Um modelo de fluência comunicativa é uma forma organizada de compor uma mensagem, de maneira que, a cada passo, um momento de atenção esteja sendo estimulado, e, a construção de uma mensagem possa tornar-se mais fluida, assertiva, emocional e memorável.

Uma comunicação eficiente transforma comportamentos, mas, para que este caminho se torne realmente eficaz, torna-se necessário conhecer os 9 passos deste trajeto e suas interdependências, como segue:

Passo 1: Estimulação da mensagem lógica

A construção de uma mensagem precisa fazer sentido, ou seja, precisa estar alinhada ao modelo mental do receptor, e, devidamente encaixada dentro do contexto situacional.

Passo 2: Captação de confiança (aceitação)

Quando a mensagem já fez sentido, ela passa pelo crivo da conexão, entre os elementos de contexto, principalmente da confiança sobre o emissor. Quando o cérebro aceita a mensagem, ele torna-se mais disposto a processar esta informação.

Passo 3: Ativação da emoção (inconsciente)

A todo instante nos emocionamos, este processo acontece em nosso inconsciente, e desencadeia como causa e efeito reações comportamentais diversas. Estar atento a quais emoções nossa mensagem traz é fundamental para predizer portfólio de comportamentos futuros.

Passo 4: Seleção e atenção (persuasão)

Quando mais a mensagem estiver próxima a realidade do receptor, e, alinhada a suas experiências e expectativas, maior serão as chances de este público alvo empresar a sua atenção ao que se quer comunicar. Uma boa comunicação, precisa passar pelo filtro de seletividade do receptor e tornar-se prioridade de atenção.

Passo 5: Compreensão e percepção

A partir de ponto que a atenção está retida, é o momento de compreender as intenções da mensagem, ou seja, o que realmente o conjunto de sinais significa — linguagem verbal e não verbal — e, assim tornar o receptor consciente da mensagem.

Passo 6: Sensação e sentimento (consciente)

Junto a consciência, vem as sensações e sentimentos que são a forma como percebemos as emoções relacionadas ao contexto conscientemente, ou seja, o que chamamos memória emocional de um fato.

Passo 7: Memorização e registro da informação

Como tendemos a esquecer informações mais facilmente que lembrá-las, precisamos ter aqui recursos que se destacam e reforçam a forma como nosso cérebro reforça e mantém essa informação por mais tempo. Um dos principais recursos para que isso ocorra é aplicação prática da mensagem, ou seja, como você conseguirá trazer recompensas maiores ao utilizar essa informação a seu favor em ocasião apropriada.

Passo 8: Recordação e lembrança

Aqui precisamos definir quais as chaves do armazenamento e da recordação. Como nossa memória funciona de forma associativa, ou seja, relacionamos diversos estímulos quando pensamos em algo, trazer referências que conectem o ponto primal da mensagem é essencial, como sons que conectem o objetivo da comunicação, uma imagem, um odor, um sabor, uma relação afetiva e assim por diante. Precisamos conhecer o nosso público para podermos aprimorar os pontos de aproximação.

Passo 9: Ação e comportamento

A mensagem quando bem transferida restringe portfólios comportamentais, ou seja, dá menos opções ao público de suas opções de ação. A partir de forma como buscamos que o público se comporte, deve ser, portanto, a forma como devemos fazer com ele processe a informação, e, portanto, deve ser a forma como construímos a mensagem. O comportamento é, diante disso, a consequência, e não a causa.

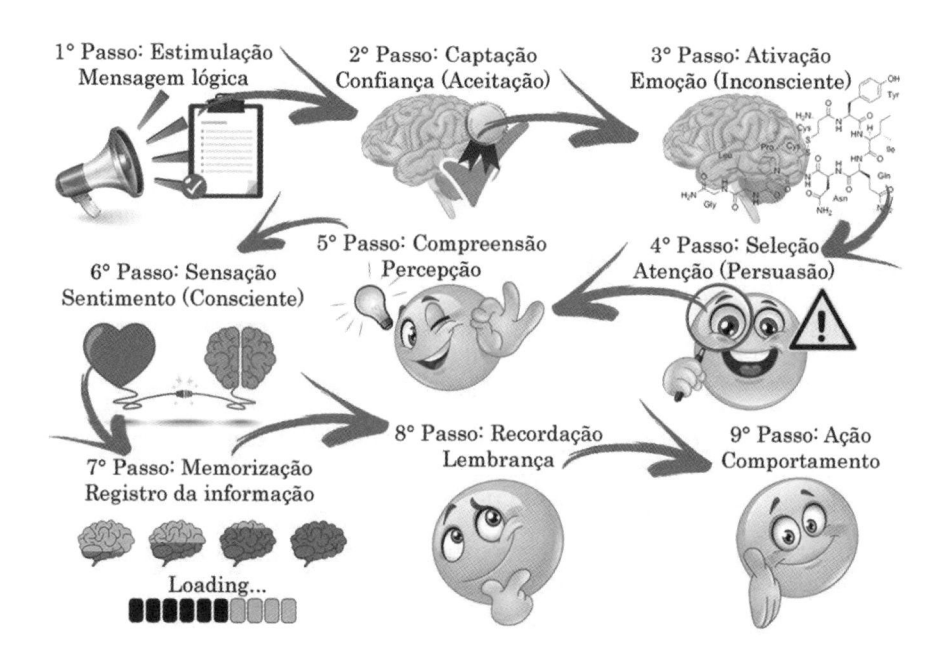

Fonte: Tese doutorado Alexandre Rodrigues 2024

- Descreva o seguinte Prompt para ChatGPT -

Atue como especialista em Storytelling e Copywriting com o objetivo de construir mensagens personalizadas.

Apresente, para cada uma das personas abaixo, o conjunto de soluções personalizadas que melhor se adaptem às suas necessidades e características.

Logo, para cada segmento de persona e cada solução proposta acima, crie 2 tipos de textos diferentes entre si, seguindo rigorosamente as etapas descritas abaixo:

- Texto que apresente a solução.

- Texto que venda a solução.

Sugira ideias de construção diferentes para cada tipo de texto, apresentando separadamente cada conjunto de respostas conforme as dez etapas a seguir:

Resposta 1. Construção lógica: Construa uma abordagem lógica, clara e objetiva, alinhada à realidade de cada persona, e contextualize de forma que conecte cada solução às suas expectativas e planos futuros.

Resposta 2. Captar confiança: As mensagens precisam estar conectadas às soluções esperadas por cada persona, ser críveis e trazer elementos textuais que gerem confiança e segurança.

Resposta 3. Ativar emoção: A mensagem deve conter elementos emocionais, que induzam o público a despertar vínculos afetivos com a empresa e a solução proposta.

Resposta 4. Atenção: Incorpore à mensagem elementos de interesse direto desta persona; utilize um modelo de escrita que deixe claro que esta solução é essencial ao seu sucesso.

Resposta 5. Percepção: Descreva a mensagem de forma a torná-la menos subjetiva possível, a compreensão deve ser rápida e intuitiva. Garanta que todos os pontos relevantes foram muito bem apresentados e esclarecidos no texto.

Resposta 6. Sensação e sentimento: A forma como esta mensagem será desenvolvida deverá também incorporar elementos que tangibilizem as emoções sugeridas no Passo 3. Construa abordagens que despertem sensações reais conhecidas.

Resposta 7. Memorizar: Explicite na mensagem os pontos-chave que facilitem a memorização e o registro dos tópicos aos quais se quer comunicar.

Resposta 8. Recordar: Adicione elementos que tornem esta mensagem memorável, diferente e personalizada, com elementos de fácil associação aos requisitos de qualidade da solução apresentada.

Resposta 9. Agir: Agora induza a persona a agir, a aproximar-se da solução; demostre, com fatos e evidências, que esta é a melhor decisão a se tomar.

Resposta 10. Resultado: Consolide harmonicamente todas as respostas dos itens 1 a 9 em um texto único e completo de cada tipo.

Clientes:

[INSIRA AQUI A DESCRIÇÃO MAIS DETALHADA DAS PERSONAS DESTE NEGÓCIO]

4.18. MAPA DA JORNADA DO CLIENTE

O mapa da jornada do cliente é uma ferramenta que procura analisar o comportamento do consumidor e descrever toda a trajetória de um usuário, desde a primeira dúvida ou motivação até a compra de um produto ou solução, incluindo o processo após a decisão de compra.

Para desenhar o mapa da jornada do seu cliente, é preciso conhecer profundamente o seu público, investir em pesquisas quantitativas e qualitativas, além de estudar e entender a psicologia do marketing e vendas.

Todo o processo é baseado em dois pontos focais:

Motivações: As empresas precisam entender as motivações que direcionam o consumidor através de cada uma das etapas de compra. Quais são as dores, desejos, necessidades, emoções e racionalidades por trás de cada ponto de transição?

Momento da verdade: Estes pontos de transição são os momentos mais importantes na construção de um mapa da jornada. Afinal, eles são determinantes. Em cada um deles, o consumidor irá decidir continuar a construção de um relacionamento com a sua marca ou irá abandoná-lo.

A jornada do cliente é geralmente dividida em várias etapas, incluindo:

Aprendizado e descoberta: Na primeira parte da jornada, o consumidor ainda não está pensando em uma compra. Ele começa a identificar dúvidas e a empresa se coloca no lugar de quem irá ajudá-lo a descobrir qual é o problema que está gerando esses questionamentos.

Consideração: Uma vez que o consumidor está ciente de suas necessidades e dos possíveis produtos ou serviços que podem atendê-las, ele começa a avaliar suas opções.

Decisão: Nesta etapa, o consumidor escolhe um produto ou serviço para atender à sua necessidade.

Retenção: Após a compra, o consumidor avalia sua experiência com o produto ou serviço. Se a experiência for positiva, ele pode se tornar um cliente recorrente e até mesmo um defensor da marca.

O objetivo final do mapa da jornada do cliente é melhorar a experiência do cliente, identificando áreas de atrito ou oportunidades para encantar o cliente.

Atue como um especialista marketing, com foco em comportamento do consumidor.

Desenvolva uma análise detalhada para cada perfil de cliente abaixo conforme cada etapa do mapa da jornada do cliente, conectando esta análise aos propósitos e às expertises da empresa descrita a seguir:

Ao final de cada conjunto etapas, descreva uma sugestão de com esta empresa poderia melhor construir uma relação próxima e positiva com estes clientes. Cite exemplos e forma de como fazê-lo.

Clientes:

[INSIRA AQUI A DESCRIÇÃO MAIS DETALHADA DAS PERSONAS DESTE NEGÓCIO]

Empresa:

[INSIRA AQUI A DESCRIÇÃO MAIS DETALHADA DO NEGÓCIO]

4.19. 8 P'S DO MARKETING

Os 8 P's do marketing são uma evolução dos 4 P's originários (produto, preço, prática e promoção), criados pelo professor Jerome McCarthy. Eles ajudam os profissionais de marketing a encontrar uma nova perspectiva e descobrir novas oportunidades para o mix de marketing.

Vamos entender cada um dos 8 P's do marketing:

Produto: É o que você oferece para o seu público, seja uma mercadoria ou um serviço. As perguntas a serem feitas aqui são: Quais são as características do seu produto? Quais são os benefícios que ele pode oferecer?

Preço: O preço é uma grande parte da sua estratégia de entrada no mercado. O preço infere a proposta de valor para o mercado.

Praça: Refere-se ao local onde o produto é vendido. Pode ser uma loja física, um site de comércio eletrônico, um catálogo de vendas por correspondência, direto das vendas do fabricante etc.

Promoção: A promoção envolve todas as atividades que envolvem a comunicação do produto, da marca ou do serviço ao usuário. Isso pode incluir publicidade, vendas e promoções, relações públicas e marketing direto.

Pessoas: Este P refere-se tanto às pessoas que trabalham para a organização quanto às pessoas que são atendidas pela organização.

Processos: Os processos se referem aos sistemas e processos da organização que afetam a execução do serviço.

Posicionamento: O posicionamento se refere à percepção que se tem da empresa.

Performance: A performance pode ser avaliada com base no resultado final do que se faz.

- Descreva o seguinte Prompt para ChatGPT -

Atue como um especialista em desenvolvimento de mercado com ênfase em aprimoramento de produtos e serviços.

Faça uma análise profunda da empresa abaixo conforme modelo dos 8 Ps do marketing, de forma que cada produto ou serviço prestado por esta empresa esteja completamente alinhado às necessidades e às soluções que cada um dos clientes precisa.

Siga os seguintes passos:

1. Elenque e numere todos os clientes desta empresa. Apresente as 5 principais necessidades de cada um destes clientes.

2. Elenque e siga numerando, todos os potenciais clientes que ainda não são explicitamente atendidos, mas que poderiam ser. Apresente as 5 principais necessidades de cada um destes potenciais clientes.

3. Apresente quais os principais requisitos precisariam ser incorporados pela empresa para que ela se torne apta a atender cada um dos potenciais clientes apresentados no item 2.

4. Estudo do produto:

    4.1. Apresente quais são os principais conjuntos de produtos ou serviços esta empresa possui que melhor se adaptam a cada um dos clientes apresentados no item 1.

    4.2. Apresente quais são os principais conjuntos de produtos ou serviços esta empresa deveria desenvolver que melhor se adaptariam a cada um dos clientes potenciais apresentados no item 2.

4.3. Quais são as principais características de cada um dos produtos apresentados no item 4.1 e 4.2 que parece ser a mais valorizada por cada tipo de cliente?

4.4. Quais são os principais benefícios, cada de cada um dos produtos apresentados no item 4.1 e 4.2 oferecidos pela empresa, ou ainda não, promete oferecer que realmente traga grande impacto positivo na vida profissional e pessoal de cada persona? Cite quais são estes impactos.

5. Analise 8Ps:

5.1. Para cada um dos produtos ou serviços apresentados nos itens 4.1 e 4.2, faça uma avaliação, sugestão ou simulação sobre o tema "Preço". Apresente uma tabela simulando a sua precificação, em relação aos valores praticados pelo mercado e concorrência.

5.2. Para cada um dos produtos ou serviços apresentados nos itens 4.1 e 4.2, faça uma avaliação, sugestão ou simulação sobre o tema "Praça". Apresente uma tabela simulando os pós e contras.

5.3. Para cada um dos produtos ou serviços apresentados nos itens 4.1 e 4.2, faça uma avaliação, sugestão ou simulação sobre o tema "Promoção". Apresente ideias de sugestões de como esta empresa poderia desenvolver este tema de forma a aprimorar diferenciais competitivos em relação a sua concorrência.

5.4. Para cada um dos produtos ou serviços apresentados nos itens 4.1 e 4.2, faça uma avaliação, sugestão ou simulação sobre o tema "Pessoas". Apresente qual seria o perfil ideal de pessoas que melhor poderiam contribuir para o desenvolvimento e aprimoramento da linha de produtos e serviços desta empresa, seguindo e sustentando seu propósito.

5.5. Para cada um dos produtos ou serviços apresentados nos itens 4.1 e 4.2, faça uma avaliação, sugestão ou simulação sobre o tema "Processos". Apresente quais são os processos que devem exigir mais atenção no desenvolvimento deste portfólio, e, como poderemos refiná-los de forma a agregar ainda mais valor a cada persona envolvida.

5.6. Para cada um dos produtos ou serviços apresentados nos itens 4.1 e 4.2, faça uma avaliação, sugestão ou simulação sobre o tema "Posicionamento". Apresente soluções personalizadas a cada produto e personas, de como esta empresa deveria se posicionar em seu mercado para que conseguisse aproveitar e desenvolver o maior número possível de oportunidades e destaque em seu mercado.

5.7. Para cada um dos produtos ou serviços apresentados nos itens 4.1 e 4.2, faça uma avaliação, sugestão ou simulação sobre o tema "Performace". Apresente todos os principais requisitos que beneficia a performance de cada produto ou serviço, assim como, apresente ações que possam torna-lo mais memorável e emocional aos olhos de cada persona envolvida.

Por fim, junto a este conjunto de análises, desenvolva uma estratégia completa demonstrando como podemos construir novos produtos ou aprimorar os produtos já existentes.

Clientes:

> **[INSIRA AQUI A DESCRIÇÃO MAIS DETALHADA DAS PERSONAS DESTE NEGÓCIO]**

Empresa:

> **[INSIRA AQUI A DESCRIÇÃO MAIS DETALHADA DO NEGÓCIO]**

4.20. MODELO FRAMEWORK VRIO

O modelo de framework VRIO é uma ferramenta analítica usada para avaliar os recursos e capacidades de uma organização e o potencial desses recursos e capacidades para criar uma vantagem competitiva sustentável.

O modelo VRIO é um acrônimo para os quatro elementos que compõem o modelo: Valor, Raridade, Imitabilidade e Organização.

Valor (Value): Os recursos ou capacidades de uma organização são valiosos se permitirem que a organização explore oportunidades ou neutralize ameaças no ambiente. Se um recurso ou capacidade não fizer isso, ele pode ser considerado uma fraqueza.

Raridade (Rarity): Os recursos ou capacidades de uma organização são raros se não forem possuídos por muitos concorrentes. Se um recurso ou capacidade é comum, ele pode ser uma fonte de paridade competitiva, mas não de vantagem competitiva.

Imitabilidade (Imitability): Os recursos ou capacidades de uma organização são difíceis de imitar se os concorrentes não podem facilmente desenvolver ou adquirir esses recursos ou capacidades. Se um recurso ou capacidade é facilmente imitável, ele pode ser uma fonte de vantagem competitiva temporária, mas não de vantagem competitiva sustentável.

Organização (Organization): Uma organização deve ser capaz de explorar efetivamente seus recursos e capacidades valiosos, raros e difíceis de imitar. Isso envolve ter sistemas, processos e estruturas adequados em vigor.

O modelo VRIO é uma ferramenta útil para as organizações entenderem suas forças e fraquezas, identificarem oportunidades para obter vantagem competitiva e desenvolverem estratégias para alcançar seus objetivos de negócios.

- Descreva o seguinte Prompt para ChatGPT -

Atue como um especialista em desenvolvimento de mercado com ênfase em aprimoramento de produtos e serviços.

Faça uma análise profunda da empresa abaixo, conforme modelo framework VRIO, de forma que cada produto ou serviço prestado por esta empresa esteja completamente alinhado às necessidades e soluções que cada um dos clientes mais busca.

Indique onde exatamente cada solução trazida pela empresa impacta positivamente o desenvolvimento de performance de cada cliente.

Junto a esta análise, desenvolva estratégias completas demonstrando como podemos construir novos produtos ou aprimorar os produtos já existentes conforme cada demanda de cliente.

Por fim, sugira ideias que poderiam agregar ainda mais valor e este negócio, levando em conta tendências de cada tipo de mercado, de cada cliente.

Clientes:

[INSIRA AQUI A DESCRIÇÃO MAIS DETALHADA DAS PERSONAS DESTE NEGÓCIO]

Empresa:

[INSIRA AQUI A DESCRIÇÃO MAIS DETALHADA DO NEGÓCIO]

4.21. MATRIZ 9 BOX

A matriz 9 Box, também conhecida como matriz de desempenho e potencial, é uma ferramenta de avaliação de desempenho utilizada para analisar a performance e o potencial dos colaboradores dentro de uma empresa. Ela foi desenvolvida pela consultoria McKinsey no início dos anos 1970 e, originalmente, era usada para determinar em quais unidades de negócio seria melhor investir dinheiro.

A matriz é composta de nove quadrantes, que são formados pela interseção de dois eixos: o eixo horizontal (X) representa o desempenho atual do colaborador, enquanto o eixo vertical (Y) representa o potencial de crescimento e desenvolvimento do colaborador. Cada quadrante da matriz representa uma combinação específica de desempenho e potencial, permitindo que os gestores identifiquem rapidamente os pontos fortes e as áreas de melhoria para cada membro da equipe.

Os atributos de desempenho e potencial são medidos em uma escala que possui três níveis: baixo, moderado e alto. Portanto, os colaboradores podem ser classificados em um dos nove quadrantes com base em seu desempenho atual e seu potencial de crescimento.

A matriz 9 Box é uma ferramenta visual simples, mas poderosa, que ajuda os gestores a tomar decisões estratégicas informadas sobre o desenvolvimento de talentos, a alocação de recursos e o planejamento de sucessão.

Além disso, ela é de fácil aplicação e de baixo custo, tornando-a uma ferramenta de avaliação de desempenho muito popular entre as empresas.

Adaptando o modelo para análise de clientes

É possível adaptar a metodologia da matriz 9 Box para a análise de clientes. Embora a matriz 9 Box seja comumente usada para avaliar o desempenho e o potencial dos colaboradores, ela também pode ser adaptada para analisar o portfólio de clientes de uma empresa.

Aqui está como você pode usar a matriz 9 Box para analisar o portfólio de clientes:

Atratividade do cliente (eixo Y): Em vez de avaliar a atratividade da indústria, você pode avaliar a atratividade do cliente. Isso pode incluir fatores como o valor do cliente para a empresa, a lealdade do cliente, o potencial de crescimento do cliente e a rentabilidade do cliente. Os clientes podem ser classificados como de alta, média ou baixa atratividade com base nesses fatores.

Força da relação (eixo X): Em vez de avaliar a força competitiva de uma unidade de negócios, você pode avaliar a força da relação da empresa com o cliente. Isso pode incluir fatores como a satisfação do cliente, a retenção do cliente, a duração da relação com o cliente e a profundidade da relação com o cliente. Os clientes podem ser classificados como de alta, média ou baixa força com base nesses fatores.

Ao combinar essas duas variáveis em uma matriz, você pode plotar seus clientes de acordo e determinar onde investir, onde manter sua posição e onde colher ou desinvestir. Por exemplo, você pode querer investir mais em clientes que são altamente atraentes e com os quais você tem uma forte relação. Por outro lado, você pode querer desinvestir de clientes que são pouco atraentes e com os quais você tem uma relação fraca.

- Descreva o seguinte Prompt para ChatGPT -

Atue como um especialista em desenvolvimento de mercado com ênfase em análise potencial de clientes e mercados.

Faça uma análise profunda da empresa abaixo conforme modelo matriz 9 Box, analisando detalhadamente cada segmento de seus clientes e suas características descritas abaixo.

Para cada análise de cliente, sugira:

- Utilize o método matriz 9 Box, alocando cada segmento conforme os 9 quadrantes promovidas pelo modelo. Explique:

- Quais os melhores meios de construir relações mais próximas e agregadoras podemos desenvolver. Cite exemplos

- Quais são as principais dores de cada perfil de cliente analisado.

- Como cada produto promovido pela empresa pode ajudar a resolver essas dores.

- Por fim, indique ações que poderíamos realizar, que promovam diferenciais competitivos que destaquem esta empresa diante a seus concorrentes.

Clientes:

[INSIRA AQUI A DESCRIÇÃO MAIS DETALHADA DAS PERSONAS DESTE NEGÓCIO]

Empresa:

[INSIRA AQUI A DESCRIÇÃO MAIS DETALHADA DO NEGÓCIO]

4.22. CADEIA DE VALOR

O modelo de análise da cadeia de valor foi introduzido por Michael E. Porter em seu livro *Competitive Advantage: Creating and Sustaining Superior Performance* (1985). O modelo é uma ferramenta de gestão que permite uma análise sistemática das atividades organizacionais e a forma como elas interagem, com o objetivo de identificar fontes de vantagem competitiva.

A cadeia de valor de Porter divide as atividades de uma empresa em duas categorias:

Atividades Primárias:

- **Logística Interna:** Refere-se à recepção, armazenamento e distribuição de insumos para o produto, como matérias-primas e componentes.

- **Operações:** Transforma insumos em produtos finais através de manufatura, serviço, embalagem etc.

- **Logística externa:** Engloba o armazenamento e a distribuição do produto ao consumidor final.

- **Marketing e vendas:** Atividades que tornam o valor do produto conhecido e atraente para os clientes, envolvendo publicidade, promoção, força de vendas, precificação etc.

- **Serviços:** Atividades relacionadas a manter o valor do produto para os clientes após a venda, como instalação, reparos, treinamento e peças de reposição.

Atividades de Suporte:

- **Infraestrutura da empresa:** Inclui atividades como gestão, planejamento, finanças, contabilidade, questões legais e qualidade de gestão em geral.

- **Gestão de recursos humanos:** Recrutamento, contratação, treinamento, desenvolvimento pessoal e remuneração de funcionários.

- **Desenvolvimento de tecnologia:** Pesquisa e desenvolvimento, automação, design e outras tecnologias que suportam a cadeia de valor.

- **Aquisições (compras):** Processo de aquisição de recursos, serviços, matérias-primas, máquinas e outros bens necessários para a operação da empresa.

A análise da cadeia de valor ajuda a entender onde pode ser criado mais valor para o cliente e a identificar as atividades que podem ser otimizadas para alcançar uma vantagem competitiva em custos ou diferenciação. O objetivo é maximizar a margem de valor, que é a diferença entre o valor total que as atividades de valor criam e o custo total das atividades de execução.

Porter argumenta que uma empresa deve olhar para a cadeia de valor de todo o setor, incluindo a cadeia de valor dos fornecedores, distribuidores e clientes, porque a otimização da cadeia de valor integrada pode aumentar a margem total.

A análise da cadeia de valor é frequentemente usada para identificar oportunidades de reduzir custos, melhorar a diferenciação, encontrar a sinergia entre atividades e entender como o negócio cria valor real para o cliente, permitindo a formulação de estratégias competitivas mais eficazes.

- Descreva o seguinte Prompt para ChatGPT -

Atue como um especialista em desenvolvimento de estratégia e aprimoramento de processos.

Faça uma análise profunda de cada um dos clientes abaixo conforme as características apresentadas, abordando, para cada segmento, todas etapas que compõem o método de "cadeia de valor" de Michael Porter.

Leve em conta respostas que mais se aproximem da realidade da empresa descrita abaixo, suas expertises, propósitos e potenciais de atuação.

Ao final da análise de cada cliente, sugira práticas que possam agregar ainda mais valor a esta cadeia, demonstrando inclusive pontos emocionais positivos de contato.

Clientes:

[INSIRA AQUI A DESCRIÇÃO MAIS DETALHADA DAS PERSONAS DESTE NEGÓCIO]

Empresa:

[INSIRA AQUI A DESCRIÇÃO MAIS DETALHADA DO NEGÓCIO]

4.23. MATRIZ DE ARTHUR D. LITTLE (ADL)

A Matriz de Arthur D. Little (ADL) é uma ferramenta de análise estratégica que foca a combinação de posição competitiva de uma empresa com o estágio de maturidade do setor ou mercado em que opera. O modelo foi desenvolvido pela consultoria de gestão Arthur D. Little, Inc. e é utilizado para ajudar as empresas a entenderem suas posições estratégicas e a identificar as direções estratégicas mais promissoras.

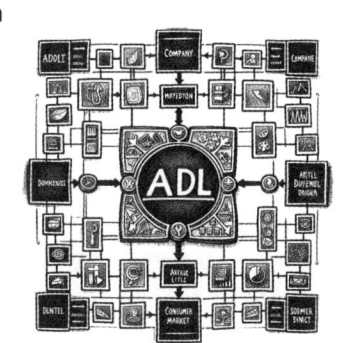

A matriz ADL é composta de duas dimensões:

Posição Competitiva: Reflete a situação competitiva atual de uma unidade de negócios dentro da empresa e é dividida em cinco categorias:

- **Dominante:** A empresa tem uma posição de liderança clara que lhe permite controlar as condições do mercado.

- **Forte:** A empresa tem uma posição favorável e é relativamente independente das ações dos concorrentes.

- **Favorável:** A empresa tem uma posição competitiva boa, mas não dominante, com alguns pontos fortes.

- **Viável:** A empresa tem uma posição frágil com certos pontos fortes compensados por pontos fracos.

- **Fraca:** A empresa não tem uma posição competitiva sustentável a longo prazo.

Estágio de maturidade do setor: Avalia o estágio de desenvolvimento do mercado ou setor, sendo classificado em quatro estágios:

- **Embrião:** O mercado está em seu início, com alto crescimento e sem padrões definidos.

- **Crescimento:** O mercado ainda está crescendo rapidamente, a concorrência está aumentando e os padrões estão começando a se estabelecer.

- **Maturidade:** O crescimento do mercado desacelera, a competição é intensa e os produtos são padronizados.

- **Envelhecimento:** O mercado está em declínio ou estagnado, com redução de margens e excesso de capacidade.

Ao cruzar essas duas dimensões, a matriz ADL permite que a empresa avalie sua posição estratégica e considere estratégias adequadas. Por exemplo, uma unidade de negócios com uma posição "forte" em um mercado "em crescimento" pode focar estratégias agressivas de expansão e investimento, enquanto uma unidade de negócios com uma posição "viável" em um mercado "envelhecido" pode precisar considerar reestruturação, parcerias ou saída do mercado.

A matriz ADL é particularmente valiosa para empresas com múltiplas unidades de negócios, cada uma operando em diferentes setores com diferentes estágios de maturidade. Ela ajuda a direcionar recursos e atenção para as áreas nas quais a empresa pode criar maior valor e desenvolver estratégias específicas que estejam alinhadas tanto com a dinâmica do mercado quanto com as capacidades internas da empresa.

- Descreva o seguinte Prompt para ChatGPT -

Atue como um especialista em desenvolvimento de mercados e análise de diferenciais competitivos.

Faça uma análise profunda de cada um dos clientes abaixo conforme as características apresentadas, abordando, para cada segmento, todas as etapas que compõem o modelo de análise estratégica – a matriz de Arthur D. Little (ADL).

Leve em conta respostas que mais se aproximem da realidade da empresa descrita abaixo, suas expertises, propósitos e potenciais de atuação.

Ao final da análise de cada cliente, sugira práticas que possam agregar ainda mais valor a este mercado, demostrando inclusive pontos emocionais positivos de contato e, por fim, quais tendências cada mercado irá buscar em um futuro próximo.

Clientes:

[INSIRA AQUI A DESCRIÇÃO MAIS DETALHADA DAS PERSONAS DESTE NEGÓCIO]

Empresa:

[INSIRA AQUI A DESCRIÇÃO MAIS DETALHADA DO NEGÓCIO]

4.24. MATRIZ PRODUTO/MERCADO

A matriz Produto/Mercado, também conhecida como matriz de Ansoff, é uma ferramenta de planejamento estratégico que ajuda as empresas a determinar suas estratégias de crescimento com base em produtos existentes ou novos e em mercados existentes ou novos. Igor Ansoff criou esta matriz e a apresentou pela primeira vez em 1957 no artigo *"Strategies for Diversification"*, na *Harvard Business Review*.

A matriz tem quatro estratégias distintas:

1. **Penetração de mercado**

   Definição: Esta estratégia foca aumentar a participação de mercado para produtos existentes em mercados existentes. Isso pode ser alcançado atraindo clientes dos concorrentes, incentivando os clientes atuais a comprar mais ou convertendo não-usuários em usuários.

   Aplicação: É geralmente considerada a estratégia de menor risco, pois opera dentro do conhecimento existente da empresa sobre o produto e o mercado.

2. **Desenvolvimento de mercado**

   Definição: Envolve a introdução de produtos existentes em novos mercados. Isso pode incluir a exploração de novas geografias, segmentos de clientes ou canais de distribuição.

   Aplicação: Esta estratégia é mais arriscada que a penetração de mercado porque a empresa está se aventurando em territórios desconhecidos, embora com produtos já conhecidos.

3. **Desenvolvimento de produto**

   Definição: Refere-se à criação e oferta de novos produtos ou serviços em mercados existentes. A empresa pode decidir desenvolver produtos adicionais ou melhorar os existentes para atender melhor às necessidades dos clientes atuais.

   Aplicação: Esta estratégia requer que a empresa tenha capacidades de inovação e desenvolvimento de produtos e está associada a riscos moderados, pois a empresa já possui conhecimento sobre o mercado.

4. Diversificação

Definição: A estratégia mais arriscada, envolve a introdução de novos produtos em novos mercados.

Existem três tipos de diversificação

- **Diversificação concêntrica:** Quando os novos produtos estão tecnicamente relacionados aos produtos existentes, mas são introduzidos em novos mercados.

- **Diversificação horizontal:** Quando os novos produtos não estão tecnicamente relacionados aos produtos existentes, mas ainda são direcionados aos clientes atuais.

- **Diversificação conglomerada:** Quando os novos produtos não estão relacionados aos produtos existentes nem aos mercados atuais.

Aplicação: Essa estratégia pode ser utilizada quando há saturação ou declínio nos mercados atuais ou quando a empresa busca oportunidades de crescimento por meio de inovação e novas áreas de negócio.

A escolha da estratégia mais adequada depende de vários fatores, incluindo a posição de mercado da empresa, sua capacidade de inovação, recursos disponíveis, tolerância ao risco e as condições dinâmicas do mercado. A matriz Produto/Mercado é uma ferramenta versátil que pode ajudar as empresas a orientar suas estratégias de crescimento e expansão.

- Descreva o seguinte Prompt para ChatGPT -

Atue como um especialista em desenvolvimento de mercados e análise de diferenciais competitivos.

Faça uma análise profunda para cada um dos produtos abaixo que simule 1 cenário para cada um dos 4 quadrantes sugeridos pela ferramenta de gestão matriz Produto/Mercado, simulando os possíveis comportamentos de cada um dos tipos de produtos que a empresa abaixo oferece, relacionando cada produto conforme as características de cada tipo de cliente abaixo. Cite exemplos práticos.

Sugira respostas específicas focadas em cada um dos tipos de produtos de forma personalizadas para cada situação de cenário, sendo; Penetração de mercado, Desenvolvimento de Produto, Desenvolvimento de mercado e Diversificação, e construa respostas detalhadas e completas que mais se aproximem da realidade da empresa descrita abaixo. Cite exemplos práticos.

Ao final da análise de cada cenário de produto em relação às suas características de mercado, sugira práticas que possam trazer soluções para que esta empresa maximize as chances de atingir seus objetivos em cada cenário. Cite exemplos práticos aplicados ao negócio.

Clientes:

Empresa:

4.25. AS 5 FORÇAS DE PORTER

As Cinco Forças de Porter é um modelo estratégico criado por Michael E. Porter, utilizado para analisar a indústria e o desenvolvimento da estratégia de negócios. Este modelo ajuda a determinar a intensidade da concorrência e a atratividade de um mercado através da avaliação de cinco forças competitivas distintas que influenciam a lucratividade de uma empresa. Porter argumenta que a compreensão dessas forças é crucial para desenvolver estratégias que defendam contra as forças competitivas ou as influenciem a favor da empresa.

As cinco forças descritas por Porter são:

1. **Rivalidade entre os concorrentes existentes**

   Esta força examina o grau de concorrência entre as empresas existentes. Uma alta rivalidade significa que as empresas podem envolver-se em guerras de preços, campanhas publicitárias agressivas e introduções contínuas de novos produtos. A intensidade da rivalidade é influenciada por fatores como número de concorrentes, taxa de crescimento do setor e diversidade de estratégias competitivas.

2. **Ameaça de novos entrantes**

   Refere-se à possibilidade de novas empresas entrarem no mercado. Se for fácil para novas empresas entrarem na indústria, a posição das empresas existentes poderá ser ameaçada. Barreiras de entrada, como economias de escala, acesso a canais de distribuição, requisitos de capital e legislação governamental, podem proteger as empresas estabelecidas.

3. **Ameaça de produtos ou serviços substitutos**

   Produtos substitutos são aqueles que podem oferecer uma alternativa desejável e viável para os produtos da indústria. Uma forte ameaça de substitutos pode limitar os preços e os lucros das empresas existentes. Fatores como desempenho relativo dos substitutos, custos de mudança para os consumidores e tendências do consumidor afetam esta força.

4. **Poder de barganha dos fornecedores**

   Analisa como os fornecedores podem exercer poder sobre as empresas da indústria, afetando a competitividade e a lucratividade. Fornecedores fortes podem cobrar preços mais altos ou oferecer qualidade mais baixa, o que pode reduzir a lucratividade. O poder dos fornecedores é maior quando existem poucos substitutos para seus produtos ou quando há um pequeno número de fornecedores grandes.

5. **Poder de barganha dos compradores**

   Avalia como os clientes podem impor pressão para obter preços mais baixos ou melhor qualidade, o que pode afetar a margem de lucro e a competitividade da indústria. Os compradores têm mais poder quando fazem compras grandes em relação ao total de vendas do fornecedor, quando os produtos são padronizados ou quando o custo de mudar de fornecedor é baixo.

Entender essas forças ajuda as empresas a identificar os pontos fracos na sua posição de mercado e a definir estratégias para melhorar sua posição. O modelo das Cinco Forças de Porter é uma ferramenta de análise amplamente utilizada em planejamento estratégico, avaliação de mercado, análise da concorrência, e para a tomada de decisões de negócios em geral.

- Descreva o seguinte Prompt para ChatGPT -

Atue como um especialista em desenvolvimento de mercados e análise de clientes.

Faça uma análise profunda para cada tipo de clientes relacionados abaixo levando em conta a metodologia das "as Cinco forças de Porter", simule os possíveis comportamentos de cada uma das partes envolvidas em cada cenário indicando quais seriam as suas ações mais prováveis. Cite exemplos práticos aplicados ao negócio.

Sugira respostas específicas e focadas para cada um dos tipos clientes e produtos relacionados, apresentando respostas personalizadas para cada situação. Traga exemplos de práticas.

Construa respostas detalhadas e completas que mais se aproximem da realidade da empresa descrita abaixo. Cite exemplos práticos.

Clientes:

Empresa:

4.26. ESTRATÉGIA DO OCEANO AZUL

A estratégia do Oceano Azul é um conceito de empreendedorismo e negócios que incentiva a busca por mercados ainda não explorados, em vez de enfrentar uma concorrência que já é acirrada.

Trata-se de um estímulo à inovação, não necessariamente tecnológica, mas com um negócio nunca visto.

Esta estratégia foi apresentada pelos professores sul-coreanos W. Chan Kim e Renée Mauborgne no livro homônimo *A Estratégia do Oceano Azul* (Elsevier, 2005), publicado originalmente em 2004. Segundo a teoria, os mercados consolidados tendem a ficar saturados, causando prejuízos e estagnação entre as empresas que disputam a mesma fatia de sempre. Logo, a solução é navegar em outras direções e criar negócios inéditos, mirando em nichos de mercado e demandas que a concorrência não identificou. Assim, as organizações podem criar valor com ideias inovadoras, que se revelam muito mais lucrativas.

Na metáfora, o oceano azul representa a imensidão de mercados inexplorados, enquanto o oceano vermelho ilustra o tradicional cenário de disputa entre empresas. A estratégia do Oceano Azul serve para guiar as empresas na direção de novos mercados, onde há menos competição e mais lucratividade.

Um exemplo clássico de aplicação da estratégia do Oceano Azul é o Cirque du Soleil, que ingressou com uma estratégia até então impensada, justamente quando os circos estavam em franco declínio. Sem usar os animais e com uma proposta de espetáculo voltado também para adultos, o Cirque se lançou em um Oceano Azul sem concorrentes, simplesmente porque ninguém fazia o que eles faziam.

Portanto, a estratégia do Oceano Azul é uma abordagem poderosa para empresas que buscam inovar e se diferenciar em um mercado cada vez mais competitivo.

- Descreva o seguinte Prompt para ChatGPT -

Atue como um expert em análise de mercado e desenvolvimento de novos produtos.

Analise detalhadamente a empresa abaixo em relação a seus clientes e novos mercados, segundo o método da estratégia do oceano Azul, abordando os seguintes pontos:

A. Quais os 5 possíveis novos mercados poderiam ser trabalhados por esta empresa? Cite exemplos compatível com este negócio.

B. Quais novos produtos poderiam ser desenvolvidos para que conseguíssemos aproveitar para cada um dos novos mercados apresentados no item (a)? Cite exemplos compatível com este negócio.

C. Quais necessidades nossos concorrentes não conseguem atender nestes novos mercados apresentados no item (a)? Cite exemplos compatível com este negócio.

D. Sugira formas de conseguirmos adaptar nossas soluções de forma a solucionar cada uma das necessidades apresentadas no item (c). Cite exemplos compatível com este negócio.

E. Avalie os mercados já atendidos pela empresa usando o método estratégia do Oceano Azul. Sugira sugestões que levem esta empresa a melhorar a sua performance.

Principais clientes desta empresa:

[INSIRA AQUI A DESCRIÇÃO MAIS DETALHADA DAS PERSONAS DESTE NEGÓCIO]

Perfil de negócio a ser analisado:

[INSIRA AQUI A DESCRIÇÃO MAIS DETALHADA DO NEGÓCIO]

4.27. REQUISITOS DE QUALIDADE E O MÉTODO

Promover a qualidade dos produtos é essencial para o sucesso de qualquer negócio, pois impacta diretamente a satisfação do cliente, a reputação da marca e a performance financeira da empresa.

Vou detalhar a importância e os impactos dessa promoção em diversos aspectos:

Satisfação do cliente: A qualidade dos produtos é um dos principais fatores que contribuem para a satisfação do cliente. Produtos de alta qualidade atendem ou superam as expectativas dos clientes, criando experiências positivas. Isso gera lealdade à marca, aumentando a probabilidade de compras repetidas e de clientes se tornarem defensores da marca, promovendo-a a outros potenciais consumidores.

Diferenciação competitiva: Em mercados saturados, a qualidade pode ser um diferencial que destaca uma empresa de seus concorrentes. Produtos de alta qualidade podem justificar preços premium e posicionar a empresa como líder em termos de inovação e desempenho.

Redução de custos: Focar a qualidade dos produtos desde o início pode levar a uma diminuição dos custos a longo prazo. Isso ocorre porque produtos de alta qualidade resultam em menos devoluções, reclamações e necessidade de reparos ou substituições, o que minimiza os custos associados a garantias e serviços pós-venda.

Reputação da marca: A qualidade dos produtos está intrinsecamente ligada à percepção do público sobre a marca. Marcas conhecidas por sua alta qualidade podem construir uma reputação sólida e duradoura, o que é um ativo intangível valioso. Uma boa reputação pode amortecer a empresa em tempos econômicos difíceis e criar uma base sólida para o crescimento futuro.

Conformidade com regulamentos: Produtos de alta qualidade geralmente estão em conformidade com padrões regulatórios e de segurança. Isso não apenas evita multas e ações legais, mas também assegura aos clientes que eles estão adquirindo produtos seguros e confiáveis.

Melhoria contínua: O foco na qualidade estimula a melhoria contínua dos processos internos. Isso pode levar a inovações em produção, design e entrega, mantendo a empresa competitiva e adaptável a mudanças no mercado.

Impacto nas vendas e participação de mercado: A qualidade dos produtos pode influenciar diretamente as vendas e a participação de mercado. Produtos de alta qualidade tendem a receber melhores avaliações e recomendações, o que pode atrair novos clientes e aumentar a quota de mercado da empresa.

Responsabilidade social corporativa: A promoção da qualidade dos produtos também pode estar alinhada com práticas de responsabilidade social corporativa (RSC). Produtos desenvolvidos de maneira ética e sustentável podem melhorar a imagem da empresa e atrair consumidores conscientes.

Fidelização de clientes: A qualidade gera confiança, e clientes fiéis são menos sensíveis a mudanças de preço e mais propensos a perdoar erros ocasionais. Isso cria uma base de clientes estável e previsível, fundamental para o planejamento e crescimento a longo prazo.

Feedback positivo e inovação: Clientes satisfeitos com a qualidade dos produtos são mais propensos a fornecer feedback positivo e sugestões úteis, o que pode ser uma fonte valiosa de ideias para inovações e melhorias.

Em resumo, a promoção da qualidade dos produtos é um investimento que gera retornos significativos em praticamente todas as áreas de um negócio, desde o fortalecimento da marca até a otimização da cadeia de suprimentos e a garantia de fidelidade do cliente. É um elemento central para garantir o sucesso e a sustentabilidade de longo prazo do negócio.

Definir os melhores requisitos de qualidade para cada produto envolve um processo que deve ser cuidadosamente alinhado com as expectativas dos clientes, as normas do setor, a estratégia da empresa e os regulamentos legais.

Aqui estão os passos para definir esses requisitos:

Entenda as expectativas dos clientes:

Realize pesquisas de mercado e feedbacks para compreender o que os clientes valorizam em produtos similares.

Identifique os atributos de qualidade que são mais importantes para o seu público-alvo, como durabilidade, funcionalidade, design, facilidade de uso, entre outros.

Análise da concorrência:

Estude produtos concorrentes para identificar padrões de qualidade do setor.

Avalie onde sua empresa pode se diferenciar, seja excedendo os padrões ou atendendo a nichos específicos de mercado.

Estabeleça padrões de conformidade:

Verifique os requisitos regulatórios para garantir que o produto atenda a todas as normas de segurança e qualidade.

Certifique-se de que os produtos estejam em conformidade com padrões internacionais de qualidade, como ISO, se aplicável.

Defina indicadores de qualidade:

Desenvolva indicadores (KPIs) específicos que possam ser mensurados, como taxa de falhas, vida útil do produto e índice de satisfação do cliente.

Certifique-se de que os KPIs escolhidos estejam alinhados com os objetivos de qualidade desejados.

Revisão interna dos processos:

Analise seus processos de produção e cadeia de suprimentos para identificar áreas potenciais de melhoria de qualidade.

Implemente controles de qualidade em cada etapa da produção para garantir a consistência e detectar falhas precocemente.

Feedback e melhoria contínua:

Crie um sistema para capturar o feedback contínuo dos usuários após o lançamento do produto.

Use o feedback para ajustar os requisitos de qualidade e iniciar melhorias no produto.

Benchmarking de melhores práticas:

Olhe para as melhores práticas do setor e para inovações em qualidade de produto para inspirar novos padrões de qualidade para a sua empresa.

Testes e validação:

Realize testes rigorosos para validar se os requisitos de qualidade estabelecidos estão sendo atendidos.

Inclua testes de uso em condições reais para garantir que o produto se comporta conforme esperado no dia a dia.

Capacitação e cultura de qualidade:

Invista em treinamento para sua equipe entender a importância da qualidade e como ela deve ser mantida.

Crie uma cultura organizacional que valorize a qualidade e a veja como responsabilidade de todos.

Avaliação de custo-benefício:

Realize uma análise de custo-benefício para garantir que os padrões de qualidade desejados sejam economicamente viáveis.

Pondere se os aumentos de custo associados à melhoria da qualidade podem ser aceitos pelo mercado-alvo.

Método SIPOC:

O método SIPOC é uma ferramenta utilizada no gerenciamento de qualidade e melhoria de processos, especialmente dentro das metodologias Lean e Six Sigma. O acrônimo SIPOC representa os elementos-chave de um processo: Fornecedores (Suppliers), Entradas (Inputs), Processo (Process), Saídas (Outputs) e Clientes (Customers). Esta ferramenta é fundamentalmente empregada para mapear processos de maneira simplificada, mas abrangente, facilitando a compreensão de como um processo funciona em um nível alto, identificando os elementos essenciais e as interações entre eles.

Método SERVQUAL:

O método SERVQUAL, um acrônimo para "Service Quality", é uma técnica amplamente reconhecida e utilizada para avaliar a qualidade do serviço percebida pelos clientes em diversas indústrias e setores de serviços. Desenvolvido na década de 1980 por Parasuraman, Zeithaml e Berry, o modelo SERVQUAL foi introduzido como uma ferramenta para identificar e medir lacunas na qualidade do serviço entre as expectativas dos clientes e a percepção da qualidade do serviço entregue.

O método baseia-se na premissa de que a qualidade do serviço é percebida através da comparação entre as expectativas dos clientes antes do serviço ser prestado e suas percepções do serviço recebido. Essa comparação revela "lacunas" ou discrepâncias que podem afetar negativamente a satisfação do cliente e a lealdade à marca ou empresa.

Atue como um expert em desenvolvimento de produtos com ênfase em satisfação de clientes.

Analise detalhadamente a empresa abaixo e cada um dos produtos e serviços ofertados por ela para cada tipo de cliente que ela atende e responda:

A. Apresente os 20 principais requisitos que cada tipo de cliente entende representar elementos que refletem qualidade – gere real valor - em relação aos produtos ou serviços oferecidos por esta empresa.

B. Apresente quais as 10 principais expectativas cada tipo de cliente tem ao contratar os serviços desta empresa e seus produtos.

C. Apresente como cada um dos tipos de produtos que a empresa dispõe poderia adaptar cada um dos requisitos apresentados no item (A), e como cada produto poderia alcançar um perfil considerado de excelência diante das expectativas dos clientes apresentados no item (B).

D. Aplique sobre cada requisito de qualidade apresentado no item A, uma análise utilizando o método SIPOC no intuito de mapear e gerir os principais processo envolvidos na construção de cada requisito.

E. Faça uma análise de cada requisito de qualidade apresentado no item A, relacionando-o ao conjunto de expectativas destes clientes apresentados no item B, segundo o método SERVQUAL.

Principais clientes desta empresa:

[INSIRA AQUI A DESCRIÇÃO MAIS DETALHADA DAS PERSONAS DESTE NEGÓCIO]

Perfil de negócio a ser analisado:

[INSIRA AQUI A DESCRIÇÃO MAIS DETALHADA DO NEGÓCIO]

4.28. TEORIA DAS RESTRIÇÕES — TOC

A teoria das Restrições (TOC, do inglês theory of Constraints) é uma filosofia de gestão de operações que foi introduzida por Eliyahu M. Goldratt em seu livro *A Meta*, publicado em 1984. A essência da TOC é que, em qualquer sistema complexo, como uma empresa, há um ponto ou pontos limitantes (restrições) que determinam a capacidade do sistema de alcançar metas mais elevadas, como lucratividade, crescimento ou eficiência.

A TOC propõe uma metodologia para identificar e gerenciar essas restrições a fim de melhorar o desempenho do sistema.

Aqui estão os passos fundamentais propostos pela TOC:

Identificação da restrição: Descubra o que está mais criticamente impedindo a organização de alcançar um desempenho superior. Isso geralmente é um recurso que é insuficiente para a demanda, seja um equipamento, uma política empresarial, um mercado ou até mesmo uma habilidade.

Exploração da restrição: Faça uso máximo da restrição existente. Isso significa garantir que a restrição não seja desperdiçada e esteja sempre focada nas atividades que contribuem diretamente para o alcance dos objetivos da organização.

Subordinação de tudo à decisão acima: Ajuste todos os outros processos e recursos para apoiar a restrição, garantindo que a restrição nunca seja o gargalo. Isso pode significar reduzir a produção em áreas que produzem excesso, para que a restrição possa manter um fluxo constante.

Elevação da restrição: Tome medidas para eliminar a restrição, o que pode envolver investimento em mais recursos, alteração de políticas ou inovação. Essencialmente, você está aumentando a capacidade da restrição para que ela não limite mais o sistema.

Repetição: Quando uma restrição é superada, não assuma que o sistema está otimizado. Volte ao Passo 1 e identifique a próxima restrição.

A aplicação da TOC pode contribuir para o desenvolvimento das empresas de várias maneiras:

Foco: A TOC ajuda a empresa a concentrar seus esforços e recursos no que realmente importa, ao invés de tentar otimizar partes do sistema que não são limitantes.

Melhoria contínua: A TOC cria um ciclo de melhoria contínua, onde sempre há um esforço para identificar e superar as restrições, levando a melhorias constantes no desempenho.

Eficiência operacional: Ao otimizar o fluxo através da restrição, a TOC pode levar a um aumento significativo na eficiência operacional, reduzindo tempos de ciclo e aumentando a velocidade de resposta às demandas do mercado.

Maximização de lucro: A TOC pode ajudar a maximizar o lucro, pois foca em aumentar o throughput (a taxa na qual o sistema gera dinheiro através de vendas) enquanto minimiza os investimentos (inventário) e as despesas operacionais.

Gestão de projetos: A TOC também pode ser aplicada à gestão de projetos com a abordagem da cadeia crítica, que prioriza atividades com base em sua importância para a conclusão do projeto e gerencia recursos de acordo.

Capacidade de adaptação: Ao se concentrar nas restrições e ajustar as operações para superá-las, as empresas podem se tornar mais adaptáveis e capazes de responder rapidamente às mudanças do mercado.

Alinhamento organizacional: A TOC promove o alinhamento dos objetivos organizacionais, garantindo que todos os departamentos e funções estejam trabalhando em conjunto para superar as restrições comuns.

Comunicação e colaboração: A abordagem clara e focada da TOC pode melhorar a comunicação e a colaboração entre as equipes, já que todos compreendem e estão alinhados com o objetivo de superar a restrição identificada.

Em resumo, a teoria das Restrições oferece uma estrutura poderosa para empresas que buscam sistematicamente melhorar e desenvolver suas operações, mantendo o foco nos pontos que verdadeiramente impulsionam o desempenho em direção aos seus objetivos estratégicos.

Na TOC, uma "árvore" refere-se a uma das ferramentas cognitivas usadas para analisar e solucionar problemas dentro de uma organização. Essas ferramentas são conhecidas como "árvores de pensamento lógico" e são utilizadas para ajudar a entender a causa e o efeito dentro de sistemas complexos e para planejar soluções estratégicas.

Existem várias árvores de pensamento na TOC, cada uma com uma função específica:

Árvore de Objetivos (Goal Tree — GT): Também conhecida como Árvore de Necessidade e Suficiência, define o objetivo global do sistema e o desdobra em condições necessárias e suficientes para alcançá-lo. Ela ajuda a entender o que precisa ser feito para que o sistema alcance seu objetivo.

Árvore de Realidade Atual (Current Reality Tree — CRT): É usada para diagnosticar a situação atual da organização. Começa com os sintomas e problemas identificados e, através de uma série de "se... então..." lógicos, busca as raízes comuns dos problemas, muitas vezes levando à identificação das restrições sistêmicas.

Árvore de Conflito (Conflict Resolution Tree — CRT): Também conhecida como Diagrama de Nuvem ou Nuvem de Conflito, é uma ferramenta usada para resolver conflitos ou dilemas gerenciais, identificando e abordando suposições subjacentes que mantêm o conflito no lugar.

Árvore de Soluções Futuras (Future Reality Tree — FRT): Depois de identificar as mudanças necessárias com a CRT, a FRT é usada para ilustrar as mudanças propostas e seus efeitos esperados, mostrando como as ações planejadas levarão a melhorias desejadas.

Árvore de Pré-Requisitos (Prerequisite Tree — PRT): Usada para planejar e detalhar as ações necessárias para alcançar uma mudança desejada, identificando obstáculos e planejando ações para superá-los.

Árvore de Plano de Transição (Transition Tree — TT): Uma vez que os pré-requisitos são estabelecidos, a TT é utilizada para criar um plano detalhado de como implementar as mudanças necessárias, descrevendo passos específicos, sequência e responsabilidades.

Árvore de Ramificações Negativas (Negative Branch Reservation — NBR): Ferramenta usada para identificar e entender as potenciais consequências indesejadas que podem surgir ao implementar uma solução ou mudança. O papel da NBR é crucial para o planejamento e a tomada de decisões, pois ajuda a evitar ações que possam levar a resultados negativos ou agravar os problemas existentes.

Aqui está uma descrição mais detalhada do papel da árvore de ramificações negativas:

Antecipação de consequências indesejadas: A NBR ajuda a prever e mapear o que pode dar errado ao fazer uma mudança específica. Ao considerar os efeitos colaterais negativos, a organização pode preparar estratégias para mitigar esses riscos.

Validação das soluções: Quando uma solução é proposta, a árvore de ramificações negativas é usada para testar a solidez dessa solução. Se muitas ramificações negativas significativas são identificadas, isso pode indicar que a solução não é viável ou requer ajustes.

Melhoria contínua: A identificação de ramificações negativas permite que as soluções sejam refinadas continuamente. Ao resolver as consequências negativas antecipadamente, as soluções tornam-se mais robustas e eficazes.

Comunicação e alinhamento de equipe: Ao mapear as ramificações negativas, a organização pode assegurar que todos os membros da equipe estejam cientes dos riscos potenciais e trabalhem juntos para prevenir ou lidar com esses problemas.

Foco na prevenção: A TOC enfatiza a importância de resolver problemas antes que eles ocorram. A NBR é uma ferramenta proativa que foca na prevenção, ajudando a empresa a evitar desperdícios de tempo, recursos e esforços.

Desenvolvimento de planos de contingência: As ramificações negativas identificadas podem levar ao desenvolvimento de planos de contingência. Estes planos estão prontos para serem implementados caso os resultados negativos antecipados comecem a se concretizar.

Aumento da confiança na decisão: Quando uma organização tem uma compreensão clara dos possíveis resultados negativos e sabe como lidar com eles, a confiança nas decisões aumenta. Isso pode levar a uma implementação mais rápida e eficiente das mudanças.

Essas ferramentas de pensamento lógico são projetadas para serem usadas em conjunto. Elas ajudam a mapear a complexidade de um sistema organizacional, a identificar pontos de alavancagem e a desenvolver estratégias eficazes para alcançar metas. Ao visualizar as relações de causa e efeito, as árvores de pensamento da TOC permitem que os gestores identifiquem e resolvam problemas sistêmicos, em vez de apenas tratar sintomas.

Para a resposta mais detalhada, nós a trabalharemos em quatro passos, como segue.

ATENÇÃO: AQUI HÁ UMA NOVIDADE.

Antes, introduziremos algumas informações para que o modelo consiga ampliar seu poder de processamento, e utilizar um conjunto maior de informações como base formulação de respostas mais completas.

Passo 1

- Descreva o seguinte Prompt para ChatGPT -

Passo 1: Faça o registro as seguintes informações!

Perfil de negócio a ser analisado:

[INSIRA AQUI A DESCRIÇÃO MAIS DETALHADA DO NEGÓCIO]

Principais clientes desta empresa:

[INSIRA AQUI A DESCRIÇÃO MAIS DETALHADA DAS PERSONAS DESTE NEGÓCIO]

Favor, não responda nada, somente armazene estas informações.

Logo que inserir esse prompt, o modelo armazenará as informações para seguir com a resposta, aproveitando estas informações para construir futuras demandas, porém, precisam ser demandas contínuas, ou seja, blocos de questões seguidas, ou seja, se você for querer usar uma informação após diversas perguntas, não irá funcionar, de forma que, deverá reiniciar os blocos de armazenamento sempre que for necessário utilizar informações prévias para serem processadas.

Então, logo após a inserção do prompt Passo 1, iremos ao Passo 2.

Passo 2

- Descreva o seguinte Prompt para ChatGPT -

Passo 2:

Com base nas informações sobre produtos e serviços, clientes e perfil da empresa apresentados acima, no Passo 1, responda em detalhes cada uma das questões abaixo.

Atue como um especialista em avaliação e desenvolvimento de processos voltados a desenvolvimento do melhor produto, com foco na satisfação do cliente.

Faça uma análise detalhada de cada conjunto de respostas, considerando cada um dos tipos de produto ou serviço oferecidos pela empresa apresentados acima em relação a seus clientes, utilizando as premissas que regem a ferramenta "teoria das restrições, ou TOC".

Para tanto, considere responder a cada conjunto de itens abaixo focado na forma como cada um dos produtos ou serviços oferecidos pela empresa interage com cada um dos tipos de seus clientes:

Para cada item abaixo, apresente respostas detalhadas e completas, minimize uso de subjetividade, citando exemplos práticos e pontuais aplicados ao negócio que fortaleçam a compreensão de cada resposta.

Item 1) Identifique e enumere cada um dos tipos de produtos e serviços com os quais esta empresa trabalha, separadamente, e a quais clientes cada um desses conjuntos de produtos melhor se encaixa como solução. Explique, para cada um, como essa interação ocorre.

Item 2) Identifique e analise, para cada um dos produtos ou serviços numerados no item 1, as 5 principais restrições que cada um dos produtos promovidos por esta empresa sofre para melhor adaptar-se a seu cliente foco. Explique como isso ocorre em cada caso.

Item 3) Explore cada uma das restrições identificadas no item 2, de forma a descobrir como ocorrem e quais as melhores formas de contornar cada uma delas. Cite exemplos de práticas que favoreçam essa forma de contorno.

Item 4) Avalie os impactos negativos de cada uma das restrições elencadas no item 2, em relação a quais pontos esses produtos dificultam o cliente experimentar o que cada produto poderia proporcionar a ele de melhor.

Item 5) Avalie como cada uma das restrições elencadas no item 2 poderia ser definitivamente reparada, de forma a não serem mais considerada um problema a esta empresa. Cite, para cada sugestão, exemplos práticos aplicados ao negócio de como fazer esses ajustes.

Item 6) A partir da análise global dos itens 1, 2, 3, 4 e 5, apresente exemplos e sugestões de como aprimorar o desempenho deste negócio, direcionando-o a atingir novos patamares de atendimento e novos negócios.

Item 7) Considerando as respostas acima, construa simulações de como seriam os piores e melhores cenários para cada tipo de produto numerado no item 1, para cada tipo de mercado que esta empresa atende. Cite exemplos de pontos que poderiam ser considerados, que possam fazer com que os clientes resistam a utilizarem tais produtos.

Item 8) Para cada cenário identificado no item 7, apresente estratégias de como contornar ou superar os cenários negativos sugeridos e como aproveitar e conquistar os cenários positivos sugeridos. Quais as melhores estratégias?

Item 9) Identifique os principais requisitos de qualidade e oportunidades que favorecem a empresa a sair de sua zona de conforto atual e migrar para os melhores cenários de mercado segundo a análise feita. Cite exemplos aplicados ao negócio de como colocar em prática cada sugestão.

A seguir, imediatamente após a resposta do prompt acima, vamos completando as informações que iremos buscar...

Passo 3

- Descreva o seguinte Prompt para ChatGPT -

Passo 3:

Seguindo a mesma linha de respostas, com base nas mesmas informações sobre produtos e serviços, clientes e perfil da empresa citada acima, no Passo 1, prossiga.

Atue como especialista em avaliação e desenvolvimento de processos voltados à satisfação do cliente.

Faça uma análise detalhada de cada conjunto de respostas considerando cada um dos tipos de produtos ou serviços oferecidos pela empresa apresentados acima em relação aos clientes utilizando as premissas que regem a ferramenta "teoria das restrições, ou TOC".

Para tanto, considere responder aos itens abaixo:

Para cada um dos itens abaixo, apresente respostas detalhadas, citando exemplos práticos e pontuais que ilustrem cada resposta.

Item 10) Construa uma análise sistemática detalhada da empresa abaixo, de forma que ela possa atuar frente a cada um de seus clientes, conforme os seguintes critérios baseados nas premissas da TOC:

Item 11) Demonstre em detalhes as informações referentes à etapa Árvore de Objetivos (Goal Tree). Indique exemplos desses requisitos.

Item 12) Demonstre em detalhes as informações referentes à etapa Árvore de Realidade Atual (Current Reality Tree — CRT). Indique exemplos desses requisitos.

Item 13) Demonstre em detalhes as informações referentes à etapa Árvore de Conflito (Conflict Resolution Tree — CRT). Indique exemplos desses requisitos.

Item 14) Demonstre em detalhes as informações referentes à etapa Árvore de Soluções Futuras (Future Reality Tree — FRT). Indique exemplos desses requisitos.

Item 15) Demonstre em detalhes as informações referentes à etapa Árvore de Pré-requisitos (Prerequisite Tree — PRT). Indique exemplos práticos de como resolver cada pré-requisito.

Item 16) Demonstre em detalhes as informações referentes à etapa Árvore de Plano de Transição (Transition Tree — TT). Indique exemplos desses requisitos que ajudem o gestor a sair do ponto do item 12 em direção ao ponto do item 14.

E, por fim, vamos ao fechamento da questão com um último bloco de demandas, ao qual, deve ser sempre inserido imediatamente após a última resposta.

Passo 4

Passo 4:

Seguindo a mesma linha de respostas, com base nas mesmas informações sobre produtos e serviços, clientes e perfil da empresa citada acima, no Passo 1, prossiga.

Atue como especialista em avaliação e desenvolvimento de processos voltados à satisfação do cliente.

Para responder as questões abaixo, considere fazer uma análise detalhada de cada conjunto de respostas anteriores, considerando cada um dos tipos de produtos ou serviços oferecidos pela empresa, em relação aos clientes apresentados no Passo 1 utilizando as premissas que regem a ferramenta "teoria das restrições, ou TOC".

Para cada um dos itens abaixo, apresente respostas detalhadas, citando exemplos práticos e pontuais que ilustrem cada resposta.

Item 17) Demonstre em detalhes as informações referentes à etapa Árvore de Ramificações Negativas (Negative Branch Reservation — NBR). Indique pelo menos 5 exemplos desses requisitos para tipo de produto ou serviço, numerando-os.

Item 18) Demonstre em detalhes as informações referentes à etapa Antecipação de Consequências Indesejadas de cada um dos elementos numerados identificados no item 17.

Item 19) Demonstre em detalhes as informações referentes à etapa Validação das Soluções de cada um dos elementos numerados identificados no item 17.

Item 20) Demonstre em detalhes as informações referentes à etapa Melhoria Contínua de cada um dos elementos numerados identificados no item 17.

Item 21) Demonstre em detalhes as informações referentes à etapa Comunicação e Alinhamento de Equipe de cada um dos elementos numerados identificados no item 17.

Item 22) Demonstre em detalhes as informações referentes à etapa Foco na Prevenção de cada um dos elementos numerados identificados no item 17.

Item 23) Demonstre em detalhes as informações referentes à etapa Desenvolvimento de Planos de Contingência de cada um dos elementos numerados identificados no item 17.

Item 24) Demonstre em detalhes as informações referentes à etapa Aumento da Confiança na Decisão de cada um dos elementos numerados identificados no item 17.

4.29. PROSPECÇÃO DE CLIENTES E PLANO ESTRATÉGICO DE VENDAS

A prospecção de clientes é o processo de identificar e iniciar o contato com potenciais clientes para o seu negócio. Este é um passo crucial para expandir a base de clientes e aumentar as receitas. Aqui estão os principais elementos da prospecção de clientes:

- **Definição do público-alvo:** Antes de começar a prospectar, é importante definir quem é o seu cliente ideal. Isso é feito através da análise de características demográficas, psicográficas, comportamentais e outras informações relevantes que ajudam a entender quem pode se beneficiar mais com seu produto ou serviço.

- **Pesquisa de mercado:** Compreender o mercado, os concorrentes e as tendências ajuda a refinar as técnicas de prospecção e a mensagem de vendas para que ressoe melhor com o público-alvo.

- **Estratégias de prospecção:** Existem diversas estratégias de prospecção, incluindo cold calling (ligações frias), e-mail marketing, redes sociais, eventos de networking, e parcerias. A escolha depende do público-alvo e do tipo de produto ou serviço oferecido.

- **Ferramentas de CRM:** Utilizar uma ferramenta de CRM (Customer Relationship Management) pode ajudar a organizar e automatizar o processo de prospecção, além de acompanhar o progresso com cada lead.

- **Treinamento de vendas:** A equipe de vendas deve ser bem treinada para comunicar o valor do produto ou serviço de forma clara e eficaz.

- **Feedback e ajustes:** Acompanhar o feedback dos potenciais clientes e ajustar as técnicas de prospecção e as mensagens de vendas são essenciais para melhorar a eficácia da prospecção.

Plano estratégico de vendas

O plano estratégico de vendas é um documento que delineia a abordagem que uma empresa seguirá para vender seus produtos ou serviços. Ele inclui:

- **Objetivos de vendas:** Estabelecer metas claras e quantificáveis para a equipe de vendas, como receita, número de novos clientes ou taxa de retenção de clientes.

- **Estratégias de vendas:** Definir as abordagens para alcançar os objetivos de vendas. Isso pode incluir a expansão em novos mercados, lançamento de novos produtos, ou aprimoramento dos existentes.

- **Segmentação de mercado:** Identificar segmentos específicos do mercado para direcionar esforços de vendas mais eficazes.

- **Canais de distribuição:** Escolher os canais de vendas mais efetivos, seja venda direta, e-commerce, distribuidores, etc.

- **Plano de ação:** Criar um cronograma de ações e atividades de vendas, como campanhas promocionais, treinamentos, participação em eventos, e mais.

- **Orçamento:** Definir o orçamento para a execução do plano de vendas, incluindo recursos para marketing e promoções.

- **KPIs e métricas de desempenho:** Estabelecer indicadores-chave de desempenho para medir o sucesso das estratégias de vendas e realizar ajustes quando necessário.

- **Análise competitiva:** Entender o que os concorrentes estão fazendo e como isso pode afetar sua estratégia de vendas.

- **Treinamento e desenvolvimento:** Garantir que a equipe de vendas tenha as habilidades necessárias para implementar a estratégia com eficácia.

- **Monitoramento e avaliação:** Revisar regularmente o progresso em relação aos objetivos de vendas e ajustar o plano conforme necessário.

Ao combinar uma prospecção eficaz com um plano estratégico de vendas sólido, as empresas podem aumentar suas chances de sucesso no mercado altamente competitivo de hoje.

Assim como exercício anterior, iremos precisar separar a questão em dois blocos e, ainda, dar atenção a mais um detalhe.

A versão do ChatGPT do Bing, apesar de ser a 4.0, somente responde uma questão em no máximo 4 blocos de respostas, e esta questão, por sua complexidade irá exigir uma resposta em mais de quatro blocos.

Diante disso, temos duas opções: ou utilizamos a versão gratuita, 3.5, ou a versão paga, 4.0 — a escolha é sua. Mas imagino que, a essa altura, você já tenha descoberto todo o potencial da ferramenta e consiga avaliar o nível de investimento que você precisaria fazer, em relação ao poder que esta ferramenta poderia trazer à sua vida e negócios.

Vamos lá!

Passo 1

Passo 1

Faça o registro as seguintes informações!

Perfil de negócio a ser analisado:

[INSIRA AQUI A DESCRIÇÃO MAIS DETALHADA DO NEGÓCIO]

Principais clientes desta empresa:

[INSIRA AQUI A DESCRIÇÃO MAIS DETALHADA DAS PERSONAS DESTE NEGÓCIO]

Favor, não responda nada, somente armazene as informações.

Passo 2

Passo 2:

Você é um consultor em vendas, treinado pelas maiores referências do campo, expert em construção de abordagem a clientes e especialista em desenvolvimento de planos estratégicos de vendas.

Importante:

- Responda cada conjunto de questões individualmente, de maneira personalizada a cada um dos tipos de cliente numerados no item A

- Use como base a empresa descrita no passo 1:

- Cada resposta abaixo deve vir acompanhada de sugestões práticas reais, descritas em detalhes e apresentada de forma a facilitar seu uso e aplicação de cada sugestão.

Item A) Clientes: Identifique e descreva quais são os principais clientes, logo, apresente, individualmente, que poderiam ser nichos de clientes novos que ainda não são atendidos pela empresa e siga os numerando. Por fim, identifique individualmente quais são as principais tendências para os próximos 10 anos e siga numerando.

Item B) Produtos: Identifique e descreva os principais produtos e serviços que esta empresa oferece, enumere cada um deles, logo, identifique individualmente, os principais conjuntos de produtos e serviços que esta empresa deverá construir e especializar-se seguindo a tendência de mercado para os próximos 10 anos, e siga numerando.

Item C) Locais de prospecção: Para cada cliente numerado no item A, responda individualmente. Apresente um conjunto completo de 5 sugestões de locais para realizar a melhor prospecção presencial a cada cliente. Cite exemplos aplicados ao negócio e demonstre a melhor forma de desenvolver cada ação.

Item D) Formas de prospecção: Para cada cliente numerado no item A, responda individualmente. Apresente um conjunto completo de 5 sugestões de locais para realizar a melhor prospecção online de cada cliente. Cite exemplos aplicados ao negócio e demonstre a melhor forma de desenvolver cada ação.

Item E) Abordagens: Para cada cliente numerado no item A, responda individualmente. Apresente um conjunto completo de 5 tipos de abordagens diferentes, numerando-as. As abordagens precisam apresentar e vender cada um dos produtos identificados no item B individualmente. Cada abordagem deve ser única, personalizada, persuasiva e assertiva, focada em resolver as principais dores do tipo específico de cliente. Crie em detalhes cada exemplo.

Item F) Plano: Para cada abordagem numerada apresentada no item E, responda individualmente. Sugira a construção de cada etapa de um plano estratégico de vendas, detalhado, conforme cada solução. Construa e descreva sugestões passo a passo sobre a melhor forma de desenvolver cada exemplo.

Item G) Persuasão: Para cada cliente numerado no item A, responda individualmente. Quais os conjuntos de 5 melhores técnicas de persuasão que mais os impactam positivamente? Descreva exemplos da melhor forma de como desenvolver cada sugestão.

Item H) Vieses cognitivos: Para cada cliente numerado no item A, responda individualmente. Quais os conjuntos de 5 vieses cognitivos que melhor podem ser utilizados de forma a chamar a atenção de cada tipo de cliente? Construa exemplos e sugestões desta construção.

Item I) Pós e contras: Para cada cliente numerado no item A, responda individualmente. Explique 5 prós e, logo, explique 5 contra de pontos que podem aproximar o cliente da nossa empresa ou afastá-lo. Por fim, cite exemplos práticos aplicados ao negócio da melhor forma de desenvolver práticas que contribuam para contornar cada um dos pontos contra apresentados de cada cliente.

Item J) Abordagem por canais — e-mail, WhatsApp, Instagram e LinkedIn: Para cada cliente numerado no item A, responda individualmente. Crie um conjunto de 5 exemplos de abordagens, que possam ser utilizados por cada um dos canais específicos, sendo eles, e-mail, WhatsApp, Instagram e LinkedIn. Cada abordagem deve ser irrecusável aos olhos de cada tipo de cliente e ter a função de vender cada um dos produtos numerados no Item B. Crie cada abordagem em detalhes.

4.30. ALIANÇAS ESTRATÉGICAS E PARCERIAS ESTRATÉGICAS

Alianças estratégicas e parcerias estratégicas são acordos entre empresas que buscam atingir objetivos comuns por meio da colaboração. No âmbito do desenvolvimento estratégico de negócios, essas colaborações podem ser fundamentais para alcançar crescimento, inovação e vantagem competitiva.

Aqui estão os aspectos-chave dessas estratégias colaborativas:

Alianças estratégicas

Alianças estratégicas são acordos formais entre duas ou mais empresas de ramos similares para perseguir uma série de objetivos de negócios em comum, mas mantendo suas independências.

Objetivos comuns incluem desenvolvimento de novos produtos, expansão para novos mercados, compartilhamento de recursos e conhecimentos especializados, e economias de escala.

Tipos de alianças:

- **Joint ventures:** Criação de uma nova entidade empresarial por duas ou mais partes, que compartilham propriedade, riscos e recompensas.
- **Parcerias de pesquisa e desenvolvimento (P&D):** Colaboração para inovar e desenvolver novas tecnologias ou produtos.
- **Acordos de marketing ou distribuição:** Compartilhamento de canais de marketing e distribuição para ampliar o alcance de mercado.

Gestão e implementação:

- Requerem a gestão de relações entre as partes, alinhamento de objetivos e a integração de operações e processos.
- Implica negociações detalhadas e a criação de contratos que definem responsabilidades, contribuições e partilha de lucros.

Desafios:

- Divergências culturais e de gestão entre as empresas parceiras podem levar a conflitos.
- A partilha de informações sensíveis demanda confiança mútua e medidas de proteção de propriedade intelectual.

Parcerias estratégicas

Parcerias estratégicas são relações colaborativas entre empresas de ramos diferentes, são menos formais que as alianças estratégicas e podem não envolver acordos de partilha de lucros ou criação de uma nova entidade.

Visam a cooperação em áreas específicas, como inovação técnica, ampliação de base de clientes, ou melhoria de cadeias de suprimentos.

Benefícios:

- Acesso a novos mercados e clientes.
- Compartilhamento de recursos e conhecimento técnico.
- Redução de custos e riscos ao entrar em novos empreendimentos.

Gestão e implementação:

- Exigem comunicação clara e contínua, e o estabelecimento de metas e expectativas compartilhadas.
- Pode demandar a adaptação de produtos ou serviços para atender às necessidades do parceiro.

Desafios:

- Manter cada entidade focada nos objetivos conjuntos, evitando distrações com metas individuais.
- Gerenciar a partilha de informações e manter a integridade competitiva sem comprometer a propriedade intelectual.

Ambiente de desenvolvimento estratégico de negócios

Ambiente dinâmico: O cenário empresarial atual é caracterizado pela rápida mudança e pela incerteza. Alianças e parcerias estratégicas podem ajudar as empresas a se adaptarem mais rapidamente.

Inovação colaborativa: A colaboração pode acelerar a inovação, combinando diferentes forças e especializações de cada parceiro.

Acesso a recursos: Parcerias frequentemente permitem às empresas acessar recursos e competências que seriam caros ou difíceis de desenvolver internamente.

Sustentabilidade e responsabilidade social corporativa (RSC): Alianças estratégicas podem promover práticas de negócios sustentáveis e socialmente responsáveis através da partilha de melhores práticas.

Em um ambiente de desenvolvimento estratégico de negócios, alianças e parcerias estratégicas servem como ferramentas vitais para as empresas que buscam crescer e competir eficazmente. Quando bem gerenciadas, essas colaborações podem resultar em ganhos significativos para todas as partes envolvidas.

- Descreva o seguinte Prompt para ChatGPT -

Você é um CEO, altamente intuitivo em relação a construir modelos de alianças estratégicas e parcerias de mercados de forma a alavancar os negócios e a performance da empresa, aproveitando-se das possibilidades e do conjunto de inteligências que o desenvolvimento desta estratégia pode trazer ao negócio.

Com base nos perfis abaixo, responda:

- Análise de empresas aliadas -

A. Quais os 10 melhores ramos de negócios que promoveriam uma melhor performance estratégica de aliança para esta empresa? Enumere-os e explique por que seriam ótimos aliados estratégicos.

B. Para cada ramos de negócio sugerido numerado no item A, sugira quais seriam as 5 melhores maneiras de construir uma união de forma que todos ganhem.

C. Para cada ramo de negócio sugerido numerado no item A, quais os 5 principais ganhos envolvidos para cada um dos ramos aliados, apresentados no item A?

D. Quais os 5 principais ganhos que envolvem a empresa descrita abaixo, ao se aproximar de cada um dos ramos numerados no item A?

E. Quais seriam os 10 maiores diferenciais competitivos que a empresa descrita abaixo teria em relação aos concorrentes caso promovesse uma aliança com o conjunto de ramos apresentados no item A?

- Análise de empresas parceiras -

F. Quais os 10 melhores ramos de negócios promoveriam uma melhor performance estratégica de parceria para esta empresa. Enumere-os e explique por que seriam ótimos parceiros estratégicos.

G. Para cada ramos de negócio sugerido numerado no item F, sugira quais seriam as melhores 5 maneiras de construir uma união de forma que todos ganhem.

H. Para cada ramos de negócio sugerido numerado no item F, quais os 5 principais ganhos envolvidos para cada um dos parceiros apresentados?

I. Quais os 5 principais ganhos da empresa descrita abaixo ao se aproximar de cada um dos ramos numerados no item F?

J. Quais seriam os 10 maiores diferenciais competitivos que a empresa descrita abaixo teria em relação a seus concorrentes caso promovesse parceria com o conjunto de ramos apresentados no item F?

Para a formulação da resposta, entende-se:

Aliança estratégica: Empresas com características de ramo similar de negócios.

Parceria estratégica: Empresas com características de ramo de negócios diferentes.

Perfil de negócio a ser analisado:

[INSIRA AQUI A DESCRIÇÃO MAIS DETALHADA DO NEGÓCIO]

4.31. VISÃO DAS 10 MAIS INFLUENTES PERSONALIDADES DO MUNDO DOS NEGÓCIOS

- **Jeff Bezos:** Fundador da Amazon, Bezos é conhecido por sua visão inovadora e foco obsessivo no cliente.

- **Sheryl Sandberg:** Como COO do Facebook, Sandberg tem sido fundamental na capitalização da empresa, mantendo os usuários satisfeitos.

- **Elon Musk** CEO da Tesla Motors e da SpaceX, Musk é conhecido por sua abordagem irreverente e inovadora para a gestão de negócios.

- **Michael Porter:** Professor da Harvard Business School, Porter é famoso por sua estratégia corporativa chamada Five Forces Framework.

- **Barbara Corcoran:** Empreendedora e personalidade da televisão, Corcoran é conhecida por sua participação no programa "Shark Tank" e por suas contribuições valiosas para o campo da gestão de negócios.

- **Mark Cuban:** Empreendedor e proprietário do Dallas Mavericks, Cuban também é conhecido por sua participação no programa *Shark Tank* e por suas ideias inovadoras em gestão de negócios.

- **Lori Greiner:** Inventora, empreendedora e personalidade da televisão, Greiner é conhecida como a "Rainha do QVC" e por sua participação no programa *Shark Tank*.

- **Robert Herjavec:** Empreendedor e personalidade da televisão, Herjavec é conhecido por sua participação no *Shark Tank* e por suas contribuições para o campo da cibersegurança.

- **Daymond John:** Fundador da FUBU e personalidade da televisão, John é conhecido por sua participação no *Shark Tank* e por suas contribuições para o campo da moda.

- **Keven O'Leary:** Empreendedor e personalidade da televisão, O'Leary é conhecido por sua participação no *Shark Tank* e por suas contribuições para o campo da educação financeira.

Atue como cada um dos especialistas abaixo e faça uma análise profunda do negócio abaixo, levando em conta a visão das seguintes personalidades, suas principais expertises e forma como conduziriam este negócio, caso fosse deles:

Responda em detalhes cada um dos itens a seguir, conforme a visão e a forma como atua profissionalmente cada uma das personalidades.

- Apresente a personalidade e, logo, responda cada uma das perguntas abaixo, conforme a sua letra correspondente.

- Todas as questões, sem exceção, devem ser respondidas em sequência por cada personalidade.

- Importante: faça cada resposta parecer personalizada e profundamente focada na vivência e experiência de cada uma das personalidades.

A. Qual a sua principal especialidade? Quais seus principais estudos ou livros? A partir dessas perspectivas, avalie como esta empresa vem desempenhando o seu papel ou como deveria atuar.

B. Quais seriam as principais ideias que esta empresa poderia desenvolver para construir novas possibilidades de renda?

C. Quais seriam os 5 principais diferencias competitivos desta empresa frente aos seus diferentes mercados?

D. Como se comporta cada cliente desta empresa? Quais suas principais necessidades e o que temos que os faz procurar as soluções promovidas por este negócio?

E. Quais poderiam ser as 5 principais abordagens desta empresa para que ela possa atrair mais cada tipo de clientes.

F. Quais as tendências futuras para este negócio? Como deverá ser o mercado nos próximos 10 anos?

G. Na visão de cada personalidade, quais outros mercados ainda não atendidos pela empresa seriam boas oportunidades?

H. Quais as 5 principais dicas trariam, que pudessem ser aplicadas imediatamente para impulsionar as vendas?

I. Quais as principais dicas e sugestões que cada personagem poderia trazer para que esta empresa se destacasse em seu mercado?

J. Quais conselhos estes personagens dariam ao CEO desta empresa?

K. Na visão de cada personalidade, quais outros tipos de investimentos poderiam ser alvo de atenção deste CEO, de forma que ele possa construir mais possibilidades de renda e diversificação de oportunidades?

Personalidades:

1. Jeff Bezos
2. Sheryl Sandberg
3. Elon Musk
4. Michael Porter
5. Barbara Corcoran
6. Mark Cuban
7. Lori Greiner
8. Robert Herjavec
9. Daymond John
10. Keven O'Leary

Perfil de negócio a ser analisado:

[INSIRA AQUI A DESCRIÇÃO MAIS DETALHADA DO NEGÓCIO]

4.32. 12 ELEMENTOS CATALISADORES DE EQUIPES DE ALTA PERFORMANCE

Equipes de alta performance são grupos de indivíduos que têm um nível excepcional de sinergia, colaboração e eficiência, resultando em desempenho superior na realização de suas tarefas e objetivos. Estas equipes são caracterizadas por várias qualidades distintas que as diferenciam de equipes convencionais ou médias.

São características de equipes de alta performance:

Objetivos claros: Elas têm metas bem definidas e compartilhadas que são desafiadoras, mas alcançáveis, e todos os membros estão comprometidos em alcançá-las.

Comunicação eficaz: A comunicação é aberta, honesta e respeitosa, com membros se sentindo à vontade para expressar ideias e preocupações.

Alto nível de coesão: Há um forte senso de pertencimento e lealdade entre os membros da equipe, o que contribui para um ambiente de trabalho de apoio mútuo.

Responsabilidade compartilhada: Cada membro assume responsabilidade pessoal pelo desempenho da equipe, e a responsabilidade é compartilhada igualmente.

Complementaridade de habilidades: Os membros da equipe possuem um conjunto diversificado de habilidades e pontos fortes que se complementam.

Foco na solução de problemas: Equipes de alta performance estão orientadas para a resolução de problemas e tomam decisões baseadas em dados e análises.

Comprometimento com a aprendizagem contínua: Elas são proativas em buscar desenvolvimento e aperfeiçoamento contínuos, tanto individual quanto coletivamente.

Flexibilidade e adaptabilidade: Elas são capazes de se adaptar a mudanças no ambiente externo e ajustar estratégias conforme necessário.

Liderança efetiva: A liderança é dinâmica e pode ser compartilhada entre os membros, com um líder que apoia, motiva e direciona a equipe conforme necessário.

Resultados excepcionais: Elas consistentemente atingem e frequentemente superam as metas de desempenho e padrões de qualidade.

Diferenças em Relação a Equipes Convencionais

Desempenho vs. Conformidade: Enquanto equipes convencionais podem se concentrar em cumprir suas funções, equipes de alta performance buscam superar expectativas e impulsionar inovações.

Proatividade vs. Reatividade: Equipes de alta performance são proativas na antecipação de desafios e oportunidades, enquanto equipes convencionais podem ser mais reativas e menos preparadas para mudanças.

Colaboração vs. Competição Interna: Equipes de alta performance colaboram eficazmente e apoiam o sucesso um do outro, ao contrário de algumas equipes convencionais onde pode haver competição interna.

Compromisso com Metas vs. Foco na Tarefa: Membros de equipes de alta performance estão comprometidos com a visão e metas gerais da equipe, enquanto membros de equipes convencionais podem estar mais focados apenas em suas tarefas individuais.

Cultura de Feedback vs. Falta de Comunicação: Em equipes de alta performance, o feedback é constante e construtivo, contribuindo para o crescimento pessoal e coletivo. Em equipes convencionais, a comunicação pode ser limitada e não tão efetiva.

Equipes de alta performance são, portanto, mais do que a soma de suas partes. Elas criam um ambiente onde a excelência é a norma, e cada membro é incentivado e capacitado a contribuir plenamente para os objetivos do grupo.

Os 12 elementos que estudaremos são:

1º Elemento — Criatividade e Inovação: É entendido como chave para ideias e soluções especiais e que proporcionem à organização posições únicas.

2º Elemento — Comunicação: Uma comunicação eficaz é critério imprescindível para manter o fluxo de informação alinhado a todos os membros, tornando as equipes mais ágeis e eficientes.

3º Elemento — Alinhamento e Consciência: Este elemento, dois em um, permite que a equipe, através de um alinhamento de ideias, mantenha-se mais consciente sobre suas atitudes.

4º Elemento — Confiança e Solidariedade: Este elemento, também dois em um, garante à equipe mais integração e desenvolve nas pessoas um sentimento de altruísmo, ajudando e sendo ajudadas nos desafios do dia a dia.

5º Elemento — Maturidade: A maturidade é elemento de extrema relevância quando falamos em equipes autogerenciadas, bases de uma cultura de alto desempenho.

6º Elemento — Visão Estratégica: Este elemento, quando bem desenvolvido, faz com que todas as atividades nas quais a equipe esteja envolvida sejam atividades estratégicas, que proporcionem à organização fatores de sustentabilidade e crescimento contínuo.

7º Elemento — Proatividade e Sinergia: Estes dois itens complementam-se quando existe na equipe o sentimento de união, principalmente no aparecimento ou na aproximação de uma ameaça, quando a equipe prontamente se une a fim de criar possibilidades de combatê-la.

8º Elemento — Clima Organizacional: Toda a implementação de uma nova ordem necessita, impreterivelmente, de um clima propício, ou seja, de certa adequação de variáveis que, bem dispostas, facilitem o processo de mudança, como colaboradores satisfeitos com a empresa.

9º Elemento — Disciplina e Resiliência: Estes dois itens, quando trabalhados em conjunto, propiciam à equipe fortes condições psicológicas para enfrentar desafios sem desanimar, mesmo quando parece que o desafio é maior que as condições dispostas pela equipe.

10° Elemento — Motivação e Diferenciação: Sem dúvida, os itens que compõem este elemento devem ser explorados de maneira responsável e consciente pelos líderes, pois criam ambientes mais competitivos, assim como proporcionam a busca do resultado de maneira mais eficiente e criativa.

11° Elemento — Negociação e Gerenciamento de conflitos: Conseguir harmonizar a competitividade e a busca incessante por resultados com as condições e expectativas de equipe, os valores e necessidades da organização com os valores e necessidades dos membros da equipe, exige do líder uma forte condição de trabalhar com este elemento.

12° Elemento — Liderança para o Desempenho: Este elemento trabalha a questão da liderança como componente especial que oportunize o desenvolvimento da equipe, assim como sua capacidade de alavancar ideias e torná-las realidade, aplicáveis, de maneira a proporcionar à empresa uma posição de destaque competitivo.

Para a melhor análise dos 12 elementos pelo ChatGPT do Bing, iremos proceder com esta resposta em 4 blocos distintos, sendo eles, o seguinte desenho de prompt.

Antes de prosseguir, é importante encontrar uma personalidade de referência que melhor converse com o objetivo de sua análise, no caso do exemplo abaixo, escolhi Patrick Lencioni como agente de linha de raciocínio.

Patrick Lencioni: Conhecido por seu livro "The Five Dysfunctions of a Team", Lencioni oferece um modelo claro para compreender e superar os desafios comuns enfrentados pelas equipes. Seu trabalho é fundamental para organizações que buscam construir equipes coesas e eficazes.

Passo 1: armazenando as informações do negócio.

- Descreva o seguinte Prompt para ChatGPT -

Passo 1:

Perfil de negócio a ser analisado:

[INSIRA AQUI A DESCRIÇÃO MAIS DETALHADA DO NEGÓCIO]

Favor não responda, armazene esta informação.

Logo a partir deste prompt, já insira o Passo 2!

Passo 2: Vamos conhecer o perfil de pensamento da personalidade a qual queremos ter a resposta.

- Descreva o seguinte Prompt para ChatGPT -

Passo 2:

Atue como o especialista abaixo e faça uma análise profunda do negócio apresentado no Passo 1, levando em conta a visão, histórico, biografia e experiência deste especialista, suas principais expertises e a forma como gerencia o papel das pessoas e suas influências conforme características do negócio descrito, caso ele, pessoalmente, fosse o gestor de RH desta empresa:

Responda em detalhes cada um dos itens abaixo, conforme a visão e a forma como atua profissionalmente este especialista.

- Apresente o especialista e, logo, responda cada uma das perguntas abaixo, conforme a letra correspondente.

- Todas as questões, sem exceção, devem ser respondidas em sequência pelo especialista.

- Importante: Faça cada resposta parecer personalizada e profundamente focada na vivência e experiência do especialista em destaque.

Especialista:

1. Patrick Lencioni

Questões:

A. Qual a sua principal especialidade? Quais seus principais estudos ou livros no campo da gestão de pessoas e equipes? A partir dessas perspectivas, avalie como esta empresa vem desempenhando o seu papel ou dicas de como deveria atuar.

B. O que são equipes de alta performance? Qual a diferença entre equipes de alta performance e equipes convencionais? Quais as principais características de cada uma delas na sua visão?

C. Como convencer a equipe a fazer mais e melhor o que ela precisa fazer? Quais as melhores técnicas de persuasão?

D. Quais os 10 principais critérios que todo gestor de pessoas deveria gerir para garantir a melhor performance da equipe?

E. Por fim, faça um pequeno resumo desta análise e de todos os elementos envolvidos na resposta e descreva como esta empresa se comporta ou deveria se comportar para chegar a um status de alta performance de trabalho e produtividade.

F. Quais inteligências e competências este gestor de pessoas deveria ter para que consiga desenvolver a melhor gestão deste negócio?

G. Quais competências este especialista recomenda desenvolver nesta equipe?

Logo após a resposta, vamos fazer a análise dos 12 elementos segundo o personagem acima. Porém precisamos reiniciar o processo de armazenamento das informações do negócio. Sendo assim, proceda da seguinte forma...

IMPORTANTE:

Execute o prompt Passo 1 novamente, exatamente conforme a instrução acima. Logo em seguida, passamos direto ao prompt de Passo 3.

Passo 3: vamos analisar, aos olhos do especialista escolhido, o primeiro bloco de elementos, de 1 a 6.

- Descreva o seguinte Prompt para ChatGPT -

Passo 3:

Atue como o especialista abaixo e faça uma análise profunda do negócio apresentado no Passo 1, levando em conta a visão, histórico, biografia e experiência deste especialista, suas principais expertises e a forma como gerencia o papel das pessoas e suas influências conforme características do negócio descrito, caso ele, pessoalmente, fosse o gestor de RH desta empresa:

Responda em detalhes cada um dos itens abaixo, conforme a visão e a forma como atua profissionalmente o especialista abaixo.

- Apresente a personalidade e, logo, responda cada uma das perguntas abaixo, conforme a sua letra correspondente.

- Todas as questões, sem exceção, devem ser respondidas em sequência pela personalidade.

- Importante: Faça cada resposta parecer personalizada e profundamente focada na vivência e experiência do especialista em destaque.

Especialista:

1. Patrick Lencioni

Para cada item abaixo, responda o bloco completo de questões a seguir:

Itens:

H. 1º Elemento: Criatividade e Inovação.

I. 2º Elemento: Comunicação.

J. 3º Elemento: Alinhamento e Consciência.

K. 4º Elemento: Confiança e Solidariedade.

L. 5º Elemento: Maturidade.

M. 6º Elemento: Visão Estratégica.

- Logo a seguir, para cada um dos 6 elementos acima relacionados pelas letras F, G, H, I, J e K, responda todas as letras sem exceção. As seguintes questões são respondidas individualmente e de forma personalizada, adaptando as linhas de estudo e expertise do especialista a cada situação e demanda específica.

- Cite o número e o elemento correspondente antes de cada resposta.

- Numere todas as respostas e responda todas as questões abaixo, sem exceção: I, II, III, IV e V.

Bloco de questões:

I. Como você define este elemento?

II. Qual a importância deste elemento no desenvolvimento de equipes e quais impactos este elemento traz a esta empresa em uma visão sistêmica?

III. Como aprimorar a construção e o desenvolvimento deste elemento na empresa descrita abaixo?

IV. Cite 5 práticas de fácil implementação que poderiam contribuir para o desenvolvimento deste elemento nesta empresa.

V. Indique 3 formas de medir a atuação deste elemento na empresa.

Após a resposta, vamos finalizar a análise dos 12 elementos, perguntando ao nosso personagem como ele avalia os últimos 6 elementos faltantes.

Siga os passos.

Passo 4: Vamos analisar, aos olhos do especialista escolhida, o segundo bloco de elementos, de 7 a 12.

- Descreva o seguinte Prompt para ChatGPT -

Passo 4:

Atue como o especialista abaixo e faça uma análise profunda do negócio apresentado no Passo 1, levando em conta a visão, histórico, biografia e experiência deste especialista, suas principais expertises e a forma como gerencia o papel das pessoas e suas influências conforme características do negócio descrito, caso ele, pessoalmente, fosse o gestor de RH desta empresa:

Responda em detalhes cada um dos itens abaixo, conforme a visão e a forma como atua profissionalmente este especialista abaixo.

* Apresente o especialista e, logo, responda cada uma das perguntas abaixo, conforme a sua letra correspondente:

* Todas as questões, sem exceção, devem ser respondidas em sequência pela personalidade.

* Importante: Faça cada resposta parecer personalizada e profundamente focada na vivência e experiência do especialista em destaque.

Especialista:

1. Patrick Lencioni

Para cada item abaixo, responda o bloco completo de questões a seguir:

Itens:

N. 7º Elemento: Proatividade e Sinergia.

O. 8º Elemento: Clima Organizacional.

P. 9º Elemento: Disciplina e Resiliência.

Q. 10º Elemento: Motivação e Diferenciação.

R. 11º Elemento: Negociação e Gerenciamento de conflitos.

S. 12° Elemento: Liderança para o Desempenho.

Logo a seguir, para cada um dos 6 elementos acima relacionados pelas letras L, M, N, O, P e Q, responda todas as letras sem exceção. As seguintes questões são respondidas individualmente e de forma personalizada, adaptando as linhas de estudo e expertise do especialista a cada situação e demanda específica.

- Cite o número e o elemento correspondente antes de cada resposta.

- Numere todas as respostas e responda todas as questões abaixo sem exceção: I, II, III, IV e V.

Bloco de questões:

I. Como você define este elemento?

II. Qual a importância deste elemento no desenvolvimento de equipes e quais impactos este elemento traz a esta empresa em uma visão sistêmica?

III. Como aprimorar a construção e desenvolvimento deste elemento na empresa descrita abaixo?

IV. Cite 5 práticas de fácil implementação que poderiam contribuir para o desenvolvimento deste elemento nesta empresa.

V. Indique 3 formas de medir a atuação deste elemento na empresa.

4.33. GESTÃO DE CAPITAL INTELECTUAL

O capital intelectual é um termo usado para descrever o valor intangível de uma organização, que inclui os recursos que não estão listados diretamente no balanço patrimonial, mas que são cruciais para a sua performance econômica e inovação. É composto de conhecimento, competências, experiências, propriedade intelectual e relações que uma empresa e seus trabalhadores possuem e que podem ser usados para criar riqueza.

Como já mencionado, ele se divide em três componentes principais:

Capital humano, Capital estrutural e Capital relacional.

Importância do Capital Intelectual

Vantagem competitiva: Em uma economia cada vez mais baseada no conhecimento, as empresas que efetivamente gerem e utilizem seu capital intelectual são capazes de criar vantagens competitivas sustentáveis, como inovação, agilidade e capacidade de resposta rápida às mudanças do mercado.

Valorização da empresa: A gestão do capital intelectual ajuda a maximizar o valor da empresa. Investidores e stakeholders, cada vez mais, reconhecem o valor dos ativos intangíveis e a capacidade de uma empresa em gerar lucros futuros com base nesses recursos.

Desempenho e produtividade: O capital humano, com seu conhecimento e habilidades, é diretamente responsável pela execução das operações diárias e inovações. Uma gestão eficaz do capital humano pode levar a melhorias significativas no desempenho e na produtividade.

Cultura organizacional: O capital intelectual influencia e é influenciado pela cultura organizacional. Uma cultura que apoia a aprendizagem e a partilha de conhecimento pode melhorar a eficiência e a eficácia organizacional.

Desenvolvimento e retenção de talentos: A gestão focada no capital intelectual pode ajudar as empresas a atrair e reter talentos, oferecendo um ambiente de trabalho estimulante e oportunidades para o desenvolvimento pessoal e profissional.

Inovação contínua: O capital de inovação, uma dimensão do capital intelectual, é fundamental para o desenvolvimento contínuo de produtos e serviços, permitindo que a empresa se adapte e prospere em um ambiente de negócios em constante mudança.

Relacionamentos estratégicos: O capital relacional ajuda a construir e manter relações valiosas com clientes, fornecedores e parceiros, o que é essencial para o sucesso dos negócios a longo prazo.

4.33.1. GESTÃO DO CAPITAL INTELECTUAL

Gerir o capital intelectual exige identificar, medir, gerenciar e investir nos recursos intangíveis da organização. Isso pode incluir:

- Avaliação e mapeamento das habilidades e conhecimentos críticos.

- Desenvolvimento de políticas e práticas para a partilha e transferência de conhecimento.

- Proteção da propriedade intelectual através de patentes, marcas registradas e direitos autorais.

- Investimento em sistemas de informação e tecnologia que apoiam a gestão do conhecimento.
- Fomento de uma cultura organizacional que valoriza o aprendizado contínuo e a inovação.
- Fortalecimento das relações com clientes e parceiros estratégicos.

Portanto, a adoção e a gestão eficaz do capital intelectual são fundamentais para que as organizações possam navegar com sucesso na complexidade do ambiente de negócios moderno, maximizando seu potencial de crescimento e inovação.

O capital intelectual é frequentemente dividido em três categorias principais:

4.33.2. CAPITAL HUMANO

Refere-se ao conhecimento, habilidades, experiências e competências que os empregados de uma empresa possuem e contribuem para a organização. O capital humano é a força de trabalho; é o que os funcionários trazem consigo para o local de trabalho em termos de atributos valiosos. É considerado o ativo mais valioso de uma organização e não pode ser possuído pela empresa. O desenvolvimento do capital humano é alcançado por meio de educação, treinamento e experiências de trabalho.

4.33.3. CAPITAL ESTRUTURAL (OU ORGANIZACIONAL)

É o conhecimento que fica na empresa no final do dia. Inclui processos, políticas, sistemas de informação corporativa, patentes, marcas registradas, manuais, estruturas, bancos de dados e a propriedade intelectual de uma empresa. O capital estrutural suporta o capital humano da empresa, permitindo que seus funcionários façam o melhor trabalho possível e sejam tão produtivos quanto possível. Ele pode ser transferido e compartilhado internamente e é de propriedade da organização.

4.33.4. CAPITAL RELACIONAL (OU DE RELACIONAMENTO):

Este termo refere-se às relações e redes de relações que uma organização possui com clientes, fornecedores, parceiros, e até mesmo com concorrentes. Inclui a marca da empresa, as relações com os clientes e a reputação que possui no mercado e com outras empresas. O capital relacional é construído através de relações de longo prazo e a confiança que a empresa estabelece, o que pode ser crítico para o sucesso a longo prazo da organização.

Além desses três principais tipos, alguns autores também mencionam um quarto tipo:

4.33.5. CAPITAL DE INOVAÇÃO:

Alguns teóricos incluem o capital de inovação como uma subcategoria ou uma extensão do capital estrutural. Este se refere à capacidade de uma organização de inovar e criar novos produtos, serviços e processos. Inclui a capacidade intelectual, como o conhecimento tácito, a criatividade e a habilidade de pensar fora da caixa, que permite à empresa gerar valor através de novas ideias e inovações.

Estes elementos do capital intelectual são fundamentais para criar e manter uma vantagem competitiva no mercado moderno. Uma gestão eficaz do capital intelectual ajuda as organizações a alavancar seus recursos intangíveis, maximizando seu desempenho e valorização no mercado.

Para a melhor avaliação das respostas deste prompt, vamos focar as respostas na visão de cinco grandes especialistas no assunto, aos quais, neste caso, eu escolhi para trabalhar nosso exemplo, mas é claro, você agora terá a autonomia de escolher os especialistas que melhor se encaixam dentro das linhas de estudos e contexto que esteja investigando.

Nossos cinco especialistas são:

1. **Leif Edvinsson**

   Leif Edvinsson é um pioneiro sueco no campo da gestão do capital intelectual e da aprendizagem organizacional. Ele é amplamente reconhecido por seu trabalho como o primeiro Diretor de Capital Intelectual no Skandia, um grande grupo financeiro sueco, onde desenvolveu o Skandia Navigator, um modelo inovador para medir o valor do capital intelectual de uma organização. Edvinsson é coautor do livro "Intellectual Capital: Realizing Your Company's True Value by Finding Its Hidden Brainpower". Ele também foi professor convidado na Universidade de Lund, Suécia, e contribuiu significativamente para a compreensão e aplicação do capital intelectual nas organizações.

2. **Karl-Erik Sveiby**

   Karl-Erik Sveiby é considerado um dos "pais" do campo do capital intelectual. Originário da Finlândia, ele publicou um dos primeiros livros sobre o assunto, "The New Organizational Wealth: Managing and Measuring

Knowledge-Based Assets", em 1997. Sveiby foca em como as organizações podem gerenciar seus ativos intangíveis para criar valor sustentável. Ele desenvolveu o "Tango Simulation", um jogo empresarial que ensina como gerenciar uma empresa baseada em conhecimento, e propôs vários métodos para medir o capital intelectual.

3. **Baruch Lev**

Baruch Lev é um professor israelense-estadunidense na Stern School of Business, Universidade de Nova York, e é reconhecido por seu trabalho em contabilidade financeira e relatórios de informações intangíveis. Ele é autor de vários livros influentes, incluindo "Intangibles: Management, Measurement, and Reporting", que oferece uma análise aprofundada de como os ativos intangíveis são avaliados e reportados em contextos financeiros. Lev tem contribuído significativamente para a discussão sobre como as empresas podem melhor comunicar seu valor intangível aos investidores e outras partes interessadas.

4. **Nick Bontis**

Nick Bontis é um acadêmico canadense, autor e palestrante, reconhecido por seu trabalho em capital intelectual, gestão do conhecimento e análise organizacional. Ele é professor de estratégia na DeGroote School of Business, McMaster University, Canadá. Bontis é autor de "Information Bombardment: Rising Above the Digital Onslaught" e é considerado um dos principais pensadores globais em gestão do conhecimento. Seu trabalho foca em como as organizações podem navegar e prosperar na era da sobrecarga de informações, otimizando seus recursos de conhecimento.

5. **Hubert Saint-Onge**

Hubert Saint-Onge é um consultor e praticante canadense em gestão do conhecimento e capital intelectual, com uma rica experiência em liderança sênior em organizações como a Canadian Imperial Bank of Commerce (CIBC) e a Clarica Life Insurance Company. Ele co-autorou o livro "The Conductive Organization: Building Beyond Sustainability", que apresenta um modelo para organizações que desejam ser ágeis e inovadoras ao maximizar seu capital intelectual. Saint-Onge é conhecido por sua abordagem prática para criar organizações que aprendem e se adaptam continuamente, focando na cultura organizacional, estratégia e liderança.

Diante disso, vamos ao prompt.

Atue como os especialistas abaixo e faça uma análise profunda do negócio apresentado abaixo, levando em conta a visão de cada personalidade numerada, suas principais expertises e a forma como gerencia as fontes de talentos e ativos intangíveis e suas influências conforme características do negócio descrito, caso eles fossem os gestores de capital intelectual desta empresa:

Responda em detalhes cada um dos itens abaixo, conforme a visão e a forma como atua profissionalmente cada uma das personalidades descritas abaixo.

- Apresente a personalidade da vez e, logo, responda cada uma das questões abaixo, apresentando a sua letra correspondente.

- Todas as questões, sem exceção, devem ser respondidas em sequência por todas as personalidades abaixo.

- Importante: faça com que cada resposta pareça personalizada e profundamente focada na vivência, experiência e estudos desenvolvidos por cada uma das personalidades em destaque.

Especialistas:

1. Leif Edvinsson
2. Karl-Erik Sveiby
3. Baruch Lev
4. Nick Bontis
5. Hubert Saint-Onge

Questões:

Atue como se fosse cada um dos especialistas identificados acima e responda o seguinte bloco de perguntas focando no tema gestão do capital intelectual:

Identifique o especialista: Escreva seu nome e um resumo suscinto de sua principal expertise.

A. Quais suas principais especialidades? Quais seus principais estudos, livros ou pesquisas direcionadas ao campo da gestão de capital intelectual aplicados ao ambiente organizacional?

B. A partir da visão apresentada no item A, avalie como esta empresa vem desempenhando o seu papel e traga dicas de como deveria atuar na construção de seu capital intelectual.

C. Na sua visão, o que significa capital intelectual? Qual a importância deste tema para um negócio?

D. Qual a relação entre gestão de capital intelectual e um sistema de gestão de retenção de talentos?

E. Quais os 10 principais pontos pelos quais uma boa gestão de capital intelectual pode trazer reais diferenciais competitivos a este negócio?

F. Faça uma análise detalhada sobre como você percebe a gestão de capital humano nesta empresa. Caso não tenha informações suficientes, infira com base nas informações que tem no perfil.

G. Faça uma análise detalhada sobre como você percebe a gestão de capital estrutural nesta empresa. Caso não tenha informações suficientes, infira com base nas informações que tens no perfil.

H. Faça uma análise detalhada sobre como você percebe a Gestão de capital relacional nesta empresa. Caso não tenha informações suficientes, infira com base nas informações que tens no perfil.

I. Faça uma análise detalhada sobre como você percebe a gestão de capital de inovação nesta empresa. Caso não tenha informações suficientes, infira com base nas informações que tens no perfil.

J. Analisando as respostas anteriores, identifique quais as 10 principais práticas que poderiam ser adotadas para garantir a eficácia de um ótimo sistema de gestão de capital intelectual nesta empresa. Cite exemplos de como construir cada prática sugerida aplicadas ao contexto deste negócio.

Perfil de negócio a ser analisado:

[INSIRA AQUI A DESCRIÇÃO MAIS DETALHADA DO NEGÓCIO]

4.34. GESTÃO DE PROJETOS

A gestão de projetos é fundamental para o sucesso de uma empresa, pois ela traz uma série de benefícios e melhorias na forma como a organização lida com seus desafios e objetivos.

Aqui estão algumas razões que destacam a importância da gestão de projetos:

1. Alinhamento estratégico

A gestão de projetos garante que os esforços da equipe estejam alinhados com os objetivos e a visão da empresa. Isso significa que os projetos selecionados e executados contribuem diretamente para a realização da estratégia de negócios, maximizando o retorno sobre o investimento e o valor para os stakeholders.

2. Otimização de recursos:

Uma gestão de projetos eficaz permite que uma empresa utilize seus recursos — humanos, financeiros, materiais e tecnológicos — de maneira mais eficiente. Isso envolve alocar as pessoas certas, com as habilidades certas, para as tarefas certas, bem como gerenciar o orçamento e materiais para evitar desperdícios.

3. Gerenciamento de riscos

Identificar, analisar e mitigar riscos é uma parte crucial da gestão de projetos. Isso ajuda a evitar surpresas e problemas potencialmente caros ou prejudiciais, garantindo que o projeto seja concluído com sucesso.

4. Melhoria da comunicação

A gestão de projetos estabelece canais claros de comunicação entre todos os envolvidos no projeto. Isso é vital para garantir que todos estejam na mesma página, que as expectativas sejam gerenciadas e que informações importantes sejam compartilhadas de forma efetiva e eficiente.

5. Cumprimento de prazos

Os projetos possuem prazos que, se não forem cumpridos, podem resultar em custos adicionais e perda de credibilidade. A gestão de projetos fornece estruturas e ferramentas para garantir que os projetos sejam entregues dentro do prazo estabelecido.

6. Qualidade

A gestão de projetos inclui processos e métricas para garantir que o resultado final do projeto atenda aos padrões e requisitos de qualidade acordados, satisfazendo ou superando as expectativas dos clientes e usuários finais.

7. Inovação

Através da gestão de projetos, as empresas podem promover a inovação ao encorajar a identificação de novas ideias e soluções durante o ciclo de vida do projeto, contribuindo para a melhoria contínua dos produtos e serviços.

8. Aprendizado organizacional

Projetos muitas vezes oferecem oportunidades de aprendizado, e uma boa gestão de projetos captura essas lições aprendidas para melhorar processos futuros e evitar a repetição de erros.

9. Satisfação do cliente

A entrega eficaz do projeto resulta em maior satisfação do cliente, o que pode levar a repetição de negócios e a uma reputação melhorada no mercado.

10. Competitividade

Empresas que gerenciam bem seus projetos podem reagir mais rapidamente às mudanças de mercado, se adaptarem a novas tendências e atenderem às demandas dos clientes mais rapidamente que a concorrência.

11. Clareza de objetivos e responsabilidades

A gestão de projetos define claramente os objetivos, metas, responsabilidades e papéis dentro de um projeto, evitando confusões e sobreposições de trabalho.

Em resumo, a gestão de projetos traz disciplina ao processo de execução dos objetivos de uma empresa. Ela fornece as ferramentas e técnicas necessárias para abordar as iniciativas de negócios de maneira estruturada e controlada, aumentando as chances de sucesso e a capacidade de entregar valor de maneira consistente.

Para a melhor construção deste ponto, elencamos 3 metodologias principais como base desta construção, sendo elas; SCRUM, PMBOK e Six Sigma.

SCRUM

SCRUM é uma metodologia ágil de gestão de projetos, muito utilizada no desenvolvimento de software, mas que também pode ser aplicada em diversos outros tipos de projetos. É um framework que ajuda equipes a trabalharem juntas, aprendendo através de experiências, se auto-organizando enquanto trabalham em um problema e refletindo sobre suas vitórias e derrotas para melhorar continuamente.

Principais características do SCRUM:

Iterativo e incremental: O trabalho é dividido em iterações chamadas Sprints, que duram geralmente de duas a quatro semanas. Cada Sprint resulta em um incremento do produto potencialmente entregável.

Papéis definidos: Existem papéis claros dentro de uma equipe Scrum, incluindo o Product Owner (responsável por maximizar o valor do produto e gerenciar o backlog), o Scrum Master (facilitador do processo Scrum) e o time de desenvolvimento (profissionais que executam o trabalho de entrega do produto).

Cerimônias: O SCRUM define várias cerimônias regulares, como o planejamento de Sprint, Daily Scrum (reuniões diárias curtas), revisão de Sprint e retrospectiva de Sprint, para garantir a comunicação regular e a reflexão sobre o trabalho.

Artefatos: O SCRUM utiliza três artefatos principais: o Product Backlog (lista priorizada de tudo que é necessário no produto), o Sprint Backlog (conjunto de itens do Product Backlog selecionados para a Sprint, mais um plano para entregar o produto) e o incremento (a soma de todos os itens do Product Backlog completados durante uma Sprint e todas as Sprints anteriores).

PMBOK (Project Management Body of Knowledge)

O Guia PMBOK® (Project Management Body of Knowledge), publicado pelo Project Management Institute (PMI), é uma das referências mais reconhecidas mundialmente para a gestão de projetos. Este guia estabelece um conjunto de práticas padrão para a gestão de projetos e é frequentemente atualizado para refletir as melhores práticas atuais na área. Na sua sexta edição, que era a mais recente até a última atualização deste texto, o PMBOK® detalha dez áreas de conhecimento que são consideradas fundamentais para a gestão de projetos eficaz. Cada área de conhecimento abrange um conjunto específico de processos, conceitos, e terminologia relevantes para uma dimensão particular da gestão de projetos.

As dez áreas do conhecimento cobertas pela metodologia PMBOK® são:

1. **Gerenciamento da Integração do Projeto:** Inclui os processos e atividades necessários para identificar, definir, combinar, unificar e coordenar os vários processos e atividades de gerenciamento de projetos dentro dos Grupos de Processos de Gerenciamento de Projetos.

2. **Gerenciamento do Escopo do Projeto:** Envolve os processos necessários para garantir que o projeto inclua todo o trabalho necessário, e apenas o necessário, para completar o projeto com sucesso. Isso inclui a definição e o controle do que está e do que não está incluído no projeto.

3. **Gerenciamento do Cronograma do Projeto:** Abrange os processos envolvidos na realização do projeto no tempo acordado. Inclui atividades como planejamento, definição, sequenciamento, estimativa de duração e controle de atividades.

4. **Gerenciamento dos Custos do Projeto:** Inclui os processos envolvidos em planejamento, estimativa, orçamento e controle de custos, de modo que o projeto possa ser completado dentro do orçamento aprovado.

5. **Gerenciamento da Qualidade do Projeto:** Envolve os processos e atividades da organização executora que determinam as políticas de qualidade, objetivos, e responsabilidades para que o projeto satisfaça as necessidades para as quais foi empreendido.

6. **Gerenciamento dos Recursos do Projeto:** Inclui os processos para identificar, adquirir e gerenciar os recursos necessários (pessoas, equipamentos, materiais) para a conclusão do projeto.

7. **Gerenciamento das Comunicações do Projeto:** Abrange os processos necessários para garantir que as informações do projeto sejam geradas, coletadas, distribuídas, armazenadas, recuperadas e dispostas de maneira oportuna e adequada.

8. **Gerenciamento dos Riscos do Projeto:** Inclui os processos de condução do planejamento, identificação, análise, planejamento de respostas, implementação de respostas e monitoramento de riscos em um projeto.

9. **Gerenciamento das Aquisições do Projeto:** Envolve os processos necessários para comprar ou adquirir produtos, serviços ou resultados externos à equipe do projeto.

10. **Gerenciamento das Partes Interessadas do Projeto:** Inclui os processos necessários para identificar as pessoas, grupos ou organizações que podem afetar ou ser afetados pelo projeto, analisar as expectativas das partes interessadas e desenvolver estratégias de engajamento apropriadas.

Six Sigma

Six Sigma é uma metodologia de melhoria de qualidade que busca reduzir a variabilidade nos processos de produção e negócios, minimizando defeitos e melhorando a eficiência. A abordagem é baseada em dados e utiliza técnicas estatísticas para identificar e eliminar as causas de defeitos e erros.

Principais componentes do Six Sigma:

DMAIC: Este é o ciclo de melhoria de processos mais utilizado no Six Sigma, que consiste em cinco fases: Definir; Medir; Analisar; Melhorar; e Controlar.

Definir: Identificar os problemas e os objetivos do projeto.

Medir: Coletar dados relevantes e determinar o desempenho atual do processo.

Analisar: Examinar os dados para identificar as causas-raiz dos defeitos.

Melhorar: Implementar soluções para eliminar as causas-raiz dos problemas e verificar se as mudanças resultam em melhorias.

Controlar: Estabelecer controles para manter as melhorias ao longo do tempo e evitar o retorno dos defeitos.

Ferramentas e técnicas: Six Sigma utiliza uma ampla variedade de ferramentas e técnicas estatísticas para análise de dados, como gráficos de controle, análise de causa e efeito e experimentos de desenho.

Cada uma dessas metodologias e guias oferece uma abordagem diferente e complementar para a gestão de projetos, podendo ser adaptadas e combinadas conforme as necessidades específicas de cada organização ou projeto.

O nosso próximo exercício é uma construção de prompt detalhado para pedir aos modelos de linguagem para construir um projeto em alguns segundos, ou minutos.

Porém é um prompt que só funciona em sua totalidade na versão paga do ChatGPT, exatamente porque ele traz muito mais informações que o limite de 5 blocos de respostas que o ChatGPT via Bing – Versão gratuita - consegue responder. Se você tem a conta Microsoft, não encontrará limites de blocos, assim como, se estiver trabalhando com a versão paga do ChatGpt 4 via OpenIA.

Dessa forma, cabe a ressalva:

IMPORTANTE:

Este prompt, funciona de forma completa somente na versão paga do ChatGPT ou se você tiver uma conta paga no ambiente Microsoft para utilizar o Bing.

Para tanto, iremos trabalhá-lo em dois passos, como segue.

Passo 1: Armazenando as informações do negócio.

- Descreva o seguinte Prompt para ChatGPT -

Passo 1:

Perfil dos clientes atuais deste negócio:

> **[INSIRA AQUI A DESCRIÇÃO MAIS DETALHADA DAS PERSONAS DESTE NEGÓCIO]**

Perfil de negócio a ser analisado:

> **[INSIRA AQUI A DESCRIÇÃO MAIS DETALHADA DO NEGÓCIO]**

Favor, não responda nada, somente armazene esta informação.

Logo a partir deste prompt, já insira o passo 2!!

Passo 2: Vamos descrever os detalhes que queremos contemplar no desenho inicial deste projeto.

- Descreva o seguinte Prompt para ChatGPT -

Passo 2:

Responda cada questão em detalhes completos.

Atue como mestre, especialista em metodologias de gerenciamento de projetos, com foco em aprimoramento e refinamento de processos e construção e acompanhamento de ações.

Para o desenvolvimento das questões abaixo, utilize uma composição das melhores práticas e conceitos disponíveis através das seguintes metodologias: SCRUM, PMBOK e Six Sigma.

Utilize todo o potencial das metodologias de desenvolvimento e implementação de projetos acima para sugerir a melhor e mais adequada resposta conforme a realidade estrutural e mercadológica da empresa descrita no Passo 1.

Responda em detalhes cada um dos itens abaixo:

Importante:

Faça uma análise profunda da empresa e seus clientes descritos no Passo 1 e, considerando o conjunto de metodologias previamente especificadas, desenvolva um projeto completo, descrevendo-o passo a passo e detalhando-o conforme o objetivo abaixo.

Objetivo:

- Esta empresa precisa aumentar suas vendas e expandir seu negócio através do desenvolvimento de novos produtos e explorando possibilidades alternativas de faturamento e ganhos.

- Construir autoridade em seu campo de atuação e tornar-se reconhecida como uma marca forte e lembrada no campo que se propõe.

- Avaliar, prospectar e desenvolver novos mercados, construindo valores e diferenciais competitivos que proporcionem o desenvolvimento de sua inteligência.

Para construir este projeto, considere a seguinte estrutura:

Para a construção da resposta, considere as dez áreas do conhecimento cobertas pela metodologia PMBOK, e, para cada uma das áreas, desenvolva as respostas abaixo.

1. Desenvolva um projeto único e personalizado que objetive o desenvolvimento sustentável do negócio devidamente apresentado, que consolide todas as melhores práticas e conceitos que envolvem as metodologias de gestão de projetos acima citadas, para ser implementado no período de 1 ano de cronograma.

   1.1. Apresente este cronograma em detalhes, em formato mês a mês separadamente, explicando, para cada consideração, "Como" deverá ser realizada cada ação. Cada mês deve responder cada conjunto de questões abaixo, sempre trazendo sugestões que estejam conectadas a realidade da empresa descrita no perfil e personalizadas as características de seus clientes.

2. Descreva cada etapa e cada fase apresentada em cada mês do cronograma proposto no item 1.1, detalhando todos os passos desta construção, minuciosamente, uma a uma, sem exceção. Traga exemplos práticos de cada sugestão, que estejam conectados e alinhados ao perfil do negócio.

3. Para cada um dos passos apresentados no item 2, apresente detalhes e exemplos reais de como podem ser desenvolvidos cada uma das práticas reais focadas neste negócio, acompanhadas de sistemas de medição e controle, orçamento, entre outros detalhes essenciais para guiar a equipe a cumpri-lo da melhor forma possível, minimizando subjetividades de compreensão e execução.

   3.1. Cite a fase, apresente as práticas e descreva a melhor maneira de como realizá-las.

   3.2. Identifique para cada item: O Alinhamento estratégico, Otimização de recursos envolvidos, Formas de comunicação, Prazos de entrega, Requisitos de qualidade de execução e entrega e quais elementos de aprendizado organizacional estão envolvidos.

4. Para cada uma das práticas apresentadas no item 3, explique e demonstre em detalhes, Quando, Como, Onde, Por quê, Quanto e Quem deverá realizar cada tarefa. Identifique cada envolvido por sua função.

5. Para cada sugestão apresentada no item 4, identifique quais seriam as prioridades de cada plano - conforme metodologia GUT - e quais seriam os possíveis riscos que poderíamos ter durante o percurso de implementação de cada sugestão, caso houvesse falhas. Identifique as falhas e sugira formas de mitigar a ocorrência destes riscos ou formas de contorná-los.

6. Descreva, ao final de cada etapa, quais objetivos buscamos atender com a sua implementação e quais seriam os possíveis ganhos substanciais que esta empresa conquistaria em cada término de fase.

7. Para cada sugestão apresentada durante todo o percurso de construção do cronograma, cite em qual metodologia acima citada está baseada predominantemente cada resposta.

Caso você venha a testar este prompt no Bing, verá que, após o 5º bloco de respostas, o sistema irá sugerir um novo tema, portanto, como eu alertei, funcionará melhor, devido à complexidade da resposta, em uma conta paga do modelo de linguagem.

4.35. MODELO DE EXCELÊNCIA DE GESTÃO — MEG

O Modelo de Excelência da Gestão® (MEG) é uma ferramenta desenvolvida pela Fundação Nacional da Qualidade (FNQ), uma entidade sem fins lucrativos no Brasil, que tem como objetivo promover a excelência em gestão para organizações de todos os setores. O MEG é baseado em fundamentos universais de excelência que permitem a avaliação e melhoria contínua do desempenho organizacional.

Fundamentos do MEG

O MEG é construído sobre um conjunto de fundamentos que são considerados essenciais para a excelência em gestão.

Estes fundamentos são:

Pensamento sistêmico: Entendimento das relações de interdependência entre os diversos componentes de uma organização, bem como entre a organização e o ambiente externo.

Aprendizado organizacional e inovação: Busca contínua por melhorias e soluções inovadoras que possam levar ao aumento da eficácia organizacional.

Cultura de integridade: Preservação de princípios éticos, transparência e equidade em todas as ações organizacionais.

Liderança e constância de propósitos: Atuação de líderes na definição de propósitos claros e na manutenção do foco no longo prazo.

Orientação por processos e informações: Gestão e monitoramento dos processos por meio de informações precisas e relevantes.

Visão de futuro: Entendimento dos fatores que afetam a organização, seu ecossistema e o futuro dos negócios.

Geração de valor: Oferta de valor para todas as partes interessadas, equilibrando as necessidades do mercado e as capacidades da organização.

Valorização das pessoas: Criação de condições para que as pessoas se realizem profissionalmente e humanamente.

Conhecimento sobre o cliente e o mercado: Entendimento e antecipação das necessidades e expectativas dos clientes e do mercado.

Desenvolvimento de parcerias: Construção de redes de relacionamento que beneficiem todas as partes envolvidas.

Responsabilidade social: Atuação que se define pela relação ética e transparente da organização com todos os públicos, visando ao desenvolvimento sustentável da sociedade.

Controle dos resultados: Avaliação e controle dos resultados alcançados, garantindo a transparência e o desenvolvimento da organização.

Critérios de excelência

O MEG também se apoia em critérios de excelência, que são utilizados para avaliar o nível de maturidade da gestão de uma organização.

Esses critérios são divididos em sete categorias:

1. **Liderança:** Avalia o comportamento individual e coletivo dos líderes e como isso contribui para a cultura de excelência.

2. **Estratégias e planos:** Analisa como a organização constrói suas estratégias e planos alinhados com a missão, visão e valores.

3. **Clientes:** Examina como a organização desenvolve e mantém valor para os clientes.

4. **Sociedade:** Considera o impacto das ações da organização na sociedade.

5. **Informações e conhecimento:** Avalia como a gestão do conhecimento e das informações suporta a tomada de decisão e a inovação.

6. **Pessoas:** Foca no desenvolvimento e no bem-estar dos colaboradores da organização.

7. **Processos:** Observa como são geridos os processos organizacionais para garantir a entrega de valor.

Organizações que desejam seguir o MEG podem utilizar seus critérios para realizar uma autoavaliação, identificar áreas para melhoria e desenvolver planos de ação. A aderência aos princípios do MEG pode também ser reconhecida por meio de prêmios de excelência em gestão promovidos pela FNQ ou outras entidades que utilizam critérios similares.

Para conseguirmos fazer uma simulação de avaliação de um determinado negócio segundo o MEG, prossiga com o seguinte prompt.

Realizaremos a análise deste ponto em dois passos.

Passo 1: Armazenamento das informações do negócio e clientes.

- Descreva o seguinte Prompt para ChatGPT -

Passo 1:

Perfil dos clientes atuais deste negócio:

[INSIRA AQUI A DESCRIÇÃO MAIS DETALHADA DAS PERSONAS DESTE NEGÓCIO]

Perfil de negócio a ser analisado:

[INSIRA AQUI A DESCRIÇÃO MAIS DETALHADA DO NEGÓCIO]

Favor, não responda, somente armazene esta informação.

Passo 2: Construção da questão foco.

- Descreva o seguinte Prompt para ChatGPT -

Passo 2:

Atue como um experiente consultor do campo do desenvolvimento de sistemas de gestão da qualidade.

Para o desenvolvimento das questões abaixo, utilize os conceitos e filosofia trazido pelo modelo MEG — Modelo de Excelência da Gestão.

Sugira a melhor e mais adequada resposta conforme a realidade estrutural e mercadológica da empresa descrita no Passo 1 e, em caso de falta de informação, infira as melhores respostas.

Responda em detalhes cada um dos critérios abaixo, sem exceção:

- Para cada resposta abaixo, identifique e apresente as principais partes interessadas e demonstre quais melhores práticas poderiam atender cada um dos itens deste critério e apresente qual seria a melhor forma de serem executados.

1. Liderança:

   1.1. Lideranças desenvolvem e disseminam princípios e valores.

   1.2. Lideranças definem o sistema de governança da organização.

   1.3. Lideranças interagem com as partes interessadas.

   1.4. Lideranças promovem a cultura para a excelência.

   1.5. Lideranças definem e acompanham o desempenho e a atuação da organização.

- Para cada resposta abaixo, identifique e apresente as principais estratégias avaliadas e demonstre quais melhores práticas poderiam atender cada um dos itens deste critério e apresente qual seria a melhor forma de serem executados.

2. Estratégias e Planos:

   2.1. Estratégias são definidas a partir de análises internas e externas.

   2.2. Estratégias são transformadas em planos de ação.

   2.3. Planos de ação são implementados por meio de projetos e processos.

- Para cada resposta abaixo, identifique e apresente os principais clientes e produtos avaliados e demonstre quais melhores práticas poderiam atender cada um dos itens deste critério e apresente qual seria a melhor forma de serem executados.

3. Clientes:

   3.1. Conhecimento de clientes e do mercado é obtido e analisado.

   3.2. Produtos e serviços são desenvolvidos, produzidos, entregues e mantidos.

   3.3. Relacionamento com clientes é estabelecido, desenvolvido e mantido.

- Para cada resposta abaixo, identifique e apresente as principais partes interessadas avaliadas e demonstre quais melhores práticas poderiam atender cada um dos itens deste critério e apresente qual seria a melhor forma de serem executados.

4. Sociedade:

   4.1. Impactos na sociedade são identificados e tratados.

   4.2. Desenvolvimento sustentável é promovido.

- Para cada resposta abaixo, identifique e apresente as principais informações e conhecimentos estão sendo avaliados e demonstre quais melhores práticas poderiam atender cada um dos itens deste critério e apresente qual seria a melhor forma de serem executados.

5. Informações e conhecimento:

   5.1. Informações são utilizadas para apoio às estratégias e aos processos.

   5.2. Conhecimento é identificado, organizado, protegido, compartilhado e utilizado.

- Para cada resposta abaixo, identifique e apresente os principais sistemas de trabalho e os elementos relacionados sendo avaliados, e demonstre quais melhores práticas poderiam atender cada um dos itens deste critério e apresente qual seria a melhor forma de serem executados.

6. Pessoas:

   6.1. Sistemas de trabalho são definidos e gerenciados.

   6.2. Capacidades das pessoas são mantidas e desenvolvidas.

   6.3. Conhecimento e inovação são promovidos.

   6.4. Bem-estar das pessoas é promovido.

   6.5. Comunicação interna é eficaz.

- Para cada resposta abaixo, identifique e apresente os principais processos sendo avaliados e demonstre quais melhores práticas poderiam atender cada um dos itens deste critério e apresente qual seria a melhor forma de serem executados.

7. Processos:

   7.1. Processos são identificados e gerenciados.

   7.2. Processos são melhorados e inovados com base na avaliação do desempenho.

Finalize a análise, trazendo uma visão geral que apresente os pontos fortes e fracos desta empresa sob a visão do MEG e quais sugestões de aprimoramento poderiam ser desenvolvidas, de forma a dar a esta empresa um nível de gestão de maior qualidade.

4.36. 20 PRINCIPAIS SOFT SKILLS

As Soft Skills, ou competências comportamentais, são atributos pessoais que realçam a interação, performance e harmonia de um indivíduo no ambiente de trabalho. Profissionais de alta performance geralmente possuem um conjunto robusto dessas habilidades, o que os torna valiosos para empresas de sucesso.

Com base nas expertises e ensinamentos das dez maiores personalidades dos campos da gestão pessoas, aqui estão 20 Soft Skills altamente desejadas nos dias atuais pelas maiores e mais bem-sucedidas empresas mundiais:

1. **Empatia:** Capacidade de compreender e compartilhar os sentimentos dos outros, essencial para liderança e colaboração.

2. **Inteligência emocional:** Habilidade de reconhecer e gerir as próprias emoções e as dos outros.

3. **Adaptabilidade:** Flexibilidade para lidar com mudanças e ambiguidades no ambiente de trabalho.

4. **Comunicação efetiva:** Habilidade de comunicar ideias clara e eficientemente em diversos contextos.

5. **Trabalho em equipe:** Capacidade de trabalhar colaborativamente em prol de um objetivo comum.

6. **Resolução de conflitos:** Habilidade para navegar e resolver discordâncias de forma construtiva.

7. **Liderança servidora:** Colocar as necessidades da equipe antes das próprias e liderar pelo exemplo.

8. **Pensamento crítico:** Capacidade de analisar fatos para formar um julgamento.

9. **Criatividade:** Habilidade de pensar fora da caixa e desenvolver soluções inovadoras.

10. **Resiliência:** Capacidade de se recuperar rapidamente de dificuldades; tenacidade.

11. **Autoconsciência:** Entendimento profundo de suas próprias emoções, forças, fraquezas e motivações.

12. **Gestão do tempo:** Habilidade de planejar e controlar como se gasta as horas do dia para otimizar a eficiência.

13. **Persuasão e influência:** Capacidade de convencer os outros a entender e aceitar seu ponto de vista.

14. **Aprendizado contínuo:** Desejo e capacidade de continuar aprendendo e se desenvolvendo profissionalmente.

15. **Feedback construtivo:** Tanto dar quanto receber feedback de uma maneira que promova crescimento e melhoria.

16. **Autenticidade:** Ser genuíno e verdadeiro em suas ações e comunicações.

17. **Negociação:** Habilidade de discutir e atingir acordos mutuamente benéficos.

18. **Gestão de estresse:** Capacidade de manter a calma e a eficácia sob pressão.

19. **Visão estratégica:** Habilidade de ver o quadro maior e planejar a longo prazo.

20. **Mindfulness e atenção plena:** Manter-se consciente e focado no presente, o que melhora a concentração e a serenidade.

Essas Soft Skills são amplamente reconhecidas como vitais para o sucesso em ambientes de trabalho dinâmicos e competitivos, onde a interação humana e a capacidade de adaptação são tão importantes quanto as habilidades técnicas.

Para a melhor análise desta empresa em relação a estes elementos, vamos proceder a descrição dos prompts em dois passos, como segue.

Passo 1: Armazenamento das informações do negócio e clientes

- Descreva o seguinte Prompt para ChatGPT -

Passo 1:

Com base na descrição da empresa DNA Corporativo, os principais clientes e suas características são:

[INSIRA AQUI A DESCRIÇÃO MAIS DETALHADA DAS PERSONAS DESTE NEGÓCIO]

Perfil de negócio a ser analisado:

[INSIRA AQUI A DESCRIÇÃO MAIS DETALHADA DO NEGÓCIO]

Favor não responda, somente armazene esta informação.

Logo após este prompt, insira o Passo 2.

Passo 2: Construção da análise completa da primeira soft skill apresentada logo acima.

- Descreva o seguinte Prompt para ChatGPT -

Passo 2:

Agora responda detalhadamente:

Atue como um reconhecido e experiente gestor e consultor do campo do desenvolvimento de profissionais de alta performance, com ênfase em evolução comportamental de soft skills focadas em grandes desafios.

A partir da análise da realidade do negócio descrito no Passo 1, responda as questões abaixo considerando a forma como esta empresa contribui através de seu portfólio de soluções, a forma como atua e estimula o conhecimento e a prática deste profissional em relação a soft skill abaixo, conforme definição, de forma individual.

Para a soft skill abaixo, responda cada questão separadamente, personalizando cada resposta conforme cada um dos tipos de clientes apresentados na questão A. Leve em conta a sua realidade profissional e suas especificidades:

A. Apresente e descreva cada um dos tipos de clientes deste negócio, numerando-os um a um, seguindo com a descrição de suas principais características profissionais e comportamentais, necessidades mais latentes e principais expectativas em relação a soft skill a ser analisada abaixo.

Questões:

Para cada um dos tipos de perfis de clientes numerados na questão A, responda individualmente e separadamente o conjunto completo de questões abaixo.

B. Cite o título do tipo de cliente identificado no item A e responda as questões abaixo especificamente sobre este perfil de cliente. Faça esta ação até que todos os tipos de perfis de clientes apresentados em A tenham sido analisados.

C. Foque o cliente apresentado em B. Explique, o que é e para que serve esta soft skill para este profissional específico e por que esta soft skill é uma competência tão valorizada nos dias atuais para si.

D. Foque o cliente apresentado em B. Como a empresa desenvolve soluções que contribuem para o desenvolvimento desta soft skill a este profissional específico, transformando esta competência em uma importante competência profissional? Logo, apresente as principais soluções promovidas pela empresa que estejam mais diretamente vinculadas a este propósito e explique em que sentido conectam-se a ele.

E. Foque o cliente apresentado em B. Apresente exemplos de como este cliente utiliza em sua vida profissional cada solução vinculada a esta soft skill e como soluciona seus problemas ao utilizar esta competência em sua vida profissional. Traga exemplos reais ao contexto do negócio que simulem casos reais.

F. Foque o cliente apresentado em B. Apresente um texto que demonstre como a empresa aborda esta soft skill e a conecta ao seu portfólio de soluções, de forma a trazer diferencial competitivo a este cliente, conectando o desenvolvimento desta habilidade ao sucesso deste profissional. Logo, descreva por que esta nova competência pode trazer diferenciais competitivos a ele.

G. Foque o cliente apresentado em B. Desenvolva 5 exemplos de posts personalizados para Instagram que demonstrem as formas como esta empresa constrói valor sobre esta soft skill através de suas soluções para este profissional. Sugira a descrição de um prompt que gere uma imagem que melhor representem o significado dessa mensagem, personalizando a resposta para cada post individualmente.

H. Foque o cliente apresentado em B. Desenvolva 5 exemplos de posts personalizados para Instagram com dicas valiosas sobre esta soft skill que tragam vantagem a este tipo de cliente. Descreva um prompt que gere uma imagem que melhor representem o significado dessa mensagem, personalizando a resposta para cada post individualmente.

Soft skill a ser analisada:

> **[DESCREVA AQUI A SOFT SKILL QUE VOCE DESEJA ANALISAR, JUNTAMENTE COM A DESCRIÇÃO DO CONCEITO]**

Por fim, faça uma análise profunda e detalhada, avaliando como esta empresa está preparada para atender e prover soluções conectadas a esta soft skill e voltadas a seu conjunto de clientes e, logo, sugira, quais pontos poderiam ser aprimorados que reforcem ainda mais essa contribuição e o desenvolvimento desta competência para este tipo de negócio.

Por fim, repita o Passo 1 e o Passo 2 até que todas as 20 soft skills que elencamos sejam devidamente analisadas.

4.37. ANÁLISE PARETO

A análise de Pareto, também conhecida como prin-cípio de Pareto ou regra 80/20, é uma técnica de tomada de decisão e gestão de tempo e recursos que afirma que, para muitos eventos, aproximadamente 80% dos efeitos vêm de 20% das causas. Esse princípio foi sugerido por Vilfredo Pareto, um economista italiano que, no final do século XIX, notou que 80% das terras na Itália eram possuídas por 20% da população. Ele também observou que essa distribuição desigual se aplicava a vários outros setores e fenômenos econômicos.

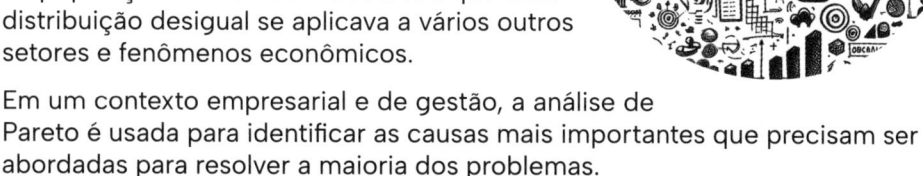

Em um contexto empresarial e de gestão, a análise de Pareto é usada para identificar as causas mais importantes que precisam ser abordadas para resolver a maioria dos problemas.

Aqui estão alguns passos e considerações-chave para realizar uma análise de Pareto:

Coleta de dados: O primeiro passo é coletar dados sobre o problema ou os problemas a serem analisados. Isso pode envolver questões de qualidade, chamadas de suporte ao cliente, erros de produção, ou qualquer outro dado relevante para a situação.

Categorização: Os dados coletados são então categorizados de acordo com o tipo de problema ou causa. Por exemplo, se os problemas são defeitos de produto, eles podem ser categorizados por tipo de defeito.

Análise quantitativa: Após a categorização, é realizada uma contagem de fre-quência para determinar quantas vezes cada tipo de problema ocorre. Estes são então organizados em ordem decrescente.

Criação de gráfico de Pareto: Os dados são então colocados em um gráfico de barras, com as categorias no eixo horizontal e a frequência no eixo vertical. O gráfico de barras é geralmente acompanhado por uma linha de percentagem cumulativa, que ajuda a identificar o ponto em que os 80% dos efeitos vêm de 20% das causas.

Identificação das "poucas Vitais": As categorias que aparecem no topo do gráfico (geralmente as primeiras 20%) são as "poucas vitais", enquanto as ou-tras são as "muitas triviais". O foco deve estar nas "poucas vitais", para obter a maior melhoria.

Desenvolvimento de estratégias: Com base na análise do gráfico de Pareto, estratégias podem ser desenvolvidas para abordar as causas principais, otimizando os esforços para obter o maior impacto positivo.

A análise de Pareto é uma ferramenta valiosa porque ajuda os gestores e as equipes a priorizar as questões que realmente precisam de atenção e alocar recursos de maneira eficiente para resolver problemas. Ela pode ser aplicada em uma variedade de cenários, incluindo controle de qualidade, análise de vendas, controle de estoque, e muitas outras áreas operacionais e estratégicas de uma organização.

Para a melhor análise da empresa em relação a esses elementos, vamos proceder a descrição dos prompts em dois passos, como segue.

Passo 1: Armazenamento das informações do negócio e clientes

- Descreva o seguinte Prompt para ChatGPT -

Passo 1:

Com base na descrição da empresa DNA Corporativo, os principais clientes e suas características são:

[INSIRA AQUI A DESCRIÇÃO MAIS DETALHADA DAS PERSONAS DESTE NEGÓCIO]

Perfil de negócio a ser analisado:

[INSIRA AQUI A DESCRIÇÃO MAIS DETALHADA DO NEGÓCIO]

Favor não responda, somente armazene esta informação.

Logo após este prompt, insira o Passo 2.

Passo 2: Construção da análise completa da metodologia

- Descreva o seguinte Prompt para ChatGPT -

Passo 2:

Importante: Responda o prompt abaixo de forma completa, com todas as informações pedidas, sem interrupções, sem subjetividades e utilizando o mínimo de redundâncias. Personalize cada resposta conforme demanda. Não simplifique a resposta, mas evite redundâncias e principalmente opiniões, desculpas, observações, considerações, respostas e explanações que fujam da questão central deste prompt.

Responda toda a questão em no máximo 4 blocos de resposta, portanto não perca tempo com subjetividades e foque as respostas completas conforme instrução específica do prompt.

A partir das informações analisadas no Passo 1, construa a seguinte análise.

Atue como um experiente consultor e PhD, especialista em avaliação e desenvolvimento de processos que facilitem a desconstrução de problemas que impedem a empresa de alçar performances melhores e alcançar resultados mais promissores em seus diversos campos, e responda as questões abaixo.

Foco de atenção:

1. Melhorar a venda de seus produtos e serviços atuais.

Para o foco de atenção numerado acima, o seguinte conjunto de questões abaixo, A, B, C e D, deve ser respondido de forma personalizada, individualmente e separadamente, sem exceção:

Importante: Não simplifique a resposta, mas evite redundâncias e principalmente opiniões, desculpas, observações, considerações, respostas e explanações que fujam da questão central deste prompt.

Cite, como título, o foco de atenção a ser analisado e responda:

A. A partir do foco de atenção acima exclusivamente, apresente, descreva e numere os 15 principais possíveis e mais prováveis problemas enfrentados por esta empresa, descrita no Passo 1, em relação à forma como atua em seu mercado que dificultam sua trajetória em busca de um posicionamento mais confortável e satisfatório no alcance de seus objetivos, propósitos e resultados financeiros que envolvam o tema foco de atenção descrito acima.

Explique como cada problema sugerido afeta negativamente a empresa.

B. Faça uma análise profunda de todos os pontos apresentados na questão A e sugira 10 estratégias tangíveis e personalizadas, que possam ser facilmente aplicadas e possibilitem a esta empresa corrigir o maior número de problemas identificados no item A.

Traga a resposta completa seguida de exemplos práticos conectados ao contexto do negócio.

C. Apresente, para todas as estratégias — 1, 2, 3, 4, 5, 6, 7, 8, 9 e 10 — apresentadas na questão B, sem exceção, um plano de ação único, detalhado, estilo 5W2H, que possibilite a esta empresa implementar cada uma dessas estratégias de forma clara e rápida. Logo após a apresentação de cada sugestão de plano, descreva como cada plano deverá beneficiar a empresa caso seja implementado.

Apresente todas as respostas completas, personalizadas, de todos os itens.

Não simplifique nenhuma resposta, mas evite redundâncias e principalmente não traga opiniões, desculpas, observações, considerações, respostas e explanações que fujam a questão central deste prompt.

Responda toda a questão até terminá-la completamente. Todos os itens devem ser respondidos de acordo com o prompt. Não se preocupe com limitação de espaço. Aborde todas as possibilidades exigidas no prompt.

Somente responda à questão D quando a questão C já tiver sido totalmente respondida.

D. Ao final, faça uma análise profunda e detalhada de todos os 10 planos criados na questão C e, utilizando o método de Pareto, sugira um único plano que consolide todos os anteriormente apresentados, para maximizar as vantagens desta empresa em relação aos seus clientes e mercado, e para resolver o máximo de problemas identificados na questão A utilizando menos recursos possíveis da empresa. Descreva o plano completo, robusto e detalhado e que contemple o maior número de soluções sugeridas na questão B.

E. Explique, segundo Pareto, por que sugeriu a construção deste plano. Adapte a resposta ao contexto e a exemplos trazidos da realidade deste negócio.

4.38. ANÁLISE DE FLUXO DE VALOR

A análise de fluxo de valor (Value Stream Mapping — VSM) é uma ferramenta de gestão da qualidade total e de metodologia Lean que é utilizada para visualizar e analisar os passos necessários para levar um produto ou serviço do seu início até o cliente final, com o objetivo de otimizar a cadeia de valor inteira. O foco está em identificar e reduzir desperdícios, que em termos lean são atividades que não agregam valor ao produto ou serviço, e melhorar o fluxo do processo produtivo.

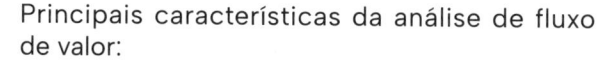

Principais características da análise de fluxo de valor:

Visualização do processo completo: Um dos principais objetivos da VSM é criar um mapa visual de todos os passos do processo, incluindo tanto as etapas de valor agregado quanto as de não valor agregado. Isso proporciona uma visão holística do processo que muitas vezes revela ineficiências e gargalos.

Identificação de desperdícios: A VSM ajuda a identificar os sete tipos de desperdícios (sobreprodução, tempo de espera, transporte, excesso de processamento, inventário, movimentos e defeitos), além do oitavo desperdício, que é o talento não utilizado.

Foco no fluxo: A ferramenta enfoca a melhoria do fluxo do processo, concentrando-se em como os materiais e informações se movem através do processo. O objetivo é criar um fluxo mais suave e contínuo que reduza o lead time (tempo de ciclo) e melhore a eficiência.

Desenvolvimento de um estado futuro ideal: Além de mapear o estado atual, a VSM é usada para projetar um estado futuro idealizado, que serve como um modelo para transformação e melhoria contínua.

Etapas da análise de fluxo de valor:

Seleção do produto ou família de produtos: A análise geralmente começa com a seleção de um produto ou família de produtos específica para mapear, visto que diferentes produtos podem ter fluxos de valor distintos.

Mapeamento do estado atual: Um mapa detalhado do estado atual é criado para documentar como o processo está funcionando atualmente. Isso inclui todas as etapas do processo, os tempos de ciclo, os estoques, as esperas e os fluxos de informação.

Identificação de problemas: Com o mapa do estado atual em mãos, é possível identificar áreas de atraso, de sobreposição de processos, de retrabalho e de outros tipos de desperdícios.

Desenho do estado futuro: Baseado nas ineficiências identificadas, é criado um mapa do estado futuro que mostra como o processo deve funcionar. Este mapa inclui melhorias e mudanças necessárias para alcançar um fluxo mais eficiente.

Desenvolvimento de um plano de ação: Com o estado futuro desenhado, a equipe desenvolve um plano de ação que detalha como as mudanças serão implementadas para alcançar os objetivos de melhoria.

Implementação e monitoramento: As mudanças são implementadas conforme o plano de ação, e o progresso é monitorado para garantir que as melhorias sejam sustentáveis e que o processo continue a se desenvolver em direção ao estado ideal.

A análise de fluxo de valor é uma ferramenta colaborativa que envolve membros de várias áreas da empresa, desde a alta gestão até o pessoal da linha de frente. Quando bem executada, a VSM pode levar a melhorias significativas em eficiência, produtividade e satisfação do cliente.

Conforme exercícios anteriores, para a melhor análise desta empresa em relação a este método, vamos proceder a descrição dos prompts em dois passos, como segue.

Passo 1: Armazenamento das informações do negócio e clientes.

- Descreva o seguinte Prompt para ChatGPT -

Passo 1:

Com base na descrição da empresa DNA Corporativo, os principais clientes e suas características são:

[INSIRA AQUI A DESCRIÇÃO MAIS DETALHADA DAS PERSONAS DESTE NEGÓCIO]

Perfil de negócio a ser analisado:

[INSIRA AQUI A DESCRIÇÃO MAIS DETALHADA DO NEGÓCIO]

Favor não responda, somente armazene esta informação.

Logo após este prompt, insira o Passo 2.

Passo 2: Construção da análise completa da metodologia.

Passo 2:

Atue como um reconhecido e experiente consultor do campo do desenvolvimento e aprimoramento de processos que resultem em construir e inovar produtos e serviços, de forma a atender mais e melhor as necessidades e expectativas de cada cliente.

Utilizando conhecimentos advindos do campo do User Design (UX), analise a empresa com as características descritas no Passo 1 focando os conjuntos de etapas que regem o método de análise de valor.

Importante: Abstenha-se de dar opiniões, observações, sugestões e respostas que não estejam perfeitamente alinhadas à questão base deste prompt. Não fuja ao propósito do tema.

A. Apresente, numerando cada item, para cada produto ou serviço que esta empresa oferece em seu portfólio, como e em que nível cada cliente interage com estes produtos.

B. De todos os tipos de clientes apresentados no item A, apresente mais 5 exemplos de outros tipos de produtos que esta empresa ainda não oferece e que poderia incrementar ao seu portfólio de possibilidades e expansão.

C. De todos os tipos de produtos apresentados no item A, apresente mais 5 exemplos de outros tipos de clientes que esta empresa ainda não atende e que poderia incrementar seu portfólio de prospecção e expansão.

Para cada um dos tipos de produtos apresentados e numerados no item A, responda em detalhes o conjunto de questões abaixo — D, E, F, G, H, I e J —, uma por uma, sem exceção:

Importante: Personalize e individualize cada resposta por tipo específico de produto, conforme expectativa de seu cliente e a forma como o método de análise de valor valida cada etapa. Responda todas as questões, sem exceção.

D. Identifique em detalhes o fluxo de processos completo, destacando quais são as principais etapas de valor agregado, os principais pontos de gargalos e os principais pontos de possíveis ineficiências.

E. Identifique os 8 tipos de desperdícios, sendo eles: sobreprodução, tempo de espera, transporte, excesso de processamento, inventário, movimentos, defeitos e talento não utilizado. Explique-os de forma personalizada conforme cada situação e cenário.

F. Redesenhe o fluxo deste processo, tornando-o mais ágil, seguro, suave e contínuo, de modo que reduza o lead time (tempo de ciclo) e melhore a eficiência e a experiência do usuário.

G. Mapeie, passo a passo, e descreva em detalhes o estado atual deste produto.

H. A partir do mapa do estado atual sugerido no item G, identifique áreas de atraso, de sobreposição de processos, de retrabalho e de outros tipos de possíveis desperdícios.

I. Baseado no conjunto de ineficiências identificadas no item H em relação ao item G, crie em detalhes um mapa do estado futuro que mostre como o processo ideal deverá funcionar. Este mapa deve incluir melhorias e mudanças necessárias para alcançar um fluxo mais eficiente, levando em conta tendências futuras aos olhos do cliente. Descreva quais seriam os resultados esperados.

J. Com o estado futuro desenhado, apresente um plano de ação em 5W2H que detalhe como as mudanças deverão ser implementadas para alcançar os objetivos que facilitem esta transição.

Por fim, faça uma análise profunda e detalhada, avaliando como a empresa está preparada para transformar-se e adaptar-se de forma a ganhar competitividade em seu mercado.

4.39. ANÁLISE DE PERFIL NO INSTAGRAM

O Instagram é uma rede social extremamente popular, com mais de 1 bilhão de usuários ativos e um alto nível de engajamento. Isso o torna uma plataforma valiosa para estratégias de marketing.

Aqui estão algumas razões pelas quais o Instagram é importante do ponto de vista mercadológico:

Alcance global: O Instagram tem uma enorme base de usuários em todo o mundo. Isso oferece às empresas a oportunidade de alcançar um público global.

Alto engajamento: Os usuários do Instagram tendem a ser muito engajados, o que significa que eles estão mais propensos a interagir com o conteúdo das marcas.

Conexão com o público: O Instagram permite que as empresas se conectem diretamente com seu público-alvo de uma maneira muito pessoal e visual.

Promoção de produtos: As empresas podem usar o Instagram para mostrar seus produtos de uma maneira atraente e visual, o que pode aumentar a conscientização e as vendas.

Construção de marca: O Instagram é uma excelente plataforma para construir a identidade da marca e aumentar a conscientização sobre a marca.

Análise de dados: O Instagram fornece dados valiosos sobre o desempenho das postagens e o engajamento do público, o que pode ajudar as empresas a ajustar suas estratégias de marketing.

Portanto, ter um perfil no Instagram pode ser uma ferramenta poderosa para as empresas se conectarem com o público, promoverem seus produtos e construírem sua marca.

Seguimos a mesma estratégia.

Passo 1: Armazenamento das informações do negócio e clientes

- Descreva o seguinte Prompt para ChatGPT -

Passo 1:

Com base na descrição da empresa DNA Corporativo, os principais clientes e suas características são:

[INSIRA AQUI A DESCRIÇÃO MAIS DETALHADA DAS PERSONAS DESTE NEGÓCIO]

Perfil de negócio a ser analisado:

[INSIRA AQUI A DESCRIÇÃO MAIS DETALHADA DO NEGÓCIO]

Favor não responda, somente armazene esta informação.

Logo após esse prompt, insira o Passo 2.

Passo 2: Construção da análise completa da metodologia

- Descreva o seguinte Prompt para ChatGPT -

Passo 2:

Atue como um mestre do design com 20 anos de experiência em marketing digital e construção de marcas, com ênfase em desenvolvimento de perfil de autoridades em Instagram, e resposta as questões abaixo.

Simule, na medida do possível, a análise conforme ferramentas como Inflact, Toolzu e Path Social para apresentar as respostas a seguir.

Importante: Responda todas as questões em detalhes, trazendo sugestões que melhor se adaptem ao perfil e propósito da empresa descrita no Passo 1, aos seus clientes e necessidades de interesse.

Conforme conjunto de informações apresentadas no Passo 1, responda:

A. Faça uma análise técnica e detalhada sobre o perfil do Instagram [ESCREVA AQUI O SEU PERFIL]. Descreva tudo o que consegue acessar sobre este perfil e compare a forma como atua em relação à função da ferramenta Instagram em divulgar um negócio e desenvolver autoridade sobre um determinado assunto.

B. Explique sobre como este canal poderia ser mais bem utilizado para informar e prospectar clientes; cite exemplos práticos.

C. Explique quais os principais 5 pontos fortes deste perfil, ou seja, o que mais chama a atenção do público neste ambiente; cite sugestões de como ampliar esses pontos fortes.

D. Explique quais os pontos que precisariam ser melhorados para aprimorar o engajamento deste público; cite exemplos práticos.

E. Explique e detalhe ao máximo quais são as características de cada público-alvo desta empresa; descreva quais assuntos relacionados ao que a empresa faz mais prendem o interesse de cada um dos tipos destes seguidores; sugira o que eles mais buscam em outros canais similares, quais dúvidas mais costumam ter sobre os temas abordados pela empresa; e sugira quais tipos de postagens melhor atendem a cada público.

F. Para cada perfil de público apresentado e numerado no item E, construa 10 postagens completas, com diferentes abordagens entre si, para cada um deles, que maximizariam a sua aproximação e chamariam a sua atenção e interação. O post precisa trazer informação sobre uma curiosidade sobre como os temas que a empresa aborda impactam a vida dos clientes. Para cada construção de sugestão de ideia, sugira um texto criativo e único, engraçado e alinhados a um tipo de solução a seus problemas diários, ou seja, cada post deve ser uma dica útil a este público. Traga, junto a cada sugestão de post, um texto de prompt de criação de uma imagem divertida que melhor ilustraria este post.

G. Quais seriam as 10 principais sugestões para que este perfil crescesse 100 mil seguidores em 6 meses de forma orgânica, sem investimento financeiro? Cite exemplos práticos.

H. Para cada uma das 10 principais datas comemorativas do ano, sugira a construção de 5 posts diferentes, seguidos de um texto personalizado e único e de sugestões de imagens diretamente relacionadas a cada tema proposto pelo post. Sugira cada post acompanhado de uma mensagem de incentivo única, criativa e engraçada que foque o engajamento emocional positivo referente a cada público. Sugira qual prompt de imagem seria mais adequado para ilustrar cada post.

4.40. DESIGN THINKING

O Design Thinking é uma abordagem metodológica e um conjunto de técnicas usadas para resolver problemas complexos de forma criativa e inovadora, com um foco centrado no ser humano. Originário do campo do design de produtos e serviços, o Design Thinking expandiu-se para diversas áreas, incluindo negócios, educação, saúde e engenharia. A abordagem é particularmente valorizada por sua capacidade de gerar soluções que não são apenas tecnicamente viáveis e economicamente rentáveis, mas também desejáveis do ponto de vista dos usuários finais.

Princípios fundamentais do Design Thinking:

Centrado no humano: Coloca as necessidades, desejos e limitações das pessoas no centro do processo de desenvolvimento.

Colaborativo: Encoraja a colaboração multidisciplinar para ganhar perspectivas diversas e enriquecer a solução.

Iterativo: Envolve a prototipagem rápida e o teste de conceitos e ideias para explorar um amplo espaço de soluções potenciais.

Experimental: Aceita o fracasso como uma parte importante do aprendizado e vê cada tentativa como um passo para uma melhor solução.

Processo de resolução de problemas: Utiliza uma abordagem estruturada para identificar desafios, gerar ideias e criar soluções inovadoras.

Etapas do processo de Design Thinking:

Empatizar: Compreender profundamente as experiências, motivações, desejos e necessidades dos usuários através de observação direta, entrevistas e outras técnicas de pesquisa qualitativa.

Definir: Sintetizar as informações coletadas na fase de empatia para definir claramente o problema a ser resolvido, frequentemente reformulando o problema de maneiras que abram novas possibilidades.

Idear: Gerar uma ampla gama de ideias e soluções possíveis para o problema definido, usando técnicas como brainstorming, brainwriting ou sessões de ideação.

Prototipar: Transformar as ideias mais promissoras em protótipos tangíveis. Estes podem variar em fidelidade, desde modelos de papel até protótipos mais sofisticados e funcionais.

Testar: Levar os protótipos aos usuários para feedback, observar a interação e aprender o que funciona e o que não funciona. O teste é fundamental para iterar e refinar a solução.

Benefícios do Design Thinking

Inovação: Pode levar a soluções revolucionárias que desafiam o status quo.

Alinhamento com o usuário: As soluções são mais propensas a atender às necessidades reais dos usuários.

Flexibilidade: Pode ser aplicado a uma ampla variedade de problemas, em diferentes setores e contextos.

Engajamento da equipe: Envolve a equipe de forma criativa e dinâmica, aumentando a satisfação no trabalho.

Aceitação do mercado: Produtos e serviços desenvolvidos através do Design Thinking tendem a ter maior aceitação e sucesso no mercado.

Desafios do Design Thinking

Tempo e recursos: Pode ser um processo que exige tempo e recursos, especialmente na fase de prototipagem e testes.

Cultura organizacional: Requer uma cultura organizacional aberta à experimentação e ao fracasso, o que pode ser um desafio em ambientes mais conservadores.

Em resumo, o Design Thinking é uma poderosa ferramenta de inovação que ajuda organizações a criar soluções que são profundamente enraizadas nas necessidades e desejos dos seus usuários. Ele oferece um caminho para a inovação que é sistemático, mas também permite a criatividade e a exploração de ideias não convencionais.

- Descreva o seguinte Prompt para ChatGPT -

Passo 1:

Com base na descrição da empresa DNA Corporativo, os principais clientes e suas características são:

[INSIRA AQUI A DESCRIÇÃO MAIS DETALHADA DAS PERSONAS DESTE NEGÓCIO]

Perfil de negócio a ser analisado:

[INSIRA AQUI A DESCRIÇÃO MAIS DETALHADA DO NEGÓCIO]

Favor não responda, somente armazene esta informação.

Logo após este prompt, insira o Passo 2.

Passo 2: Construção da análise completa da metodologia.

- Descreva o seguinte Prompt para ChatGPT -

Atue como um reconhecido e experiente consultor de estratégias de lançamento de novos produtos e desenvolvimento de novos mercados, especialista em adaptar produtos e serviços a novas e latentes necessidades.

Utilizando conhecimentos advindos do método Design Thinking, responda as questões abaixo conforme informação do perfil descrito sobre a empresa no Passo 1.

Importante: Abstenha-se de dar opiniões, observações, sugestões e respostas que não estejam perfeitamente alinhadas à questão base deste prompt. Não fuja ao propósito do tema.

Importante: Utilize quantos blocos de respostas forem necessários, mas traga as respostas completas.

A. Analisando a empresa descrita no Passo 1, identifique todos seus produtos e serviços e os numere.

B. Analisando a empresa descrita no Passo 1, identifique todos seus clientes e os numere.

C. Para cada cliente numerado no item B, identifique as 5 principais dores dele.

D. Para cada cliente numerado no item B, identifique os 5 principais desafios atuais aos quais ele mais possivelmente precisa estar atento.

E. Para cada cliente numerado no item B, identifique as 5 principais vantagens que ele teria em aproveitar as soluções desta empresa.

F. Para cada cliente numerado no item B, identifique os 5 principais obstáculos ou empecilhos que o levam a não ter acesso às soluções desta empresa.

G. Faça uma análise dos produtos numerados no item A, utilizando a ferramenta de Design Thinking com o objetivo de inovar todas as soluções promovidas por esta empresa, de forma que tragam novidades e agreguem mais valor, tornem-se mais interativas e perfeitamente adaptadas, alinhadas a todos os requisitos apresentados nos itens C, D, E e F.

Por fim, faça uma análise profunda e detalhada avaliando como esta empresa está adequada à metodologia Design Thinking nos dias atuais e como este nível de ajuste a ajuda a ganhar competitividade em seu mercado.

4.41. MAPA DE EMPATIA

O mapa de empatia é uma ferramenta utilizada principalmente no Design Thinking e no desenvolvimento de produtos, serviços e estratégias de marketing para ajudar as equipes a ganhar uma compreensão mais profunda do seu público-alvo. A ideia é se colocar no lugar do cliente ou usuário para entender suas necessidades, desejos e problemas, de forma a criar soluções mais eficazes e direcionadas.

Geralmente, o mapa de empatia é dividido em seis seções principais:

Apesar de, você poder adaptar a quantas perspectivas mais te interessar...

O que o usuário pensa e sente: Concentra-se nos pensamentos internos do usuário, suas preocupações, anseios e o que realmente importa para ele. Isso pode incluir aspirações, motivações e emoções subjacentes que influenciam suas decisões e comportamentos.

O que o usuário ouve: Descreve o que o usuário está ouvindo em seu ambiente, incluindo o que amigos, colegas, "influenciadores" e outros dizem que pode influenciar o usuário.

O que o usuário vê: Refere-se ao ambiente em que o usuário está inserido, o que ele vê em seu mercado, em tendências e em ofertas de concorrentes, o que pode influenciar sua forma de ver o mundo.

O que o usuário fala e faz: Observa o comportamento visível do usuário, como ele age em público, o que diz aos outros, e como ele se comporta em diferentes situações.

Quais são as dores do usuário: Identifica os medos, frustrações, obstáculos e riscos que o usuário pode estar enfrentando ou preocupado em enfrentar.

Quais são os ganhos do usuário: Define os resultados desejados, necessidades a serem atendidas ou mesmo os ganhos que o usuário deseja alcançar.

O desenvolvimento de um mapa de empatia — parte essencial de construção de um perfil de persona — é um processo que não termina nunca, ou seja, é importante considerar que o perfil de um cliente evolui e adapta-se ao ambiente a sua volta, a evolução do meio ao qual está inserido, e, portanto, é mutável e passível de avaliações e acompanhamentos constantes.

Criar um mapa de empatia geralmente começa com a coleta de dados qualitativos, como entrevistas com usuários, grupos focais ou pesquisa etnográfica. A equipe se reúne para compartilhar e sintetizar suas descobertas, preenchendo cada seção do mapa de empatia com insights ricos e detalhados. O resultado final é um quadro que reflete uma compreensão empática do usuário, que pode ser usado para orientar a tomada de decisões e a inovação centrada no usuário.

A beleza do mapa de empatia está em sua simplicidade e na capacidade de alinhar uma equipe em torno de uma compreensão comum do cliente, resultando em soluções mais alinhadas com as necessidades e desejos do usuário final.

E antes que você pergunte...Sim, é possível, e até benéfico, utilizar o mapa de empatia para avaliação de clientes internos, ou seja, os colaboradores de uma organização. No contexto de Recursos Humanos e gestão interna, o mapa de empatia pode ser um instrumento valioso para entender melhor as necessidades, motivações e desafios dos funcionários.

Aplicar o mapa de empatia no ambiente interno pode ajudar a:

Melhorar a experiência do colaborador: Assim como as empresas buscam compreender e melhorar a experiência do cliente, é igualmente importante entender a jornada do colaborador, desde a contratação até o desenvolvimento de carreira e eventual saída da empresa.

Desenvolver liderança empática: Líderes podem usar o mapa de empatia para se colocarem no lugar de seus liderados, compreendendo suas perspectivas e desafios diários, o que pode fortalecer a comunicação e a gestão de equipes.

Fomentar a cultura organizacional: Entender as emoções e motivações dos colaboradores pode ajudar a definir políticas e práticas que reforcem a cultura desejada na organização.

Identificar lacunas e oportunidades de melhoria: Ao mapear as dores e os ganhos dos colaboradores, a empresa pode identificar pontos de atrito e desenvolver soluções para aprimorar o ambiente de trabalho, a comunicação interna, os processos e os sistemas de recompensa.

Aprimorar processos de mudança e inovação: Com uma compreensão mais profunda dos funcionários, a empresa pode abordar resistências e gerenciar mudanças de forma mais eficaz, alinhando inovações com as necessidades e expectativas dos colaboradores.

Desenvolver programas de treinamento e desenvolvimento: Ao entender o que os funcionários realmente desejam aprender e desenvolver, a empresa pode criar programas de treinamento mais eficazes e alinhados com as expectativas de carreira dos colaboradores.

Ao usar o mapa de empatia com clientes internos, é importante garantir que o processo seja conduzido com uma abordagem genuína e aberta, criando um ambiente seguro para o compartilhamento de informações honestas e construtivas. Esse tipo de abordagem pode ajudar a fortalecer a confiança e o comprometimento dentro da organização, levando a melhorias significativas na satisfação e na produtividade dos funcionários.

Aqui, como em todo o desenvolvimento de prompts que buscam respostas mais complexas e completas, também poderemos enfrentar algum problema. Como a versão gratuita do ChatGPT no Bing só responde até cinco blocos de respostas, caso você queira analisar mais de três perfis de clientes, provavelmente deverá abordar cada um deles separadamente.

Porém, se utilizar este prompt na versão paga ou tiver a licença Microsoft de acesso ao Bing desbloqueado, além de ter respostas muito mais completas e assertivas, não terá que se preocupar com o número de blocos de respostas, o que, a esta altura, já deve estar claro o quanto este requisito pode ser importante.

4.41.1. ANALISE DO CLIENTE EXTERNO

Passo 1: Conhecendo as referências de um campo específico.

- Descreva o seguinte Prompt para ChatGPT -

Passo 1:

Com base na descrição da empresa DNA Corporativo, os principais clientes e suas características são:

[DESCREVA AQUI A LISTA E O DETALHAMENTO DOS PRINCIPAIS CLIENTES DESTE NEGÓCIO]

Perfil de negócio a ser analisado:

[DESCREVA AQUI OS DETALHES MAIS COMPLETOS SOBRE ESTE NEGÓCIO]

Favor, não responder. Somente armazene estas informações!

Passo 2: Relacionando a resposta ao tipo de negócio.

- Descreva o seguinte Prompt para ChatGPT -

Passo 2:

Para responder as questões abaixo, leve em conta as características do perfil do negócio definidos no Passo 1.

Atue como um experiente gestor comercial, consultor e especialista em construção de perfil de clientes, levantamento de características de consumo e relação com o mercado.

A partir das informações sobre a empresa abaixo, suas atividades e principalmente seus clientes, faça uma análise detalhada de cada tipo de cliente desta empresa, utilizando as premissas do mapa de empatia.

Para cada tipo de cliente identificado nas características apresentadas no Passo 1, responda individualmente o conjunto de questões abaixo.

Importante: Para responder as questões abaixo, considere:

- Faça uma pesquisa global sobre cada tipo de cliente a ser analisado, de maneira a aprofundar o conhecimento sobre seu comportamento.

- Na falta de informações suficientes, infira o que seriam as características mais próximas à realidade de cada cliente.

- Traga todas as respostas completas e detalhadas.

Traga respostas únicas e personalizadas para cada tipo de cliente, adaptadas à sua realidade e à forma como atua e gere as suas necessidades.

- Responda o máximo de questões por bloco de resposta.

Bloco 1:

- Elenque e numere todos os clientes atendidos por esta empresa.

- Elenque e siga numerando todos os potenciais clientes que poderiam ser atendidos por esta empresa.

Para um dos clientes acima numerados, cite o perfil de cliente a ser analisado e responda:

A. Elenque as 10 principais necessidades deste cliente, e como a empresa pode melhor atender a cada uma destas necessidades.

B. O que o usuário pensa e sente? Descreva em detalhes cada elemento apresentado na resposta, traga exemplos práticos e tangíveis.

C. O que o usuário ouve? Descreva em detalhes cada elemento apresentado na resposta, traga exemplos práticos e tangíveis.

D. O que o usuário vê? Descreva em detalhes cada elemento apresentado na resposta, traga exemplos práticos e tangíveis.

E. O que o usuário fala e faz? Descreva em detalhes cada elemento apresentado na resposta, traga exemplos práticos e tangíveis.

F. Quais são as dores do usuário? Descreva em detalhes cada elemento apresentado na resposta, traga exemplos práticos e tangíveis.

G. Quais são os ganhos do usuário? Descreva em detalhes cada elemento apresentado na resposta, traga exemplos práticos e tangíveis.

H. Descreva em detalhes quais outras características deste perfil de cliente podem ser relevantes conhecer, as quais possam ajudar esta empresa a melhor atendê-lo. Descreva em detalhes cada elemento apresentado na resposta, traga exemplos práticos e tangíveis.

I. A partir de uma análise profunda das respostas anteriores, indique as melhores maneiras como esta empresa poderia refinar ainda mais seu processo de aproximação com este perfil de cliente. Descreva em detalhes cada elemento apresentado na resposta, traga exemplos práticos e tangíveis destas ações.

4.41.2. ANÁLISE DO CLIENTE INTERNO — COLABORADOR

Passo 1: Conhecendo as referências de um campo específico.

- Descreva o seguinte Prompt para ChatGPT -

Passo 1:

Com base na descrição da empresa DNA Corporativo, os principais clientes e suas características são:

[DESCREVA AQUI A LISTA E O DETALHAMENTO DOS PRINCIPAIS CLIENTES DESTE NEGÓCIO]

Perfil de negócio a ser analisado:

[DESCREVA AQUI OS DETALHES MAIS COMPLETOS SOBRE ESTE NEGÓCIO]

Favor não responder, somente armazene estas informações!

Passo 2: Relacionando a resposta ao tipo de negócio.

- Descreva o seguinte Prompt para ChatGPT -

Passo 2:

Para responder as questões abaixo, leve em conta as características do perfil do negócio definidos no Passo 1.

Atue como um experiente gestor de pessoas, consultor e especialista em análise de perfil de cliente interno, levantamento de características de potenciais e desenvolvimento de novas habilidades conectando as estratégias de cada negócio e seus mercados.

A partir das informações sobre a empresa abaixo, suas atividades e, principalmente seus clientes, faça uma análise detalhada de cada perfil de cliente interno — colaborador — desta empresa, utilizando as premissas do mapa de empatia.

Para cada tipo de cliente interno — colaborador — identificado, responda individualmente o conjunto de questões abaixo.

Importante: Para responder as questões abaixo, considere:

- Faça uma pesquisa global sobre cada perfil de cliente interno — colaborador — a ser analisado, de maneira a aprofundar o conhecimento sobre seu comportamento e suas funções.

- Na falta de informações suficientes, infira o que seriam as características mais próximas a realidade de cada cliente interno — colaborador.

- Traga todas as respostas completas e detalhadas.

- Traga respostas únicas e personalizadas para cada tipo de cliente interno — colaborador —, adaptadas à sua realidade e à forma como atua diante das expectativas deste negócio.

- Responda o máximo de questões por bloco de resposta.

Bloco 1:

- Elenque e numere todos os perfis de clientes internos — colaborador — que fazem parte do quadro funcional desta empresa.

- Elenque também e siga numerando todos os potenciais parceiros que colaboram com o negócio e terceiros que poderiam estar vinculados diretamente fornecendo serviço direto a esta empresa.

Para um dos perfis acima numerados, cite o perfil a ser analisado e responda:

A. Elenque as 10 principais expectativas deste perfil em relação e estar vinculado a esta empresa como a empresa pode melhor atender a cada uma destas expectativas.

B. Elenque as 10 principais necessidades deste perfil em relação à sua vida pessoal e profissional, e como a empresa pode melhor atender a cada uma dessas necessidades.

C. O que este perfil pensa e sente? Descreva em detalhes cada elemento apresentado na resposta, traga exemplos práticos e tangíveis.

D. O que o perfil ouve? Descreva em detalhes cada elemento apresentado na resposta, traga exemplos práticos e tangíveis.

E. O que o perfil vê? Descreva em detalhes cada elemento apresentado na resposta, traga exemplos práticos e tangíveis.

F. O que o perfil fala e faz? Descreva em detalhes cada elemento apresentado na resposta, traga exemplos práticos e tangíveis.

G. Quais são as dores deste perfil? Descreva em detalhes cada elemento apresentado na resposta, traga exemplos práticos e tangíveis.

H. Quais são os ganhos deste perfil? Descreva em detalhes cada elemento apresentado na resposta, traga exemplos práticos e tangíveis.

I. Descreva em detalhes quais outras características deste perfil de cliente podem ser relevantes conhecer, as quais possam ajudar esta empresa a melhor atendê-lo. Descreva em detalhes cada elemento apresentado na resposta, traga exemplos práticos e tangíveis aplicados a realidade da empresa em questão.

J. A partir de uma análise profunda das respostas anteriores, indique as melhores maneiras como esta empresa poderia refinar ainda mais seu processo de aproximação com este perfil de cliente. Descreva em detalhes cada elemento apresentado na resposta, traga exemplos práticos e tangíveis destas ações que possam ser aplicados a realidade da empresa em questão.

4.42. ENCONTRANDO PROBLEMAS

Parece estranho, usarmos ferramentas para encontrar problemas, não é mesmo?

Mas, em gestão de negócios, quanto antes você conseguir encontrar as origens de problemas, menores serão os impactos que este problema poderá causar, e mais, atuar sobre o problema correto, a tempo, minimiza custos e aprimora performance.

Uma condição interessante é o fato de podermos simular problemas futuros, ou seja, podermos pensar a frente e trabalhar proativamente, evitando que condições não desejáveis possam acontecer.

As ferramentas de identificação de problemas organizacionais são essenciais para o diagnóstico e a solução eficaz de questões que podem afetar o desempenho e a saúde de uma organização. Elas oferecem uma série de vantagens que contribuem significativamente para a gestão estratégica e operacional das empresas.

Aqui estão algumas das principais vantagens:

1. **Detecção Precoce de Problemas**

   Benefício: Permite identificar questões em estágios iniciais, antes que se tornem mais sérias e custosas para resolver. Isso pode economizar recursos significativos e evitar impactos negativos prolongados no desempenho organizacional.

2. **Análise Sistemática**

   Benefício: Fornece uma abordagem sistemática e estruturada para analisar problemas, garantindo que todos os aspectos de uma questão sejam considerados. Isso ajuda a evitar soluções superficiais que não abordam as causas raízes.

3. **Tomada de Decisão Baseada em Dados**

   Benefício: As ferramentas frequentemente envolvem a coleta e análise de dados, o que permite que as decisões sejam baseadas em evidências concretas. Isso aumenta a probabilidade de sucesso das soluções implementadas.

4. **Melhoria Contínua**

   Benefício: Facilita a implementação de uma cultura de melhoria contínua, na qual a identificação e resolução de problemas são vistas como oportunidades para aprimorar processos, produtos e serviços.

5. **Aumento da Eficiência Operacional**

   Benefício: Ao identificar gargalos, ineficiências e desperdícios nos processos, as ferramentas ajudam a otimizar operações, melhorar a produtividade e reduzir custos.

6. **Melhoria na Satisfação do Cliente**

   Benefício: Resolver problemas que afetam a qualidade do produto ou do serviço contribui para a satisfação e fidelidade do cliente, o que é essencial para o sucesso a longo prazo.

7. **Fortalecimento da Comunicação Interna**

   Benefício: O processo de identificação e resolução de problemas muitas vezes envolve a colaboração entre diferentes departamentos e níveis hierárquicos, o que pode melhorar a comunicação interna e o trabalho em equipe.

8. **Adaptação e Resiliência**

   Benefício: A capacidade de identificar rapidamente problemas e adaptar-se a mudanças no ambiente de negócios torna a organização mais resiliente frente a desafios e incertezas.

9. **Alinhamento Estratégico**

   Benefício: Ajuda a garantir que todos os aspectos da organização estejam alinhados com a estratégia geral, identificando desalinhamentos e áreas que necessitam de ajustes para alcançar os objetivos organizacionais.

10. **Desenvolvimento de Liderança e Equipe**

   Benefício: O processo de diagnóstico e resolução de problemas desenvolve habilidades críticas de pensamento e liderança nas equipes, capacitando os funcionários a abordarem proativamente os desafios futuros.

Neste exemplo, iremos utilizar algumas ferramentas específicas, como:

Espinha de Peixe (Diagrama de Ishikawa ou Causa e Efeito)

Função: O Diagrama de Espinha de Peixe é utilizado para identificar, explorar e visualizar as causas raízes de um problema específico. Organiza as causas potenciais em categorias principais, facilitando a análise e a solução de problemas complexos. É particularmente útil em sessões de brainstorming para estruturar o pensamento e promover uma análise profunda das questões.

Cinco Porquês

Função: Esta técnica envolve questionar repetidamente a razão de um problema (geralmente cinco vezes) para chegar à sua causa fundamental. É uma ferramenta simples, mas poderosa, para a análise de causas raízes, promovendo uma compreensão profunda dos problemas e ajudando a identificar soluções sustentáveis.

Brainstorming

Função: O Brainstorming é um método criativo de geração de ideias em grupo para resolver problemas. Encoraja os participantes a propor ideias livremente, independentemente de quão inovadoras ou não convencionais sejam, com o objetivo de estimular o pensamento criativo e identificar soluções únicas para problemas complexos.

Método DMAIC

Função: DMAIC é um acrônimo para Definir, Medir, Analisar, Melhorar e Controlar. É uma metodologia sistemática, baseada em dados, usada principalmente em projetos de melhoria de processos Six Sigma. Visa melhorar a eficiência de processos ao identificar e eliminar causas de defeitos ou ineficiências.

Matriz de Priorização

Função: A Matriz de Priorização é uma ferramenta que ajuda a classificar problemas, tarefas ou projetos com base em critérios de prioridade, como urgência, impacto e recursos necessários. Facilita a tomada de decisão ao destacar o que deve ser abordado primeiro, otimizando o uso de recursos e o foco estratégico.

Modelo McKinsey 7S

Função: O Modelo McKinsey 7S é um framework que analisa sete aspectos internos de uma organização para garantir que estão alinhados e que a empresa pode alcançar seus objetivos com sucesso. Os aspectos são: Estrutura, Sistemas, Estilo de Gestão, Staff (equipe), Habilidades, Estratégia e Valores Compartilhados. É uma ferramenta valiosa para análises organizacionais, mudanças de estratégia e integração após fusões ou aquisições.

Modelo MASP

Função: O Método de Análise e Solução de Problemas (MASP) é uma abordagem sistemática destinada à resolução efetiva de problemas dentro das organizações, focando na eliminação das causas raízes para prevenir a recorrência de falhas. Sua principal função é promover a melhoria contínua, oferecendo uma estrutura para solucionar problemas de maneira estruturada e baseada em dados, ao invés de suposições. O MASP incentiva a colaboração, aumenta o comprometimento organizacional com a qualidade e eficiência, e assegura que as decisões sejam fundamentadas em análises rigorosas. Além disso, visa a implementação de soluções sustentáveis, garantindo melhorias duradouras e prevenindo futuros problemas. Essencialmente, o MASP fortalece a cultura de melhoria contínua, contribuindo significativamente para a adaptabilidade e sucesso das organizações em ambientes competitivos.

Método FMEA

Função: A principal função do método FMEA (Failure Mode and Effects Analysis ou Análise dos Modos de Falha e seus Efeitos) é identificar, analisar e priorizar potenciais pontos de falha em produtos, processos ou sistemas antes que estes ocorram. Este método proativo de avaliação de risco visa prevenir falhas, aumentando a confiabilidade e a segurança dos produtos ou processos em questão. O FMEA é utilizado para minimizar ou eliminar riscos de falhas, melhorando assim a qualidade e a satisfação do cliente, além de reduzir custos associados a defeitos e falhas.

Método DMAIC

Função: O método DMAIC serve como uma abordagem sistemática e rigorosa para a melhoria contínua de processos dentro de organizações. Essencialmente, sua função é identificar, analisar e solucionar problemas de desempenho nos processos de negócios, visando a eliminação de defeitos e a redução de variações. Este método, central no framework do Six Sigma, mas aplicável em diversas outras metodologias de qualidade e eficiência operacional, tem como objetivo final melhorar a eficiência, eficácia e adaptabilidade dos processos empresariais.

O acrostico DMAIC significa:

1. Definir (Define)
2. Medir (Measure)
3. Analisar (Analyze)
4. Melhorar (Improve)
5. Controlar (Control)

Chegamos a um ponto pelo qual as respostas tornam-se muito mais complexas, porém, mais completas, e, quanto mais complexas, maior a sugestão de blocos torna-se necessária, pois esta estratégia diminui demandas de processamento da plataforma e segmenta as demandas de informação tornando o prompt menos complexo para interpretação do contexto a IA.

Vamos iniciar com a formulação do conjunto de prompts.

Neste ponto, devemos ter cautela para não confundir o modelo e força-lo a nos dar respostas menos significantes, para tanto, utilizaremos uma nova estratégia, um modelo de construção de resposta em passo a passo estruturado.

- Descreva o seguinte Prompt para ChatGPT -

Passo 1:

Segue perfil do negócio:

[DESCREVA AQUI OS DETALHES MAIS COMPLETOS SOBRE ESTE NEGÓCIO]

Favor não responder, somente armazene estas informações!

Logo iremos iniciar os blocos de questões.

Passo 2:

Atue como um experiente consultor de negócios, especialista em avaliação de performance através da análise e correção de problemas diversos.

O foco principal deste prompt é conseguirmos ter a consciência dos problemas que nos impedem de atingir objetivos maiores, ou seja, condições que tornem-se obstáculos ao crescimento deste negócio, ao aumento de receita, dificultem nossas vendas, atrapalhem o reconhecimento de marca ou construção de autoridade em determinado assunto, tornem-se barreiras de saída, ou que nos deixem frágeis para concorrentes nos imitem, processos que poderiam impactar na insatisfação de clientes ou na forma como eles nos vendem a sua rede social, problemas que possam trazer lentidão a inovação, ponto que nos atrapalhem em construir diferenciais competitivos, falta de visão futura ou visão estratégica míope, comunicação ineficiente entre as partes interessadas, produtos e serviços com possíveis requisitos de qualidade comprometidas ou forma de contexto, divulgação ineficaz, falta de aprimoramento profissional, enfim... todo o tipo de condicionante que esteja nos atrasando de melhorar.

Importante:

Não simplifique as respostas.

Traga respostas completas.

Personalize a resposta ao contexto da empresa e no tema foco de analise.

Compreendo que a questão é complexa, porém preciso que seja respondida na integra, para tanto, utilize quantos blocos de respostas forem necessários.

Tema principal de analise:

Foque em apresentar o conjunto de problemas que possam estar impactando no processo de "Vendas".

Considerando o perfil do negócio descrito no passo 1, e focando no processo descrito acima responda:

Apresente o tema principal de análise.

1. Faça um brainstorming profundo sobre todos os possíveis problemas macro presentes e futuros relacionados ao tema foco aplicado a este negócio identificando a sua relação com todas as partes interessadas, relacione e numere cada uma delas em tópicos principais, logo, para cada tópico numerado, apresente os 5 principais problemas relacionado a ele, ou, possíveis problemas futuros pelos quais um CEO prioritariamente precisaria estar atento em relação a este negócio e também os numere, como sub tópicos.

Explique de forma suscinta cada um dos sub tópicos, e sugira como cada um destes problemas impactaria negativamente este tipo de negócio e seu mercado.

Vamos agora ao segundo bloco de analises.

Logo, iniciamos novamente com um Passo 1.

- Descreva o seguinte Prompt para ChatGPT -

Passo 1:

Segue, conjunto de principais problemas encontrados:

[COLE AQUI A RESPOSTA COMPLETA DO ITEM 1]

Segue perfil do negócio:

[DESCREVA AQUI OS DETALHES MAIS COMPLETOS SOBRE ESTE NEGÓCIO]

Favor não responder, somente armazene estas informações!

Agora vamos trabalhar novo conjunto de analises.

Seguimos, Passo 2.

- Descreva o seguinte Prompt para ChatGPT -

Passo 2:

Atue como um experiente consultor de negócios, especialista em avaliação de performance através da análise e correção de problemas diversos.

Importante:

Não simplifique as respostas.

Traga respostas completas.

Personalize a resposta ao contexto da empresa e no tema foco de análise.

Compreendo que a questão é complexa, porém preciso que seja respondida na integra, para tanto, utilize quantos blocos de respostas forem necessários.

2. Para todos os problemas - subtópicos -, sem exceção, identificados e numerados no Passo 1, apresente uma análise utilizando a metodologia dos Cinco Porquês com o objetivo de identificar as possíveis origens de cada um destes subtópicos.

Por fim, sugira ações que possam minimizar o impacto do problema origem.

Não simplifique a resposta. Analise todos os subtópicos separadamente.

3. Para todos os pontos identificados no item 2 como "Problema origem", sem exceção, elabore um Diagrama de Ishikawa, que nos ajude a determinar o conjunto de parâmetros que estejam em não conformidade com este negócio, e, a partir desta avaliação, sugira quais seria as melhores ações de melhoria e correção ou que pudessem minimizar o impacto negativo de cada uma das não conformidades avaliadas. Apresente o diagrama completo para cada um dos pontos apresentados e numerados de forma que se encaixe no contexto prático do negócio apresentado no Passo 1.

Não simplifique a resposta. Analise todos os pontos apresentados, sem exceção.

ATENÇÃO:

Novamente, copie a resposta completa gerada no passo 2.
Reinicie um novo tópico de conversa no chat.

Vamos agora ao terceiro bloco de análises.

Logo, precisamos iniciar novamente com um bloco, chamando-o de Passo 1.

Passo 1:

Segue, conjunto de principais problemas encontrados:

[COLE AQUI A RESPOSTA COMPLETA DO ITEM 1]

Segue perfil do negócio:

**[DESCREVA AQUI OS DETALHES MAIS
COMPLETOS SOBRE ESTE NEGÓCIO]**

Favor não responder, somente armazene estas informações!

Agora vamos trabalhar novo conjunto de analises.

Seguimos, Passo 2.

Passo 2:

Atue como um experiente consultor de negócios, especialista em avaliação de performance através da análise e correção de problemas diversos.

Importante:

Não simplifique as respostas.

Traga respostas completas.

Personalize a resposta ao contexto da empresa e no tema foco de análise.

Compreendo que a questão é complexa, porém preciso que seja respondida na integra, para tanto, utilize quantos blocos de respostas forem necessários.

4. Para cada subtópico identificado no passo 1, analise-o aplicando o Método DMAIC de forma a nos ajudar a buscar condições que organizem e corrijam cada um destes problemas. Construa um exemplo aplicado ao contexto do negócio, completo e personalizado para cada um dos sub tópicos sem exceção.

Não simplifique a resposta. Analise todos os pontos requeridos sem exceção separadamente.

5. Para cada subtópico identificado no passo 1, e, levando em conta a análise feita no item 4 sobre cada ponto, aplique a matriz de priorização, e nos ajude

a selecionar quais seriam os problemas mais relevantes aos quais deveríamos dar mais atenção neste momento conforme perfil do negócio apresentado no Passo 1.

Faça uma lista completa, classificando cada problema conforme a metodologia, e, acompanhado de uma estrutura de priorização por pontos, conforme a escala e 1 a 100, sendo 100 o mais importante em matéria de atenção e impacto negativo e 1, como o menos importante, de menos impacto negativo.

Não simplifique a resposta. Analise todos os pontos apresentados, sem exceção.

Por fim, vamos terminar a nossa analise, repetindo as estratégias dos passos anteriores, como segue.

- Descreva o seguinte Prompt para ChatGPT -

Passo 1:

Segue, conjunto de principais problemas encontrados:

[COLE AQUI A RESPOSTA COMPLETA DO ITEM 1]

Priorização de cada problema:

[COLE AQUI A RESPOSTA COMPLETA DO ITEM 5]

Segue perfil do negócio:

[DESCREVA AQUI OS DETALHES MAIS COMPLETOS SOBRE ESTE NEGÓCIO]

Favor não responder, somente armazene estas informações!

Agora vamos trabalhar o último conjunto de analises.

Seguimos, Passo 2.

Passo 2:

Atue como um experiente consultor de negócios, especialista em avaliação de performance através da análise e correção de problemas diversos.

Importante:

Não simplifique as respostas.

Traga respostas completas.

Personalize a resposta ao contexto da empresa e no tema foco de análise.

Compreendo que a questão é complexa, porém preciso que seja respondida na integra, para tanto, utilize quantos blocos de respostas forem necessários.

6. A partir do levantamento de cada principal possível problema e futuros problemas apresentados na descrição do passo 1, analise os impactos destes problemas neste negócio aplicando a metodologia do modelo McKinsey 75. Traga a análise completa para cada ponto apresentando-a de forma que possam ser aplicadas ao contexto deste negócio e acelerem o desenvolvimento desta empresa.

Não simplifique a resposta. Analise todos os pontos apresentados, sem exceção.

7. Para cada conjunto de problemas identificados na lista de prioridade no Passo 1, apresente uma avaliação utilizando o método FMEA.

8. Para cada conjunto de problemas identificados na lista de prioridade no Passo 1, apresente uma avaliação utilizando o método DMAIC.

9. Por fim, para cada conjunto de problemas identificados na lista de prioridade no Passo 1, apresente esta lista completa aplicando Pareto e logo o Método MASP sobre os principais problemas.

Sugira, para esta resposta a melhor analise de cenário, conforme perfil do negócio e suas possíveis potencialidades descrito no Passo 1.

Ao final, desta resposta, que deve estar imensa, você terá um ótimo levantamento de possíveis problemas que te impedem de alcançar teus objetivos específicos.

Agora, se você alterar o tema de observação, lá na primeira descrição do Passo 2, você poderá avaliar todo este conjunto de informações por outras perceptivas, como por exemplo, atendimento, entrega, gestão de pessoas, rotatividade, absenteísmo, inovação, entre muitos outros.

4.43. A TEORIA DOS 6 ESTÍMULOS DO NEUROMARKETING

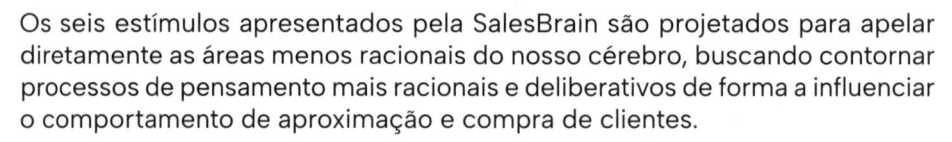

A SalesBrain, uma das empresas pioneiras na aplicação do Neuromarketing no campo corporativo da venda e da publicidade, desenvolveu um modelo que identifica seis estímulos primários projetados para influenciar a tomada de decisão do "cérebro subconsciente" dos consumidores.

As três subdivisões, conhecidas como "Cérebro reptiliano", "Sistema Límbico" e "Neo Cortex", respondem de forma interativa por sistemas predominantemente atuantes como "Primitivo instintivo", "Emocional" e "Racional estratégico".

Os seis estímulos apresentados pela SalesBrain são projetados para apelar diretamente as áreas menos racionais do nosso cérebro, buscando contornar processos de pensamento mais racionais e deliberativos de forma a influenciar o comportamento de aproximação e compra de clientes.

Os seis estímulos definidos pela empresa são:

1. **Auto-centrado:** Nosso cérebro é fortemente motivado pelo egoísmo, focando em sua própria sobrevivência e bem-estar. Portanto, mensagens de marketing que destacam benefícios diretos e imediatos para o consumidor, enfatizando como o produto ou serviço pode resolver seus problemas ou melhorar sua vida de maneira tangível, tendem a ser mais eficazes.

   Exemplo: Uma campanha de um smartphone que destaca como sua bateria de longa duração permite que o usuário fique mais tempo conectado com o que ama, sem se preocupar em recarregar o telefone constantemente. Esta abordagem foca diretamente no benefício pessoal e imediato para o consumidor, apelando para o seu interesse próprio.

2. **Contraste:** O cérebro também percebe o mundo em termos binários (seguro vs perigoso, prazer vs dor, etc.). Apresentar uma proposta de valor em termos de contrastes claros (antes vs depois, com vs sem) pode ajudar a tornar a mensagem mais compreensível e persuasiva para nosso cérebro.

   Exemplo: Antes e depois de imagens em uma campanha de produto de emagrecimento, mostrando claramente a diferença que o produto pode fazer na vida do consumidor. Este contraste visual direto facilita para o cérebro reptiliano compreender rapidamente o valor do produto.

3. **Tangível:** Mensagens que são concretas e específicas são mais facil-mente processadas pelo cérebro que conceitos abstratos ou ambíguos. O Neuromarketing sugere o uso de linguagem simples e direta, além de demonstrações visuais claras do produto ou serviço em ação, para co-municar valor de maneira eficaz.

   Exemplo: Uma demonstração ao vivo ou um vídeo mostrando um limpador de vidros em ação, removendo manchas e sujeira com facilidade. Ao ver o produto funcionando de forma concreta e tangível, o consumidor pode facilmente imaginar como ele funcionaria em seu próprio contexto, o que é altamente persuasivo.

4. **Começo e fim:** Nosso cérebro tem uma capacidade limitada de atenção e armazenamento de informações de curto prazo e prefere mensagens que são curtas e vão direto ao ponto. Dar ênfase ao início e ao fim de uma men-sagem ou apresentação pode ajudar a garantir que os pontos-chave sejam lembrados, pois esses são os momentos mais prováveis de serem retidos.

   Exemplo: Um anúncio de TV para um serviço de entrega de comida que começa com a fome e a frustração de cozinhar e termina com a alegria e a satisfação de receber uma refeição deliciosa em casa. Enfatizar o problema no início e a solução no final cria uma narrativa clara que é facilmente retida pelo cérebro reptiliano.

5. **Visual:** 25% de nosso cérebro dedica-se ao processamento de estímulos visuais. Imagens impactantes, gráficos e demonstrações visuais podem ser mais eficazes que texto ou discurso sozinhos para comunicar uma mensagem de marketing e influenciar a decisão de compra.

   Exemplo: Uma campanha publicitária para um destino turístico que usa imagens deslumbrantes de paisagens, aventuras e experiências locais. Estas imagens visuais impactantes podem evocar uma forte resposta emocional e desejo de experimentar esses lugares, mais do que palavras poderiam.

6. **Emoção:** Nosso cérebro, especialmente o sistema Límbico, é fortemente influenciado por relações emocionais. Mensagens que podem evocar uma resposta emocional forte (por exemplo, medo de perder, alegria de ganhar, alívio de um problema resolvido) são particularmente eficazes para motivar a ação e chamar a atenção de forma mais impactante.

   Exemplo: Um comercial de seguro de vida que mostra uma família crescendo e vivendo momentos felizes juntos, seguido pela paz de espírito que vem com a proteção do seguro. Este tipo de mensagem apela diretamente às emoções do espectador, como amor, proteção e segurança, motivando-os a agir para proteger seus entes queridos.

Esses seis estímulos formam a base da abordagem da SalesBrain ao Neuromarketing, visando criar mensagens de marketing que são instintivamente atraentes e persuasivas para o consumidor em um nível subconsciente. Empregando esses estímulos, as empresas podem projetar campanhas publicitárias, experiências de produtos e estratégias de marca que tenham uma chance maior de influenciar comportamentos do consumidor.

Para aplicarmos estas técnicas a cada negócio, podemos proceder da seguinte forma.

Vamos trabalhar este prompt em 3 blocos, como segue!

Bloco 1: Iremos analisar os estímulos "Auto-centrado" e "Contraste".

- Descreva o seguinte Prompt para ChatGPT -

Atue como um profissional de Marketing, especialista em Neuromarketing ao qual possui a responsabilidade de construir ações que influenciem de maneira não consciente cada perfil específico de consumidor, desenvolvendo ações que o aproximem dos produtos e serviços de uma empresa.

Para o atingimento deste objetivo, utilize especificamente o conceito desenvolvido pela empresa Salesbrain conhecido como os 6 estímulos do Neuromarketing.

Diante o exposto e considerando o perfil de empresa abaixo descrito, responda.

- Apresente uma lista detalhada de tipos de clientes atendidos por esta empresa e numere-os e identificando suas 3 principais necessidades profissionais.

- Apresente uma lista detalhada de todos os produtos e serviços que esta empresa oferece e numere-os.

Para cada produto e serviço numerado acima associe a cada perfil de cliente também numerado acima, de forma que possa trazer exemplos de cada situação possível de acontecer entre produto e cliente.

Responda, individualmente, ao conjunto completo de itens abaixo:

Importante:

- Leve em conta para a formulação de cada resposta, os perfis dos clientes envolvidos no contexto deste negócio.

- Crie respostas personalizadas e mais adequadas a cada situação e contexto que relacione cada um dos tipos de produtos a cada um dos tipos de clientes acima mencionados.

Por exemplo: O produto 1, deverá gerar tantas respostas quantos forem o número total de clientes, o produto 2, da mesma forma, e assim sucessivamente.

1. Analise profundamente o negócio descrito abaixo e responda, utilizando a técnica "Auto-centrado" proveniente do conceito dos 6 estímulos do Neuromarketing, objetivando aprimorar os processos de aproximação e engajamento de cada um dos tipos de cliente acima identificados e numerados em relação a cada um dos produtos e serviços oferecidos, também numerados.

Importante:

- Para cada tipo de produto ou serviço oferecidos por esta empresa apresente um exemplo de ação que possa ser aplicado a realidade de cada um dos perfis de clientes numerados acima.

- Traga sugestões de exemplos únicos e personalizados a realidade do negócio e a realidade de cada característica de cliente relacionado.

- Apresente exemplos que estejam alinhados ao contexto mercadológico desta empresa e que possam ser imediatamente aplicados a ela com o mínimo de custo possível, conforme as suas condições e características.

- Ao final de cada exemplo sugerido, resuma em um breve texto, quais os resultados são esperados após a implementação de cada ação sugerida.

    1.1. Por fim, contextualize a técnica central a realidade deste negócio e necessidades de seus clientes.

2. Analise profundamente o negócio descrito abaixo e responda, utilizando a técnica "Contraste" proveniente do conceito dos 6 estímulos do Neuromarketing, objetivando aprimorar os processos de aproximação e engajamento de cada um dos tipos de cliente acima identificados e numerados em relação a cada um dos produtos e serviços oferecidos, também numerados.

Importante:

- Para cada tipo de produto ou serviço oferecidos por esta empresa apresente um exemplo de ação que possa ser aplicado a realidade de cada um dos perfis de clientes numerados acima.

- Traga sugestões de exemplos únicos e personalizados a realidade do negócio e a realidade de cada característica de cliente relacionado.

- Apresente exemplos que estejam alinhados ao contexto mercadológico desta empresa e que possam ser imediatamente aplicados a ela com o mínimo de custo possível, conforme as suas condições e características.

- Ao final de cada exemplo sugerido, resuma em um breve texto, quais os resultados são esperados após a implementação de cada ação sugerida.

    2.1. Por fim, contextualize a técnica central a realidade deste negócio e necessidades de seus clientes.

Segue perfil do negócio:

[DESCREVA AQUI OS DETALHES MAIS COMPLETOS SOBRE ESTE NEGÓCIO]

Bloco 2: Iremos analisar os estímulos "Tangível" e "Começo e Fim".

- Descreva o seguinte Prompt para ChatGPT -

Atue como um profissional de Marketing, especialista em Neuromarketing ao qual possui a responsabilidade de construir ações que influenciem de maneira não consciente cada perfil específico de consumidor, desenvolvendo ações que o aproximem dos produtos e serviços de uma empresa.

Para o atingimento deste objetivo, utilize especificamente o conceito desenvolvido pela empresa Salesbrain conhecido como os 6 estímulos do Neuromarketing.

Diante o exposto e considerando o perfil de empresa abaixo descrito, responda.

- Apresente uma lista detalhada de tipos de clientes atendidos por esta empresa e numere-os e identificando suas 3 principais necessidades profissionais.

- Apresente uma lista detalhada de todos os produtos e serviços que esta empresa oferece e numere-os.

Para cada produto e serviço numerado acima associe a cada perfil de cliente também numerado acima, de forma que possa trazer exemplos de cada situação possível de acontecer entre produto e cliente.

Responda, individualmente, ao conjunto completo de itens abaixo:

Importante:

- Leve em conta para a formulação de cada resposta, os perfis dos clientes envolvidos no contexto deste negócio.

- Crie respostas personalizadas e mais adequadas a cada situação e contexto que relacione cada um dos tipos de produtos a cada um dos tipos de clientes acima mencionados.

Por exemplo: O produto 1, deverá gerar tantas respostas quantos forem o número total de clientes, o produto 2, da mesma forma, e assim sucessivamente.

3. Analise profundamente o negócio descrito abaixo e responda, utilizando a técnica "Tangível" proveniente do conceito dos 6 estímulos do Neuromarketing, objetivando aprimorar os processos de aproximação e engajamento de cada um dos tipos de cliente acima identificados e numerados em relação a cada um dos produtos e serviços oferecidos, também numerados.

Importante:

- Para cada tipo de produto ou serviço oferecidos por esta empresa apresente um exemplo de ação que possa ser aplicado a realidade de cada um dos perfis de clientes numerados acima.

- Traga sugestões de exemplos únicos e personalizados a realidade do negócio e a realidade de cada característica de cliente relacionado.

- Apresente exemplos que estejam alinhados ao contexto mercadológico desta empresa e que possam ser imediatamente aplicados a ela com o mínimo de custo possível, conforme as suas condições e características.

- Ao final de cada exemplo sugerido, resuma em um breve texto, quais os resultados são esperados após a implementação de cada ação sugerida.

    3.1. Por fim, contextualize a técnica central a realidade deste negócio e necessidades de seus clientes.

4. Analise profundamente o negócio descrito abaixo e responda, utilizando a técnica "Começo e Fim" proveniente do conceito dos 6 estímulos do Neuromarketing, objetivando aprimorar os processos de aproximação e engajamento de cada um dos tipos de cliente acima identificados e numerados em relação a cada um dos produtos e serviços oferecidos, também numerados.

Importante:

- Para cada tipo de produto ou serviço oferecidos por esta empresa apresente um exemplo de ação que possa ser aplicado a realidade de cada um dos perfis de clientes numerados acima.

- Traga sugestões de exemplos únicos e personalizados a realidade do negócio e a realidade de cada característica de cliente relacionado.

- Apresente exemplos que estejam alinhados ao contexto mercadológico desta empresa e que possam ser imediatamente aplicados a ela com o mínimo de custo possível, conforme as suas condições e características.

- Ao final de cada exemplo sugerido, resuma em um breve texto, quais os resultados são esperados após a implementação de cada ação sugerida.

    4.1. Por fim, contextualize a técnica central a realidade deste negócio e necessidades de seus clientes.

Segue perfil do negócio:

> **[DESCREVA AQUI OS DETALHES MAIS COMPLETOS SOBRE ESTE NEGÓCIO]**

Bloco 3: Por fim, iremos analisar os estímulos "Visual" e "Emoção".

Atue como um profissional de Marketing, especialista em Neuromarketing ao qual possui a responsabilidade de construir ações que influenciem de maneira não consciente cada perfil específico de consumidor, desenvolvendo ações que o aproximem dos produtos e serviços de uma empresa.

Para o atingimento deste objetivo, utilize especificamente o conceito desenvolvido pela empresa Salesbrain conhecido como os 6 estímulos do Neuromarketing.

Diante o exposto e considerando o perfil de empresa abaixo descrito, responda.

- Apresente uma lista detalhada de tipos de clientes atendidos por esta empresa e numere-os e identificando suas 3 principais necessidades profissionais.

- Apresente uma lista detalhada de todos os produtos e serviços que esta empresa oferece e numere-os.

Para cada produto e serviço numerado acima associe a cada perfil de cliente também numerado acima, de forma que possa trazer exemplos de cada situação possível de acontecer entre produto e cliente.

Responda, individualmente, ao conjunto completo de itens abaixo:

Importante:

- Leve em conta para a formulação de cada resposta, os perfis dos clientes envolvidos no contexto deste negócio.

- Crie respostas personalizadas e mais adequadas a cada situação e contexto que relacione cada um dos tipos de produtos a cada um dos tipos de clientes acima mencionados.

Por exemplo: O produto 1, deverá gerar tantas respostas quantos forem o número total de clientes, o produto 2, da mesma forma, e assim sucessivamente.

5. Analise profundamente o negócio descrito abaixo e responda, utilizando a técnica "Visual" proveniente do conceito dos 6 estímulos do Neuromarketing, objetivando aprimorar os processos de aproximação e engajamento de cada um dos tipos de cliente acima identificados e numerados em relação a cada um dos produtos e serviços oferecidos, também numerados.

Importante:

- Para cada tipo de produto ou serviço oferecidos por esta empresa apresente um exemplo de ação que possa ser aplicado a realidade de cada um dos perfis de clientes numerados acima.

- Traga sugestões de exemplos únicos e personalizados a realidade do negócio e a realidade de cada característica de cliente relacionado.

- Apresente exemplos que estejam alinhados ao contexto mercadológico desta empresa e que possam ser imediatamente aplicados a ela com o mínimo de custo possível, conforme as suas condições e características.

- Ao final de cada exemplo sugerido, resuma em um breve texto, quais os resultados são esperados após a implementação de cada ação sugerida.

  5.1. Por fim, contextualize a técnica central a realidade deste negócio e necessidades de seus clientes.

6. Analise profundamente o negócio descrito abaixo e responda, utilizando a técnica "Emoção" proveniente do conceito dos 6 estímulos do Neuromarketing, objetivando aprimorar os processos de aproximação e engajamento de cada um dos tipos de cliente acima identificados e numerados em relação a cada um dos produtos e serviços oferecidos, também numerados.

Importante:

- Para cada tipo de produto ou serviço oferecidos por esta empresa apresente um exemplo de ação que possa ser aplicado a realidade de cada um dos perfis de clientes numerados acima.

- Traga sugestões de exemplos únicos e personalizados a realidade do negócio e a realidade de cada característica de cliente relacionado.

- Apresente exemplos que estejam alinhados ao contexto mercadológico desta empresa e que possam ser imediatamente aplicados a ela com o mínimo de custo possível, conforme as suas condições e características.

- Ao final de cada exemplo sugerido, resuma em um breve texto, quais os resultados são esperados após a implementação de cada ação sugerida.

  6.1. Por fim, contextualize a técnica central a realidade deste negócio e necessidades de seus clientes.

Segue perfil do negócio:

[DESCREVA AQUI OS DETALHES MAIS COMPLETOS SOBRE ESTE NEGÓCIO]

4.44. CICLO DE INOVAÇÃO DE SCHUMPETER

O ciclo de inovação de Schumpeter, também conhecido como "destruição criativa", é um conceito central na teoria econômica de Joseph Schumpeter, um economista austríaco do século XX. Schumpeter argumentava que o motor do crescimento econômico não era o equilíbrio ou a alocação eficiente de recursos, como muitos de seus contemporâneos acreditavam, mas sim a inovação e a mudança tecnológica impulsionadas pelo empreendedorismo. Essa perspectiva foi detalhada em suas obras, especialmente em "Teoria do Desenvolvimento Econômico" (1911) e "Capitalismo, Socialismo e Democracia" (1942).

Princípios Fundamentais

1. **Destruição Criativa:** Schumpeter descreve um processo dinâmico no qual a inovação constante leva à obsolescência ou destruição de tecnologias, produtos e serviços existentes. Esse ciclo de renovação contínua é o que impulsiona o crescimento econômico e a evolução das indústrias. A destruição criativa é, portanto, vista como um processo duplamente articulado que destrói o velho e cria o novo, alimentando um ciclo de inovação contínua.

2. **O Papel do Empreendedor:** Para Schumpeter, o empreendedor é o agente de mudança no centro do ciclo de inovação. É o empreendedor quem percebe oportunidades para inovações – sejam elas novos produtos, novos métodos de produção, novos mercados ou novas formas de organização – e age para implementá-las, desafiando o status quo e promovendo a transformação econômica.

3. **Cinco Tipos de Inovação:** Schumpeter identificou cinco tipos de inovação que poderiam levar à destruição criativa:

- Introdução de um novo bem ou uma qualidade de bem;

- Introdução de um novo método de produção;

- Abertura de um novo mercado;

- Conquista de uma nova fonte de oferta de matérias-primas ou bens semi-manufaturados;

- Implementação de uma nova organização de qualquer indústria, como a criação de uma posição de monopólio ou a quebra de um monopólio existente.

4. **Ciclos Econômicos:** Schumpeter também relacionou a inovação com a teoria dos ciclos econômicos. Ele propôs que as ondas de inovações tecnológicas geram ciclos de expansão econômica, seguidos por períodos de ajuste e recessão, antes de uma nova onda de inovações iniciar o ciclo novamente. Esses ciclos variam em duração e são frequentemente referidos como ciclos de Kondratieff, que têm uma periodicidade de aproximadamente 50 anos.

Impacto e Críticas

O conceito de destruição criativa de Schumpeter teve um impacto profundo no pensamento econômico, influenciando tanto teóricos do desenvolvimento econômico quanto políticas governamentais em relação à inovação e ao empreendedorismo. No entanto, também enfrentou críticas, especialmente em relação ao impacto social da destruição criativa, como o desemprego ou a desigualdade, e à sua aplicabilidade em diferentes contextos econômicos e sociais.

Relevância Atual

Hoje, a ideia de destruição criativa é frequentemente invocada para descrever o ritmo acelerado de inovação tecnológica e mudança estrutural em economias avançadas, especialmente no contexto da revolução digital e da economia baseada no conhecimento. A capacidade de adaptar-se a esse ciclo de inovação contínua é vista como um determinante chave da competitividade das nações e do sucesso das empresas no século XXI.

- Descreva o seguinte Prompt para ChatGPT -

Atue como um consultor, desenvolvedor de novos produtos, especialista em inovação e ideias disruptivas que surpreendam o mercado positivamente, focado em UX e aprimoramento da experiencia do cliente.

Analisando profundamente o perfil da empresa abaixo, responda:

Importante:

- Traga sempre respostas completas.

- Responda cada comando do prompt sem atalhos ou resumos.

1. Identifique e numere todo o portfólio de produtos e serviços que esta empresa trabalha atualmente.

2. Identifique e numere todos os atuais perfis de clientes que esta empresa atende atualmente, apresente quais são os 5 principais problemas enfrentados por cada perfil de cliente, logo, sugira as 10 principais soluções relacionadas ao perfil da empresa que melhor resolveriam cada conjunto de problemas destes clientes e, por fim, apresente os 5 principais motivadores que fazem com que este cliente procure as soluções fornecidas pela empresa abaixo.

3. Indique 10 perfis de clientes que ainda não estão sendo atendidos pela empresa e que indique o motivo pelo qual não estão sendo atendidos, logo, apresente sugestões de como a empresa poderia adequar-se e atender estes clientes. Apresente propostas de soluções que estes clientes possivelmente gostariam de adquirir.

4. Analise profundamente o conjunto de respostas anteriores, tipos de produtos e serviços promovidos por esta empresa, clientes atuais e suas necessidades, perfil de futuros possíveis clientes ainda não atendidos, e tendencias mercadológicas futuras e responda:

   4.1. Utilizando o método do ciclo de inovação de Schumpeter, destaque como se comporta, individualmente, cada uma das soluções promovidas por esta empresa em cada uma das 4 fases do ciclo. Apresente exemplos práticos e aplicáveis ao perfil do negócio, formas e meios de adaptar cada objeto de análise de forma a tornar cada solução sempre atual a necessidades atuais e futuras de seus clientes.

   4.2. Levando em conta os ciclos de Kondratieff, sugira meios de como contornar os pontos negativos apresentados que poderiam acelerar nosso declínio e indique meios de como podemos explorar os pontos positivos a nosso favor de forma a estender ao máximo o ciclo de vida de cada solução. Apresente exemplos práticos aplicados ao negócio.

   4.3. Analise este negócio e, para cada produto ou serviço atualmente disponível, individualmente, e avalie cada um através dos 5 tipos de inovação apresentados por Schumpeter de forma a torna-los ainda mais memoráveis durante toda a experiencia de uso de cada perfil de cliente apresentado.

   4.4. Analisando este negócio, sugira meios de torná-lo mais disruptivo para cada uma de suas propostas de soluções. As sugestões apresentadas devem ter características que surpreendam e superem as expectativas do mercado.

   4.5. Traga ideias que possam por esta empresa em destaque em matéria de autoridade e seja reconhecida por seus clientes e concorrentes sobre os temas pelos quais ela se propõe a trabalhar.

Considere para a resposta o seguinte perfil de negócio:

4.45. EFEITO BORBOLETA

O Efeito Borboleta é um conceito originário da
Teoria do Caos, que sugere que pequenas mudanças nas condições iniciais de um sistema
podem ter grandes efeitos em todo o sistema
ao longo do tempo. A metáfora mais famosa
associada a este conceito é a de que o bater
de asas de uma borboleta em um lugar do
mundo pode causar um tornado em outro
lugar, semanas depois. Embora essa ideia
seja mais uma ilustração poética do que uma
realidade factual, ela captura a essência do Efeito
Borboleta: a interconexão e a sensibilidade de
sistemas complexos a variações mínimas.

Aplicação do Efeito Borboleta no Aprimoramento e Análise de Negócios

1. **Identificação de Pequenas Mudanças com Grandes Impactos:** No con-
    texto empresarial, o Efeito Borboleta pode ser utilizado para identificar
    pequenas ações ou mudanças que podem ter um impacto significativo nos
    resultados de um negócio. Isso requer uma compreensão profunda dos
    processos internos da empresa e de como eles se interligam. Por exemplo,
    uma pequena melhoria na eficiência do atendimento ao cliente pode levar
    a um aumento significativo na satisfação do cliente, o que, por sua vez,
    pode resultar em maior fidelidade do cliente e em um aumento nas vendas.

2. **Análise de Cenários e Planejamento Estratégico:** Empregar o conceito
    do Efeito Borboleta na análise de negócios envolve considerar uma ampla
    gama de cenários futuros, baseados em mudanças mínimas nas condições
    atuais. Isso permite que as empresas desenvolvam planos estratégicos mais
    robustos e adaptáveis, preparando-se para uma variedade de possíveis
    futuros e minimizando riscos.

3. **Inovação e Experimentação:** O Efeito Borboleta incentiva a inovação e a
    experimentação dentro das empresas, destacando como pequenas ino-
    vações ou experimentos podem levar a grandes avanços. Isso pode ser
    particularmente útil em ambientes de negócios dinâmicos e altamente

competitivos, onde a capacidade de se adaptar e inovar rapidamente é crucial para o sucesso.

4. **Melhoria Contínua:** A aplicação desse conceito também promove a ideia de melhoria contínua. Ao reconhecer que pequenas mudanças podem ter grandes efeitos, as empresas são incentivadas a buscar constantemente maneiras de otimizar e aprimorar seus processos, produtos e serviços.

5. **Gestão de Riscos:** Entender e aplicar o Efeito Borboleta pode ajudar na gestão de riscos, permitindo que as empresas identifiquem possíveis pontos de falha ou vulnerabilidades em seus processos que, embora pequenos, podem levar a consequências significativamente negativas. Isso possibilita a implementação de medidas preventivas para mitigar esses riscos.

O Efeito Borboleta, embora seja um conceito originado na física e na matemática, oferece uma poderosa metáfora para o mundo dos negócios, destacando a importância de estar atento às pequenas mudanças e às interconexões dentro de sistemas complexos. Ao aplicar este conceito, as empresas podem não apenas aprimorar sua capacidade de análise e planejamento estratégico, mas também fomentar uma cultura de inovação, melhoria contínua e gestão de riscos eficaz.

- Descreva o seguinte Prompt para ChatGPT -

Atue como um consultor, especialista em logística e aprimoramento de processos que levem um cliente a maximizar experiencias positivas durante todo o processo de contato com determinado negócio.

Analisando profundamente o perfil da empresa abaixo, responda:

Importante:

• Traga sempre respostas completas.

• Responda cada comando do prompt sem atalhos ou resumos.

1. Identifique e numere todo o portfólio de produtos e serviços que esta empresa trabalha atualmente. Sugira o que seriam os principais diferenciais de qualidade que poderiam destacar cada solução dos concorrentes e mais 5 requisitos pelos quais o público alvo desta empresa mais valoriza, e por fim, sugira quais seriam os 5 principais requisitos motivadores de compra cada uma das soluções oferece com mais intensidade.

2. Identifique e numere todos os atuais perfis de clientes que esta empresa atende atualmente, apresente e numere os 10 principais requisitos comportamentais necessários que são essenciais para que ele chegue ao sucesso em sua carreira profissional.

Traga respostas personalizadas e devidamente adequadas a cada perfil de cliente, por fim, explique o que significa sucesso profissional, para cada um dos perfis de cliente.

3. Para cada um dos perfis de clientes apresentados no item 2, responda individualmente:

Importante:

- Personalize cada resposta;

- Adapte cada sugestão, levando em conta as características particulares de cada perfil.

   3.1. Utilize o conceito do Efeito borboleta - Causa efeito -, para mapear, passo a passo, como cada uma das soluções promovidas por esta empresa, poderia contribuir para que este cliente consiga obter cada um dos critérios necessários para que ele alcance seu sucesso esperado identificados no item 2. Detalhe e ilustre cada passo com exemplos e sugestões reais aplicados ao contexto deste negócio.

4. Use a teoria do efeito borboleta - causa efeito -, para mapear o trajeto de como esta empresa poderia expandir sua atuação a novos mercados e possibilidades de novas fontes de renda.

Explique em detalhe cada passo com exemplos e sugestões reais aplicadas ao contexto deste negócio.

Considere para a resposta o seguinte perfil de negócio:

[DESCREVA AQUI OS DETALHES MAIS COMPLETOS SOBRE ESTE NEGÓCIO]

4.46. GRANDES PENSADORES

Imagine se pudéssemos viajar no tempo e conversar com grandes celebridades, perguntar sua opinião sobre nosso negócio, pedir dicas de vida, de gestão e condução de negócios, enfim, poder absorver suas experiencias aplicação de suas principais expertises.

Pois bem, infelizmente, fisicamente, isto ainda não é possível, porém, com algum apoio, podemos tentar simular respostas conforme estes pensadores possivelmente reagiriam.

Vamos buscar conversar com as seguintes personalidades:

Sun Tzu

Sun Tzu foi um general, estrategista e filósofo chinês que viveu aproximadamente no século V a.C. É mundialmente conhecido pela autoria de "A Arte da Guerra", um tratado de estratégia militar que enfatiza a importância da adaptabilidade, da astúcia, do uso do ambiente a favor e da inteligência sobre a força bruta. Seus ensinamentos transcendem o campo de batalha e são aplicados em estratégias empresariais, planejamento político e resolução de conflitos.

Nicolau Maquiavel

Nicolau Maquiavel (1469-1527) foi um diplomata, funcionário público, filósofo político e escritor italiano, mais conhecido por sua obra "O Príncipe". Neste livro, Maquiavel explora a dinâmica do poder e a natureza pragmática da governança, argumentando que a moralidade pode ser flexível em nome da estabilidade política e do controle. Seu nome deu origem ao termo "maquiavélico", frequentemente usado para descrever ações políticas calculistas e sem escrúpulos.

Walt Disney

Walt Disney (1901-1966) foi um empresário, animador, dublador e produtor cinematográfico americano, co-fundador da The Walt Disney Company. Disney foi um pioneiro na indústria de animação e criou personagens icônicos como Mickey Mouse. Ele também foi responsável pela concepção e construção do Disneyland Park, inaugurando uma nova era de parques temáticos. Sua visão e criatividade transformaram o entretenimento familiar e deixaram um legado duradouro na cultura popular.

Arthur Schopenhauer

Arthur Schopenhauer (1788-1860) foi um filósofo alemão cuja obra principal, "O Mundo como Vontade e Representação", argumenta que a realidade é impulsionada por uma vontade irracional e cega. Schopenhauer foi um dos primeiros a incorporar conceitos orientais em filosofia ocidental, especialmente o budismo e o hinduísmo. Seu pessimismo filosófico e ênfase na renúncia aos desejos influenciaram profundamente a literatura, a filosofia e a psicologia.

Napoleon Hill

Napoleon Hill (1883-1970) foi um autor americano de autoajuda, mais conhecido por seu livro "Pense e Enriqueça", que é um dos livros mais vendidos de todos os tempos. Hill estudou as características de indivíduos de sucesso e propôs que a chave para o sucesso é a mentalidade positiva, a persistência e a formulação de um "desejo ardente" de alcançar objetivos. Seus princípios de sucesso pessoal influenciaram o desenvolvimento do gênero de literatura de autoajuda.

Dale Carnegie

Dale Carnegie (1888-1955) foi um escritor e orador americano de cursos de autoajuda. Seu livro mais famoso, "Como Fazer Amigos e Influenciar Pessoas", publicado em 1936, é um guia clássico sobre comunicação interpessoal e habilidades sociais. Carnegie enfatizou a importância da empatia, da escuta ativa e do encorajamento para ganhar respeito e influência, princípios que permanecem relevantes em contextos tanto pessoais quanto profissionais.

Frederick Taylor

Frederick Winslow Taylor (1856-1915) foi um engenheiro mecânico americano e o pai da administração científica. Seu trabalho mais influente, "Princípios da Administração Científica", foca na eficiência do trabalho através da análise científica de tarefas, padronização de processos e divisão do trabalho. Taylor defendeu a implementação de técnicas de gerenciamento científico para aumentar a produtividade e a eficiência, influenciando profundamente o desenvolvimento da gestão industrial.

John Forbes Nash

John Forbes Nash Jr. (1928-2015) foi um matemático americano cujos trabalhos em teoria dos jogos, geometria diferencial e equações diferenciais parciais tiveram um impacto profundo em várias disciplinas. Nash é mais conhecido por seu trabalho no conceito de equilíbrio de Nash, uma teoria estratégica em jogos não cooperativos que ganhou o Prêmio Nobel de Economia em 1994. Sua vida e luta com a esquizofrenia foram retratadas no filme "Uma Mente Brilhante".

Manuel Castells

Manuel Castells (nascido em 1942) é um sociólogo e professor universitário espanhol, amplamente reconhecido por sua análise da sociedade em rede, uma teoria que explora o impacto das tecnologias da informação e comunicação na economia, na sociedade e na cultura. Seu trabalho mais significativo, a trilogia "A Era da Informação", examina a ascensão da sociedade em rede no final do século XX e início do século XXI, destacando a transformação dos espaços de poder e identidade.

Mary Parker Follett

Mary Parker Follett (1868-1933) foi uma teórica social e consultora de gestão americana, pioneira nas teorias de relações humanas e liderança democrática. Follett defendeu a ideia de "poder com" em vez de "poder sobre", promovendo a gestão participativa e a resolução de conflitos através da integração de interesses. Suas ideias sobre liderança, autoridade e cooperação influenciaram as práticas modernas de gestão e administração pública.

Peter Drucker

Peter Drucker (1909-2005) foi um autor, professor e consultor de gestão austro-americano, frequentemente chamado de "pai da administração moderna". Suas ideias transformadoras sobre descentralização, gestão por objetivos e a importância dos trabalhadores do conhecimento moldaram as práticas de gestão contemporâneas. Drucker enfatizou a importância da inovação, da flexibilidade organizacional e da eficácia na liderança, contribuindo para o desenvolvimento do pensamento estratégico nos negócios.

Abraham Maslow

Abraham Maslow (1908-1970) foi um psicólogo americano conhecido por criar a teoria da hierarquia das necessidades, representada pela pirâmide de Maslow. Esta teoria sugere que as pessoas são motivadas a satisfazer necessidades básicas antes de buscar satisfação em níveis mais elevados de necessidades psicológicas e de auto-realização. Maslow é considerado um dos fundadores da psicologia humanista, enfatizando a busca pela realização pessoal e o potencial humano.

Henry Mintzberg

Henry Mintzberg (nascido em 1939) é um acadêmico canadense que se especializou em teoria da administração e gestão. Ele é conhecido por seu trabalho sobre a natureza do trabalho gerencial, estratégias organizacionais e estruturas organizacionais. Mintzberg propôs a classificação de dez papéis gerenciais e criticou a separação rígida entre planejamento estratégico e operacional, enfatizando um processo de estratégia mais orgânico e adaptativo.

Steve Jobs

Steve Jobs (1955–2011) foi um empresário e inventor americano, co-fundador da Apple Inc. Jobs foi uma figura chave na revolução do computador pessoal e mais tarde em dispositivos de comunicação e entretenimento, como o iPhone e o iPad. Sua abordagem para o design de produtos, enfatizando a estética minimalista e a facilidade de uso, juntamente com sua liderança carismática, tornaram a Apple uma das empresas mais valiosas do mundo.

Ray Kroc

Ray Kroc (1902–1984) foi um empresário americano responsável pela expansão global do McDonald's, transformando-o na maior cadeia de fast-food do mundo. Kroc, originalmente um vendedor de máquinas de milkshake, viu o potencial nos sistemas operacionais eficientes do restaurante McDonald's original e adquiriu a franquia, enfatizando a padronização, a qualidade e a eficiência no serviço rápido. Sua visão e métodos de franchising reformularam a indústria de serviços alimentícios e a cultura alimentar americana.

Cada um desses personagens teve um impacto profundo e duradouro em suas respectivas áreas, moldando não apenas o pensamento contemporâneo, mas também práticas e estratégias em uma ampla gama de campos.

- Descreva o seguinte Prompt para ChatGPT -

Imagine que iremos fazer uma viajem no tempo, e, durante esta viajem, conseguimos uma reunião com as seguintes personalidades abaixo.

- Sun Tzu
- Nicolau Maquíavel
- Walt Disney
- Arthur Schopenhauer
- Napoleon Hill
- Dale Carnegie
- Frederick Taylor
- John Forbes Nash
- Manuel Castells
- Mary Parker Follet
- Peter Drucker
- Abraham Maslow
- Henry Mintzberg
- Steve Jobs
- Ray Kroc

para cada personalidade acima citada resposta o seguinte conjunto de perguntas, baseando-se na análise de perfil do negócio descrito abaixo.

Importante:

- Em cada resposta, leve em conta o perfil e experiencias vividas por cada uma das personalidades, seus erros e acertos durante a sua trajetória.

- Simule respostas que estejam perfeitamente convergentes com cada perfil acima, exatamente como se, cada um destes personagens, pessoalmente estivessem construindo cada resposta.

- Foque cada resposta no tema central de cada expertise destes personagens, adaptando sua visão aos dias de hoje.

- Traga respostas completas.

- Cada resposta deve ser personalizada, única e aplicada a realidade e contexto do perfil de negócio descrito.

Durante este encontro reservamos as seguintes perguntas abaixo:

1. Analisando o perfil da empresa abaixo, quais seriam os principais diferenciais competitivos que ela poderia desenvolver ou adotar para que ganhasse mais destaque em seu mercado? Cite exemplos adaptados a realidade deste negócio.

2. Quais os principais pilares de encantamento e engajamento de clientes que esta empresa deveria desenvolver de forma a construir uma base memorável de soluções a seu mercado? Cite exemplos adaptados à realidade deste negócio.

3. Quais as melhores formas de superar a concorrência? Cite exemplos adaptados à realidade deste negócio.

4. Como você avalia as propostas de solução desta empresa? Quais conselhos você daria para que este gestor pudesse maximizar as suas chances de sucesso?

5. Quais conselhos pessoais você daria para que este empreendedor conseguisse melhor equilibrar a sua vida pessoal com seu trabalho de maneira a poder construir uma trajetória de sucesso mais saudável?

Por fim, faça uma análise profunda de todas as respostas e una tudo em um único texto ao qual sejam apresentados os principais pontos, conselhos e sugestões, destacando os pontos em comum do pensamento de cada personalidade, acompanhada de uma visão global e concreta sobre este negócio e sua relação com seu mercado.

Considere para a resposta o seguinte perfil de negócio:

[DESCREVA AQUI OS DETALHES MAIS COMPLETOS SOBRE ESTE NEGÓCIO]

4.47. NUDGE

O conceito de "Nudge", traduzido do inglês como "empurrãozinho", refere-se a uma abordagem sofisticada dentro da economia comportamental que visa influenciar as escolhas das pessoas de maneira previsível sem restringir suas opções ou alterar significativamente seus incentivos econômicos. Em outras palavras, um nudge é uma forma sutil de encorajar ou guiar o comportamento humano sem impor coações ou mandatos. Este conceito ganhou destaque com a publicação do livro "Nudge: Improving Decisions About Health, Wealth, and Happiness", de Richard H. Thaler e Cass R. Sunstein, em 2008. Thaler, um dos pioneiros na área, foi laureado com o Prêmio Nobel de Economia em 2017, em grande parte devido a suas contribuições para a economia comportamental e o conceito de Nudge.

Fundamentos Teóricos

A economia comportamental, que combina insights da psicologia econômica e ciências cognitivas, serve como a base teórica para o conceito de Nudge. Ela desafia o modelo tradicional de homo economicus, que pressupõe que os agentes econômicos são perfeitamente racionais e sempre tomam decisões no seu melhor interesse. A economia comportamental reconhece que os indivíduos são afetados por vieses cognitivos e emoções, o que pode levar a escolhas subótimas.

Aplicações de Nudge

Nudges são aplicados em uma variedade de contextos para promover comportamentos desejáveis sem a necessidade de regulamentações pesadas ou intervenções diretas.

Alguns exemplos incluem:

1. **Saúde Pública:** Incentivar escolhas alimentares saudáveis, por exemplo, através da organização estratégica de alimentos em um refeitório, colocando opções mais saudáveis ao nível dos olhos.

2. **Finanças Pessoais:** Promover a poupança para a aposentadoria, utilizando a inscrição automática em planos de poupança, com opções para optar por sair, em vez de requerer que os indivíduos optem ativamente por entrar.

3. **Sustentabilidade:** Encorajar o consumo responsável de recursos, por exemplo, através de feedback imediato sobre o consumo de energia elétrica em casa.

4. **Educação:** Melhorar os resultados educacionais, incentivando a participação dos pais através de mensagens de texto simples com lembretes e dicas.

Princípios de Design de Nudge

Para criar um Nudge eficaz, é essencial entender os princípios de design que tornam uma intervenção bem-sucedida.

Estes incluem:

- **Simplicidade:** Os Nudges devem ser fáceis de entender e implementar.
- **Transparência:** As intenções por trás de um Nudge devem ser claras, sem intenção de enganar.
- **Feedback:** Fornecer informações imediatas e claras sobre as ações tomadas pode reforçar comportamentos positivos.
- **Escolha:** Apesar do encorajamento de certas escolhas, a liberdade de escolha do indivíduo é fundamental.

Críticas e Desafios

Apesar de sua popularidade e aplicabilidade, o conceito de Nudge não está isento de críticas. Alguns argumentam que pode ser paternalista, interferindo na autonomia do indivíduo. Outros questionam a eficácia a longo prazo dos Nudges, especialmente se os indivíduos se tornarem insensíveis a essas intervenções ao longo do tempo. Além disso, a ética de influenciar o comportamento sem o consentimento explícito dos indivíduos é um tópico de debate contínuo.

Nudge representa uma ferramenta poderosa dentro da economia comportamental para moldar comportamentos de maneira sutil, mantendo a liberdade de escolha. Quando aplicados de maneira ética e transparente, os Nudges têm o potencial de contribuir significativamente para o bem-estar individual e coletivo, enfrentando alguns dos desafios mais prementes da sociedade.

Atue como um consultor, especialista em economia comportamental, com foco em aplicação de práticas de Nudge em ambientes corporativos no intuito de reforçar e aprimorar as conexões de público-alvo as soluções de um determinado tipo de negócio.

A. Identifique e numere todo o conjunto de produtos e serviços que esta empresa abaixo oferece.

B. Para cada produto ou serviço apresentado no item A, sugira a construção de pelo menos 3 estratégias de Nudge que possam acelerar a forma como cada um dos clientes deste negócio se aproxima de cada solução proposta pela empresa e apresente o objetivo de cada ação.

Importante:

Defina claramente os seguintes pontos em cada resposta do item B:

1. Arquitetura da Escolha. Explique.

2. Heurísticas e Vieses mais aplicados. Explique.

3. Decisões Automáticas vs. Reflexivas, identificando se cada estratégia deve ser predominantemente aplica ao Sistema 1 ou Sistema 2. Explique.

4. Explique o objetivo e qual resultado comportamental esperado.

5. Explique como poderia ser desenvolvida cada sugestão, apresente um passo a passo de cada etapa de forma a facilitar a implementação da estratégia pelo gestor do negócio.

Importante:

Traga respostas completas.

Traga respostas alinhadas ao contexto e a realidade deste negócio e da realidade do cliente específico.

Considere para a resposta o seguinte perfil de negócio:

[DESCREVA AQUI OS DETALHES MAIS COMPLETOS SOBRE ESTE NEGÓCIO]

4.48. CONSTRUÇÃO ESTRATÉGICA DE INDICADORES – DRIVERS E OUTCOMES

O conceito de "driver" e "outcomes" para indicadores é fundamental no contexto da gestão de desempenho e análise de negócios. Esses termos ajudam as organizações a entenderem melhor como suas ações influenciam os resultados e como medir efetivamente o sucesso de suas estratégias. Vamos explorar cada um desses conceitos em detalhe.

Driver

O termo "driver" refere-se às alavancas ou fatores que diretamente influenciam os resultados (outcomes) de um processo, projeto ou atividade. Em outras palavras, são as causas que levam a determinados efeitos. Drivers podem ser internos ou externos à organização e incluem variáveis como qualidade do produto, eficiência operacional, inovação, satisfação do cliente, engajamento dos funcionários, condições de mercado, regulamentações governamentais, entre outros.

Importância dos Drivers:

- **Identificação de Causas Raízes:** Entender os drivers permite às organizações identificar as causas raízes dos seus sucessos ou fracassos.

- **Foco Estratégico:** Ao reconhecer quais drivers são mais impactantes, as organizações podem alocar recursos de forma mais eficiente e focar em áreas que geram maior retorno.

- **Previsibilidade:** Compreender os drivers ajuda na previsão de tendências e resultados futuros, permitindo ajustes proativos nas estratégias.

Outcomes

"Outcomes" são os resultados ou efeitos decorrentes dos drivers. Eles refletem o impacto das ações e estratégias implementadas pela organização. Os outcomes podem ser qualitativos ou quantitativos e geralmente são medidos por meio de indicadores de desempenho (KPIs – Key Performance Indicators), que fornecem uma forma objetiva de avaliar o sucesso em alcançar metas específicas.

Importância dos Outcomes:

- **Medição de Sucesso:** Os outcomes fornecem uma avaliação clara do sucesso ou fracasso das iniciativas.

- **Ajuste de Estratégias:** A análise dos outcomes permite às organizações ajustar suas estratégias e abordagens para melhorar o desempenho.

- **Alinhamento Organizacional:** Definir outcomes claros ajuda a alinhar esforços em toda a organização, garantindo que todos estejam trabalhando em direção aos mesmos objetivos.

Relação entre Driver e Outcomes

A relação entre driver e outcomes é fundamental para a gestão estratégica e operacional. Identificar e entender essa relação permite às organizações:

1. **Estabelecer Causalidade:** Compreender como as ações específicas (drivers) afetam os resultados (outcomes).

2. **Priorizar Ações:** Determinar quais drivers têm o maior impacto sobre os outcomes desejados e priorizá-los em planejamentos estratégicos.

3. **Monitoramento e Avaliação:** Usar indicadores para monitorar tanto os drivers quanto os outcomes, avaliando o progresso em direção aos objetivos e fazendo ajustes conforme necessário.

Implementação na Prática

Para efetivamente implementar essa abordagem, as organizações devem seguir alguns passos:

1. **Identificação de Drivers e Outcomes:** Realizar uma análise detalhada para identificar os principais drivers que influenciam os outcomes desejados.

2. **Desenvolvimento de Indicadores:** Desenvolver indicadores específicos para medir tanto os drivers quanto os outcomes.

3. **Monitoramento Contínuo:** Estabelecer um processo de monitoramento contínuo para acompanhar os indicadores e avaliar o progresso.

4. **Ajuste de Estratégias:** Usar os insights obtidos para ajustar estratégias e ações, visando a melhoria contínua dos outcomes.

Ao compreender e aplicar os conceitos de drivers e outcomes juntamente com indicadores bem definidos, as organizações podem melhorar significativamente sua capacidade de alcançar resultados desejados, otimizar o desempenho e adaptar-se eficazmente a um ambiente de negócios em constante mudança.

Para ilustrar a aplicação dos conceitos de "driver" e "outcomes" em um contexto empresarial, vamos considerar exemplos práticos em diferentes áreas de uma organização. Esses exemplos ajudarão a entender como identificar drivers, medir outcomes e utilizar indicadores para avaliar o sucesso.

Exemplo 1: Vendas

Driver: Treinamento de vendas.

Explicação: O nível de habilidade e conhecimento dos representantes de vendas é um driver crucial para o sucesso das vendas. Um treinamento eficaz pode melhorar significativamente a capacidade de comunicação, negociação e fechamento de vendas.

Como Medir: Avaliação do conhecimento e habilidades antes e depois do treinamento através de testes, simulações de vendas e avaliações de desempenho por gestores.

Outcome: Aumento na receita de vendas.

- Indicador: Percentual de aumento na receita mensal.

Como Medir: Comparar a receita mensal de vendas antes e depois da implementação do treinamento de vendas. Utilizar dados financeiros para calcular a percentagem de aumento.

Relação: O treinamento de vendas eficaz (driver) leva a um melhor desempenho dos vendedores, resultando em um aumento na receita de vendas (Outcome).

Exemplo 2: Satisfação do Cliente

Driver: Tempo de resposta ao cliente.

Explicação: O tempo que uma empresa leva para responder às consultas dos clientes pode impactar significativamente a satisfação do cliente. Respostas rápidas tendem a aumentar a satisfação.

Como Medir: Monitorar o tempo médio de resposta a consultas dos clientes através de sistemas de atendimento ao cliente. Estabelecer benchmarks para tempos de resposta ideais e medir o desempenho atual em relação a esses padrões.

Outcome: Melhoria na satisfação do cliente.

- Indicador: Pontuação média de satisfação do cliente em pesquisas.

Como Medir: Realizar pesquisas de satisfação do cliente regularmente, utilizando escalas numéricas ou de classificação para medir a satisfação. Comparar os resultados ao longo do tempo para avaliar melhorias.

Relação: A redução do tempo de resposta ao cliente (driver) melhora a percepção do cliente sobre o serviço, levando a pontuações mais altas de satisfação (Outcome).

Exemplo 3: Eficiência Operacional

Driver: Automação de processos.

Explicação: A introdução de ferramentas de automação em processos operacionais pode reduzir o tempo necessário para completar tarefas e diminuir a ocorrência de erros.

Outcome: Redução de custos operacionais.

Como Medir: Documentar o tempo e recursos necessários para completar processos antes e depois da automação. Utilizar indicadores como tempo de ciclo, taxa de erro e custos diretos.

- Indicador: Percentual de redução nos custos operacionais.

Como Medir: Analisar relatórios financeiros para identificar reduções nos custos operacionais associados aos processos automatizados. Medir a percentagem de redução nos custos comparando períodos equivalentes antes e depois da automação.

Relação: A implementação da automação de processos (driver) torna as operações mais eficientes, resultando em uma redução dos custos operacionais (Outcome).

Exemplo 4: Desenvolvimento de Produto

Driver: Pesquisa e desenvolvimento (P&D).

Como Medir: Acompanhar o investimento total em P&D e o número de projetos de P&D em andamento. Avaliar o alinhamento desses projetos com as necessidades do mercado e objetivos de inovação.

Explicação: Investimentos em P&D podem levar ao desenvolvimento de novos produtos ou melhorias significativas nos produtos existentes, atendendo melhor às necessidades do mercado.

Outcome: Aumento da participação no mercado.

- Indicador: Crescimento percentual da participação no mercado.

Como Medir: Utilizar dados de vendas e relatórios de mercado para monitorar a participação de mercado dos produtos desenvolvidos ou melhorados através de P&D. Comparar a evolução da participação de mercado antes e depois do lançamento de novos produtos.

Relação: Investimentos focados em P&D (driver) resultam na inovação de produtos, o que pode aumentar a competitividade e a participação no mercado da empresa (Outcome).

Exemplo 5: Engajamento dos Funcionários

Driver: Programas de reconhecimento dos funcionários.

Como Medir: Realizar pesquisas de engajamento dos funcionários antes e depois da implementação de programas de reconhecimento, focando em questões relacionadas à satisfação com reconhecimento e motivação.

Explicação: O reconhecimento do trabalho e do esforço dos funcionários pode aumentar significativamente o engajamento e a motivação.

Outcome: Redução de turnover.

- Indicador: Taxa de turnover anual.

Como Medir: Monitorar a taxa de turnover anual, calculando a percentagem de funcionários que deixam a empresa voluntariamente antes e depois da implementação dos programas de reconhecimento. Comparar as taxas para avaliar o impacto.

Relação: A implementação de programas eficazes de reconhecimento dos funcionários (driver) pode aumentar a satisfação e o engajamento, levando a uma redução na taxa de turnover (Outcome).

Cada um desses exemplos demonstra como a identificação de drivers específicos e a medição de outcomes relacionados podem ajudar as organizações a focar em áreas-chave para a melhoria contínua, utilizando indicadores de desempenho para monitorar o sucesso e ajustar estratégias conforme necessário.

- Descreva o seguinte Prompt para ChatGPT -

Atue como um consultor em gestão e avaliação de processos organizacionais, especialista em avaliação de performance e construção de indicadores para Dash boards.

Importante:

- Traga respostas completas, responda todas as 7 questões do prompt sem exceção.

- Apresente respostas alinhadas especificamente ao contexto e a realidade deste negócio descrito abaixo.

- Personalize cada resposta conforme características do negócio, características de cada solução disponível, propósito do negócio e características do público alvo consumidor destas soluções, seus Stakeholders e contextos relacionados a seu ramo e mercado de atuação.

- Apesar desta demanda ser complexa, não simplifique demandas de respostas.

Fase 1: Identificação do conjunto de envolvidos no contexto da organização e modelagem de suas características.

Questão 1) Identifique e numere toda a linha de produtos e soluções promovidas por esta empresa. Descreva sobre cada uma delas, quais os principais objetivos e quais as principais contribuições cada solução busca oferecer.

Questão 2) Identifique e numere todos os tipos de clientes que esta empresa atende e manter relação, direta ou indireta. Descreva quem são, e quais suas principais necessidades e objetivos que os motivam a buscar as soluções propostas por este negócio.

Questão 3) Identifique, qual o principal objetivo deste negócio, seu propósito fundamental pelo qual todas as relações que fazem parte do contexto deste negócio estão comprometidas, conectadas e buscam interagir.

Fase 2: Identificação dos processos principais

Questão 4) Identifique e numere como tópicos, todos os Stakeholders envolvidos neste contexto organizacional, descreva quem são, e quais suas principais necessidades e objetivos em relação a este negócio, logo, identifique e numere, como subtópico, 3 principais processos organizacionais internos que mais se relacionam ou impactam o atendimento e a forma como a empresa da atenção a cada Stakeholder devidamente identificado.

Estes processos devem estar intimamente conectados a forma como esta empresa trabalha os meios de atender e cumprir requisitos de qualidade, expectativas, demandas e os principais interesses que promovam a satisfação de cada característica de stakeholder diante deste negócio.

Questão 5) Identifique e numere todos os principais setores e departamentos envolvidos na estruturação deste tipo de negócio, como tópico, e logo, identifique e numere, como subtópicos, os 3 principais processos relacionados a estes departamentos que mais impactam diretamente e indiretamente o conjunto de expectativas pretendido por este negócio de forma a levar esta empresa a cumprir o seu propósito e alcançar os resultados estimados.

Fase 3: Analise de cada processo e sugira indicadores para seu acompanhamento.

Nesta fase, foque na estruturação dos principais indicadores de performance do negócio descrito abaixo, utilizando o conceito de "Drivers" e "Outcomes" como forma de compor correlações entre eles, permitindo ao gestor uma análise mais completa e profunda sobre os impactos de causa e efeito no desenvolvimento e gerenciamento de ações que convirjam com o alcance de seus objetivos e propósito deste negócio em sua relação as demandas e expectativas de seu mercado.

Questão 6) Para cada subtópico ou processo identificado nos itens 4 e 5, responda, individualmente:

Importante:

- As respostas abaixo, devem ser apresentadas separadamente levando em conta cada um dos processos apresentados, de forma personalizada para todas as sugestões do conjunto total de subtópicos apresentados nas questões 4 e 5, sem exceção, ou seja, todos os subtópicos - processos - de cada tópico devem ser respondidos integralmente.

- Utilize quantos blocos de respostas forem necessários para fim de trazer a resposta mais completa e detalhada para cada questão do prompt.

6.1)

Apresente o Stakeholder ou departamento relacionado;

Apresente o título do tópico relacionado;

Apresente o título do subtópico - processo - relacionado que deverá ser analisado;

Apresente quais são os 3 principais indicadores Outcomes - descreva como mensurar e a formula de medição que possibilite quantificar seu resultado -, logo, para cada Outcome apresentado, apresente também os principais Drivers ligados a ele que impactam em seu comportamento - descreva como mensurar e a formula de medição que possibilite quantificar seu resultado -.

logo,

- Explique, individualmente a importância, a função e os objetivos deste conjunto de indicadores no desenvolvimento de performance deste negócio.

- Ao final, apresente, quais práticas, ações ou novos comportamentos, poderiam ser adotados pela empresa ou por seus colaboradores que melhor poderiam contribuir com o desenvolvimento positivo dos resultados destes indicadores.

Execute a questão 6.1, separadamente, individualizando a resposta para cada um dos processos identificados nas questões 4 e 5, sem exceção, de forma que, enquanto ainda houverem processo sem resposta, continue respondendo.

Somente após todo o conjunto de processos relacionados nas questões 4 e 5 forem todos respondidos na questão 6.1, passe para a fase 4.

Fase 4: Relatório global final

Questão 7) Analise global

Por fim, a apresentação e descrição de todo o conjunto de indicadores relacionados a todo o conjunto de subitens - processo - serem respondidos individualmente conforme demanda a questão 6, faça uma análise completa de todo o conjunto de respostas, e apresente uma descrição global consolidada de como esta empresa poderia evoluir positivamente caso conseguisse acompanhar e gerir todas as sugestões propostas.

Quais os macro resultados e tendencias mercadológicas devem ser esperados e quais seriam os seus principais desafios.

Finalmente, logo após a análise final, identifique os pós e contras deste desafio e quais as 5 SoftSkils e 5 principais Hardskils devem ser destacados como primordiais para o alcance destes objetivos.

Analisando o contexto global deste negócio, descreva qual seriam os melhores hábitos que esta equipe seu CEO poderia adotar para que a cultura da alta performance fosse incorporada neste negócio de maneira sustentável.

Considere para responder este bloco o seguinte perfil de negócio:

[DESCREVA AQUI OS DETALHES MAIS COMPLETOS SOBRE ESTE NEGÓCIO]

4.49. MARKETING INTERNACIONAL

O conhecimento sobre Marketing Internacional é de extrema importância para empresas que desejam expandir seus negócios além das fronteiras nacionais. O Marketing Internacional envolve a aplicação de estratégias de marketing em diferentes países e culturas, levando em consideração as diferenças econômicas, políticas, sociais e culturais de cada mercado.

Existem várias razões pelas quais o conhecimento sobre Marketing Internacional é fundamental:

1. **Expansão de Mercado:** O Marketing Internacional permite que as empresas acessem novos mercados e alcancem um público maior. Ao entender as preferências e necessidades dos consumidores em diferentes países, as empresas podem adaptar suas estratégias de marketing e desenvolver produtos ou serviços que atendam às demandas específicas de cada mercado.

2. **Competitividade Global:** Em um mundo cada vez mais globalizado, as empresas precisam competir em escala internacional. O conhecimento sobre Marketing Internacional permite que as empresas identifiquem oportunidades de mercado, analisem a concorrência global e desenvolvam estratégias de diferenciação para se destacarem em nível internacional.

3. **Adaptação Cultural:** Cada país possui sua própria cultura, valores e costumes. Ao conhecer o Marketing Internacional, as empresas podem adaptar suas mensagens de marketing, embalagens, preços e até mesmo os produtos ou serviços oferecidos para garantir que sejam culturalmente relevantes e aceitos pelos consumidores locais.

4. **Gerenciamento de Riscos:** A expansão internacional envolve riscos, como flutuações cambiais, barreiras comerciais, instabilidade política e diferenças legais. O conhecimento sobre Marketing Internacional permite que as empresas avaliem e gerenciem esses riscos de forma mais eficaz, desenvolvendo estratégias de entrada no mercado e estabelecendo parcerias locais para mitigar os impactos negativos.

5. **Aproveitamento de Oportunidades Globais:** O Marketing Internacional permite que as empresas identifiquem e aproveitem oportunidades de negócios globais. Por exemplo, ao conhecer as tendências do mercado global, as empresas podem identificar nichos de mercado não atendidos e desenvolver estratégias para atingir esses segmentos específicos.

O conhecimento sobre Marketing Internacional é essencial para empresas que desejam expandir seus negócios globalmente. Ele permite que as empresas adaptem suas estratégias de marketing às diferentes culturas e mercados, sejam competitivas em escala internacional e aproveitem as oportunidades globais. Compreender e aplicar os princípios do Marketing Internacional pode ser a chave para o sucesso em um ambiente de negócios cada vez mais globalizado.

Para alcançar um bom desempenho em um cenário de marketing internacional, é necessário considerar uma série de fatores e adotar estratégias específicas. Aqui estão algumas das principais considerações:

1. **Pesquisa de mercado:** Antes de entrar em um novo mercado internacional, é fundamental realizar uma pesquisa detalhada para entender as necessidades, preferências e comportamentos dos consumidores locais. Isso ajudará a adaptar sua estratégia de marketing de acordo com as características do mercado-alvo.

2. **Adaptação cultural:** Cada país possui sua própria cultura, valores e tradições. É essencial adaptar sua estratégia de marketing para atender às expectativas culturais e sociais do mercado-alvo. Isso pode envolver a personalização de mensagens, cores, símbolos e até mesmo ajustes nos produtos ou serviços oferecidos.

3. **Comunicação eficaz:** Dominar o idioma local é crucial para se comunicar efetivamente com os consumidores estrangeiros. Além disso, é importante considerar as diferenças culturais na forma como a comunicação é realizada. Isso inclui a escolha dos canais de comunicação mais relevantes, bem como a adaptação da linguagem e do tom de voz para se adequar ao público-alvo.

4. **Parcerias locais:** Estabelecer parcerias com empresas locais pode ser uma estratégia eficaz para entrar em um novo mercado. Essas parcerias podem fornecer insights valiosos sobre o mercado, ajudar na adaptação da estratégia de marketing e facilitar o acesso a canais de distribuição e clientes locais.

5. **Concorrência e diferenciação:** É fundamental entender a concorrência em seu mercado-alvo e identificar maneiras de se diferenciar. Isso pode envolver a oferta de produtos ou serviços exclusivos, a criação de uma proposta de valor única ou a adoção de estratégias de preços competitivos.

6. **Estratégias de marketing digital:** O marketing digital desempenha um papel crucial no cenário internacional, permitindo alcançar um público global de forma eficiente. É importante investir em estratégias de marketing digital, como otimização de mecanismos de busca (SEO), marketing de conteúdo, publicidade online e presença nas mídias sociais, adaptando-as às preferências e canais de comunicação do mercado-alvo.

7. **Monitoramento e adaptação contínua:** O mercado internacional está em constante mudança, portanto, é essencial monitorar de perto os resultados de suas estratégias de marketing e estar preparado para fazer ajustes conforme necessário. Isso pode envolver a análise de métricas-chave, feedback dos clientes e a capacidade de se adaptar rapidamente às mudanças nas preferências e comportamentos dos consumidores.

8. **Conformidade legal:** Cada país possui suas próprias leis e regulamentações relacionadas ao marketing e publicidade. É essencial conhecer e respeitar essas leis para evitar problemas legais e garantir a conformidade com as normas locais. Isso inclui leis de proteção ao consumidor, leis de concorrência, leis de privacidade de dados, entre outras.

Lembre-se de que cada mercado internacional é único, e as estratégias de marketing devem ser adaptadas de acordo com as características e demandas específicas de cada mercado-alvo. É fundamental investir tempo e recursos na compreensão do mercado e na criação de uma estratégia de marketing personalizada que leve em consideração as necessidades e preferências dos consumidores locais.

IMPORTANTE:

Devido à alta complexidade do tema e o número infinito de variáveis necessárias para que haja a movimento de uma empresa neste sentido de internacionalizá-la, a função essencial deste prompt é "testar", levantar uma primeira impressão, sobre o conhecimento e possíveis adaptações que a empresa estaria sujeita a buscar para enfrentar tal desafio. Logo, faz-se necessário aprofundar o tema e contatar os profissionais devidamente qualificados que ajudem neste processo de maneira mais assertiva e segura.

- Descreva o seguinte Prompt para ChatGPT -

Atue como um reconhecido consultor em negócios internacional, especialista em abertura de mercado e expansão de negócios em países do exterior, profundo conhecedor das diversas culturas e requisitos mercadológicos que permitam empresas explorar novos mercados de maneira global.

Importante:

- Traga respostas completas.

- Apresente respostas alinhadas especificamente ao contexto e a realidade deste negócio descrito abaixo.

- Personalize cada resposta conforme características do negócio, características de cada solução disponível e contextos relacionados a seu ramo e mercado de atuação.

Utilize, como base intelectual, as seguintes referências, obras e experiencias e visão de cada autor relacionado, para compor as respostas abaixo:

- Referência 1: "International Marketing" por Philip R. Cateora, Mary C. Gilly, e John L. Graham

- Referência 2: "Global Marketing" por Svend Hollensen- Hollensen

- Referência 3. "International Business: Competing in the Global Marketplace" por Charles W. L. Hill, G. Tomas M. Hult

- Referência 4. "Global Business Today" por Charles W. L. Hill e G. Tomas M. Hult

- Referência 5. "Cultures and Organizations: Software of the Mind" por Geert Hofstede, Gert Jan Hofstede, e Michael Minkov

- Referência 6. "Riding the Waves of Culture: Understanding Diversity in Global Business" por Fons Trompenaars e Charles Hampden-Turner

Para responder as questões abaixo, considere o cenário mais próximo a realidade do negócio descrito abaixo.

País de origem da empresa:

Brasil - [DESCREVA AQUI O PAÍS DE ORGEM DA EMPRESA]

País ao qual queremos abrir mercado:

China - [DESCREVA AQUI O PAÍS DESTINO PEOLO QUAL A EMPRESA BUSCARIA ABRIR MERCADO]

Conforme informações sobre países acima, responda:

1. Pesquisa de mercado.

   1.1. Utilize todo o seu potencial de busca e pesquisa para realizar uma pesquisa detalhada de mercado com o objetivo de trazer evidencias que nos possibilitem entender as necessidades, preferências e comportamentos dos consumidores locais. Traga um texto completo e robusto com o máximo de informações possível sobre o país. Toda a informação que possa contextualizar as relações comerciais é importante e precisa ser apresentada. Cite as principais e mais credíveis fontes de pesquisa sobre o mercado do país local.

Apresente todos os aspectos mais relevantes e curiosos sobre este mercado, as formas como funciona, informações mais importantes a saber, sugira quais melhores estratégias de entrada e quais os maiores erros cometidos pelos quais devemos ter mais precaução.

1.2. Avaliando as questões culturais e profissionais, apresente quais perfis de consumidores melhor de adequam as soluções que esta empresa promove, e quais seriam as principais possíveis necessidades e expectativas de cada persona.

1.3. Apresente as principais formas de como este público consome este tipo de solução promovida pela empresa, e, para cada sugestão, indique as melhores formas de construir este relacionamento.

1.4. Traga um pequeno resumo, para cada uma das referências bibliográficas acima mencionadas e seus autores, que melhor abordem características do país destino. Cite exemplos.

2. Adaptação cultural.

2.1. É sabido que, cada país possui sua própria cultura, valores e tradições, diante disto, apresente os principais pontos culturais aos quais seriam considerados mais diferentes, e divergentes dos pontos do país de origem da empresa.

2.2. Para cada sugestão apresentada no item 2.1, indique sugestões das melhores práticas ou melhores formas desta empresa poder se adaptar ou se remodelar para que consiga minimizar as diferenças que possam atrapalhar a sua entrada e ações que poderiam ser estimuladas que poderiam ajudá-la a aprimorar o seu relacionamento e estabilização no mercado local.

2.3. A partir desta análise, sugira quais seriam as melhores formas de adaptar, personalizar mensagens, cores, símbolos e até mesmo ajustes nos produtos ou serviços oferecidos de forma a melhor convergirem com os costumes locais.

2.4. Apresente quais pontos as culturas do país de origem e do pais destino tem em comum e que poderiam ser utilizado para facilitar a abordagem e a aceitação deste negócio no pais destino. Cite exemplos concretos.

3. Comunicação eficaz.

3.1. Analisando o perfil de público apresentado no item 1.2, avalie a importância de esta empresa precisar desenvolve-se no idioma local para melhor fluência comunicacional, ou haveria alternativas compensatórias.

3.2. Sugira também, quais seriam os melhores canais de contato com cada perfil de persona, canais de comunicação digital mais relevantes e utilizados por eles, redes sociais, entre outras formas específicas pelos quais este público mais interage.

3.3. Para cada produto ou serviço fornecido pela empresa, crie as seguintes demandas abaixo, de forma a melhor conectar com este público, sua cultura comunicativa e seus principais pontos de atenção:

Importante:

Utilize quantos blocos de resposta for necessário.

A. Crie um texto de e-mail, apresentando cada produto e serviço. Crie um texto que aborde as expectativas deste público alvo, busque resolver suas dores e desenvolva uma relação emocional e linguagem humanizada a qual se encaixe na forma como costuma comunicar-se na realidade.

4. Parcerias locais.

4.1. Para o caso de buscar facilitar a entrada no país destino, qual a melhor opção em relação a construir parcerias locais?

4.2. Traga uma relação de sugestões e contatos dos múltiplos canais de relacionamento que esteja a disposição, assim como, formas de acesso e possíveis contatos.

4.3. Crie um texto de e-mail que aborde a nossa intenção de parceria que poderia ser utilizado para realizar este tipo de abordagem. Construa este texto levando em conta as questões culturais e profissionais deste local assim como uma linguagem emocional e de fácil compreensão.

4.4. Indique quais os melhores procedimento e ações que devemos tomar para que possamos maximizar esta aproximação e desenvolver este network.

4.5. Indique, adequando a cultura local, quais as melhores e mais eficazes formas de interagir com este público.

5. Concorrência e diferenciação.

5.1. Faça uma profunda e detalhada pesquisa sobre casos de empresas de mesmo ramo que já realizaram esta movimentação e apresente um resumo deste contexto apresentando seus erros e acertos.

5.2. Faça uma pesquisa sobre quem poderiam ser os possíveis concorrentes locais aos quais devemos observar e estudá-los. Cite nomes, sites e formas de como podemos observar o que ele faz.

5.3. A partir da leitura de toda a linha de produtos e serviços que esta empresa dispõe, sugira quais seriam as principais adaptações deveriam ser trabalhadas de forma a tornar as soluções desta empresa mais adequadas ao cenario local e as expectativas de público local.

5.4. Indique quais soluções, dentro do contexto do negócio, poderiam ser desenvolvidas para melhor atender este público local.

6. Estratégias de marketing digital.

6.1. Indique quais as melhores estratégias de marketing Digital poderiam ser as mais eficientes para acessar este público. Apresente exemplos dentro do contexto do negócio e adaptados ao local de prospecção aos quais poderiam ser imediatamente realizados.

6.2. Sugira ações que possam ser imediatamente implementadas nos principais canais utilizados pelo público local. Cite exemplos de cada uma.

7. Conformidade legal.

7.1. Diante do contexto ao qual este negócio está inserido, é sabido que cada país possui suas próprias leis e regulamentações relacionadas ao marketing, publicidade e meios de negociar e constituir negócios.

Apresente as principais condicionantes pelos quais é imprescindível um CEO conhecer para melhor se adaptar as leis locais levando em conta estes aspectos.

7.2. Para cada tema abordado no item 7.1, cite exemplos que contextualizem a intenção de prós e contras em atingir o objetivo de conseguir entrar neste novo mercado.

7.3. Cite exemplos de quais principais leis e condicionantes locais mais é preciso estar atento, e, logo, apresente formas que a empresa poderia fazer para contornar ou adaptar-se a cada situação.

Considere para responder este bloco o seguinte perfil de negócio:

[DESCREVA AQUI OS DETALHES MAIS COMPLETOS SOBRE ESTE NEGÓCIO]

4.50. MODELO DE MATURIDADE EM GESTÃO DA ROTINA

O modelo de maturidade em gestão da rotina é uma ferramenta estratégica que visa avaliar e desenvolver a eficácia dos processos operacionais e gerenciais de uma organização. Esse modelo permite às empresas identificar o nível atual de eficiência e eficácia de suas rotinas de trabalho, bem como estabelecer um caminho claro para a melhoria contínua. A aplicação desse modelo é crucial para garantir que as operações diárias estejam alinhadas com os objetivos estratégicos da organização, promovendo uma cultura de excelência operacional e melhoria contínua.

Fundamentos do Modelo

O modelo de maturidade em gestão da rotina baseia-se na premissa de que as organizações podem evoluir através de estágios predefinidos de maturidade operacional. Cada estágio representa um nível de eficiência, eficácia e sofisticação na maneira como as rotinas e processos são gerenciados. A progressão através desses estágios é marcada por melhorias significativas na padronização, na previsibilidade dos processos, na qualidade dos produtos ou serviços oferecidos e na satisfação do cliente.

Estágios de Maturidade

Embora possa haver variações específicas do modelo dependendo da metodologia adotada, os estágios de maturidade geralmente incluem:

1. Inicial: Neste estágio, os processos são geralmente ad hoc e desorganizados. A falta de padrões claros e a inconsistência nas rotinas são comuns, resultando em resultados imprevisíveis.

2. Repetível: Os processos começam a ser documentados e há um certo nível de padronização. As organizações neste estágio podem repetir sucessos anteriores em projetos similares, embora ainda haja espaço para melhorias na consistência.

3. Definido: Os processos são bem definidos, documentados e comunicados em toda a organização. Há uma compreensão clara das expectativas, e as práticas de gestão são padronizadas.

4. Gerenciado: A organização monitora e mede seus processos contra métricas de desempenho. Há um foco na análise de dados para informar a tomada de decisões e melhorar a eficiência operacional.

5. Otimizado: No estágio final, a organização está focada na melhoria contínua. Os processos são regularmente revisados e otimizados com base em feedback, inovações e mudanças nas demandas do mercado.

Implementação do Modelo

A implementação do modelo de maturidade em gestão da rotina envolve várias etapas, incluindo:

Avaliação Inicial: Determinar o estágio atual de maturidade da organização.

Definição de Objetivos: Estabelecer metas claras para a evolução através dos estágios de maturidade.

Desenvolvimento de Planos de Ação: Criar planos detalhados para abordar lacunas identificadas e promover melhorias nos processos.

Execução e Monitoramento: Implementar as ações planejadas e monitorar o progresso em direção aos objetivos estabelecidos.

Avaliação Contínua: Realizar avaliações periódicas para identificar novas oportunidades de melhoria e ajustar os planos conforme necessário.

Benefícios

A adoção de um modelo de maturidade em gestão da rotina traz diversos benefícios para as organizações, incluindo:

Melhoria na Qualidade: A padronização e otimização dos processos levam a uma maior qualidade dos produtos ou serviços.

Aumento da Eficiência: A eficiência operacional é melhorada através da eliminação de desperdícios e da otimização dos recursos.

Maior Satisfação do Cliente: A consistência e a previsibilidade nos processos resultam em uma melhor experiência para o cliente.

Cultura de Melhoria Contínua: Promove uma mentalidade de constante avaliação e melhoria entre os colaboradores.

O modelo de maturidade em gestão da rotina é uma ferramenta poderosa para organizações que buscam excelência operacional. Ao proporcionar um caminho claro para a melhoria contínua, ele ajuda as empresas a se tornarem mais competitivas, eficientes e capazes de atender ou superar as expectativas dos clientes.

Atue como um reconhecido consultor em desenvolvimento e inovação de processos com foco em mapeamento e avaliação de todas as principais fase que servem de pilar para o desenvolvimento de requisitos de qualidade e adequação de produtos e serviços ao público alvo utilizando o modelo de maturidade em gestão da rotina.

Importante:

- Traga respostas completas.

- Apresente respostas alinhadas especificamente ao contexto e a realidade deste negócio descrito abaixo.

- Personalize cada resposta conforme características do negócio, características de cada solução disponível e perfil de público alvo indicado.

Para tanto, responda:

1. Identifique todos os produtos e serviços que esta empresa trabalha atualmente.

   1.1. Para cada produto ou serviço identificado no item 1, desenhe o mapa de processos completo que deverá incluir, desde a etapa de prospecção do cliente, compra, passando por toda a experiencia de consumo até o pós venda e motivações possíveis que o induzam a indicar nossos serviços a seus amigos. Desenhe o passo a passo de cada etapa, descrevendo cada uma delas.

2. Identifique todos os perfis de público alvo desta empresa, apresente o conjunto de expectativas que cada perfil tem em relação a cada produto ou serviço apresentado no item 1, a seguir sugira quais são suas principais necessidade e fatores motivacionais que o impelem a buscar cada um dos produtos e serviços apresentados no item 1.

3. Considerando o conjunto de fatores descritos no item 2, especialmente as expectativas do cliente diante das soluções oferecidas pela empresa, avalie detalhadamente cada produto ou serviço apresentado no item 1, através das 5 fases do modelo de maturidade em gestão da rotina, esta empresa segundo conforme as descrições de processos apresentados no item 1. Após esta avaliação apresente as conclusões sobre o negocio e sua estrutura indicando sugestões de melhorias ou inovação que garanta que cada produto ou serviço atinja o objetivo de atender as expectativas de seus público alvo. Para cada caso, presente exemplos concretos aplicados ao negócio e sua realidade pelo qual possa ser imediatamente aplicado.

   3.1. Apresente avaliações e sugestões com exemplos concretos aplicáveis a realidade deste negócio, referentes aos seguintes pontos; Melhoria na Qualidade; Aumento da Eficiência; Maior Satisfação do Cliente e Cultura de Melhoria Contínua.

Ao final, sugira quais são os principais pontos que merecem atenção deste gestor para que ele possa construir diferenciais competitivos fortes o bastante para destacar cada um de seus produtos e serviços em seu mercado.

Considere para responder este bloco o seguinte perfil de negócio:

[DESCREVA AQUI OS DETALHES MAIS COMPLETOS SOBRE ESTE NEGÓCIO]

4.51. DESENVOLVENDO PESQUISAS COM CLIENTE

A realização de pesquisas com clientes é um componente fundamental para a sustentabilidade e o crescimento de qualquer empresa, independentemente do seu tamanho ou segmento de mercado. Este processo não só permite que uma organização compreenda melhor as necessidades, desejos e expectativas de seus clientes, mas também fornece insights valiosos que podem ser usados para aprimorar produtos, serviços e estratégias de marketing, além de fortalecer o relacionamento com o cliente.

Vamos explorar, em detalhes, a importância de realizar pesquisas com clientes:

Compreensão Profunda do Cliente: A pesquisa com clientes permite que as empresas entendam profundamente quem são seus clientes, quais são suas preferências, comportamentos de compra e pontos de dor. Essa compreensão ajuda a criar ofertas que atendam de maneira mais eficaz às suas necessidades e expectativas.

Identificação de Tendências de Mercado: Através das pesquisas, é possível identificar tendências emergentes no mercado, bem como mudanças nos hábitos de consumo. Isso possibilita que as empresas se antecipem às necessidades dos clientes e se mantenham competitivas.

Melhoria da Experiência do Cliente: Os feedbacks coletados permitem que as empresas identifiquem falhas nos seus produtos ou serviços e façam os ajustes necessários para melhorar a experiência do cliente. Uma boa experiência do cliente aumenta a satisfação, fidelidade e promove uma imagem positiva da marca.

Desenvolvimento de Produtos e Serviços: As informações obtidas através das pesquisas com clientes são cruciais para o desenvolvimento de novos produtos ou aprimoramento dos existentes. Isso garante que as inovações estejam alinhadas com as expectativas dos clientes, aumentando as chances de sucesso no mercado.

Estratégia de Marketing Direcionada: Com o conhecimento profundo do público-alvo, as empresas podem criar campanhas de marketing mais direcionadas e eficazes. Isso não só otimiza os recursos de marketing, mas também aumenta o retorno sobre o investimento (ROI).

Fortalecimento do Relacionamento com o Cliente: Ao envolver os clientes no processo de pesquisa, as empresas demonstram que valorizam suas opiniões e estão comprometidas em atender às suas necessidades. Isso fortalece o relacionamento, promove a lealdade e pode transformar clientes satisfeitos em defensores da marca.

Tomada de Decisão Baseada em Dados: As decisões estratégicas embasadas em dados coletados de pesquisas com clientes são mais precisas e têm maior probabilidade de sucesso. Isso reduz riscos e ajuda na alocação eficiente de recursos.

Desempenho Competitivo: Entender melhor os clientes do que seus concorrentes podem oferecer uma vantagem competitiva significativa. As pesquisas permitem que as empresas inovem de maneira alinhada com as demandas do mercado, mantendo-se à frente da concorrência.

Feedback Contínuo: A pesquisa com clientes não é um evento único, mas um processo contínuo. Isso permite que as empresas acompanhem as mudanças nas percepções e expectativas dos clientes ao longo do tempo, ajustando suas estratégias conforme necessário.

- Descreva o seguinte Prompt para ChatGPT -

Você agora é um consultor e pesquisador, doutor, com 30 anos de experiência, e referência mundial com foco exclusivo no tema "pesquisa com cliente" especialista em aprimoramento de experiencias que atendam as expectativa de cada público alvo, suas diversas aplicações e impactos comunicacionais e comportamentais e desenvolvimento e aprimoramento de produtos e serviços.

Busco elaborar uma pesquisa sobre; como nossos diversos tipos de clientes, avaliam os diversos requisitos de qualidade de um determinado produto ou serviço de uma empresa específica.

Esta pesquisa deve ser desenhada com foco em descobrir como este cliente valoriza o conjunto de elementos primários e secundários que nossos produtos ou serviços oferecem que estejam alinhados com suas expectativas e reconhecimento de qualidade.

Para o desenvolvimento deste conjunto de respostas, foque exclusivamente no perfil do negócio descrito abaixo.

Produto ou serviço ao qual deve ser desenvolvido a pesquisa:

[DESCREVA AQUI O PRODUTO OU SERVIÇO PELO QUAL VOCE DESEJA REALIZAR A PESQUISA]

A. Para o produto ou serviço apresentado acima, apresente e numere os 15 principais requisitos de qualidade pelos quais o cliente mais valoriza ao buscar este tipo de solução.

B. Identifique e numere os clientes que este negócio atende, direta ou indiretamente.

Logo, para o produto ou serviço apresentado acima, responda:

Necessito que crie 15 questões de pesquisa pelas quais o profissional responsável pelo programa de desenvolvimento de qualidade de produto e serviços da empresa abaixo, entenda que são mais relevantes e eficientes para uso neste tipo de situação.

As questões devem estar alinhadas a este tema específico, - Avaliação da qualidade de produto e qualidade de experiencia do cliente durante o uso das soluções desta empresa -, foque em questões que simulem aplicações práticas, voltadas ao desenvolvimento e aprimoramento do negócio, ou seja, as respostas desta pesquisa devem ajudar o gestor a melhorar seus produtos e qualificar seu atendimento.

Cada questão, deverá ser elaborada com 5 itens que se relacionam a esta questão base pelas quais este cliente consiga optar por qual destes 5 itens, melhor descreve o seu sentimento predominante de avaliação dentre os outros apresentados em relação a cada questão proposta.

Cada um dos 5 itens sugeridos deverá trazer uma breve explanação sobre, como esta escolha melhor se encaixa nos desejos e expectativas que este cliente quando em contato com cada produto ou serviço avaliado no momento.

Faça isso a cada um dos 5 itens explicando as intenções desta questão.

É muito importante que todo o conjunto de questões e itens relacionados devam estar diretamente alinhados com o tipo de produto e serviço avaliado no momento específico da pesquisa.

Priorize a construção de questões que estejam mais próximas possível a realidade vivida pelo cliente em momento de uso ou pós uso destes produtos ou serviços.

Use uma linguagem clara e de fácil compreensão a todos os públicos.

Os 5 Itens devem ser precedidos de letras [A], [B], [C], [D] e [E], respectivamente.

Cada questão deve ser diferente de outras criadas e conter diferentes abordagens e diferentes possíveis avaliações e requisitos de qualidade, conforme tipo de produto ou serviço avaliado no momento.

Cada questão deve vir precedia de um número, de forma crescente, iniciando com "Questão 1:", logo "Questão 2:", e assim sucessivamente.

Cada seleção de itens deve ser diferente uns dos outros e dos anteriormente apresentados.

Não repita texto.

Não repita contexto.

Não repita mesma abordagem.

Utilize somente exemplos relacionados exclusivamente ao tema principal e ao produto ou serviço avaliado no momento.

Importante:

Responda continuamente até terminarem todas as 15 sugestões requeridas por cada um dos tipos de produto ou serviço apresentados no item A.

Construa as questões considerando foco nos requisitos de qualidade de cada produto ou serviço e na satisfação do cliente, "Pesquisa de satisfação e aprimoramento de experiencia com cliente", referente ao produto "Especifique o produto ou serviço ao qual se relaciona".

Utilize como base de formulação das questões e seus itens a avaliação dos requisitos de qualidade apresentados no item B e as expectativas de cada cliente, sobre cada produto ou serviço.

Considere para a resposta o seguinte perfil de negócio:

[DESCREVA AQUI OS DETALHES MAIS COMPLETOS SOBRE ESTE NEGÓCIO]

4.52. OUTRAS IMPORTANTES FERRAMENTAS DE GESTÃO

Além de todas as ferramentas e possibilidade que trouxemos até o momento para você conseguir avaliar seu negócio das mais diversas perspectivas, muitas outras ainda são amplamente utilizadas, porém, devido a maior complexidade de composição, como a necessidade de maior intervenção da inteligência humana no processo, não foram apresentadas aqui com prompts, mas, as trago aqui em forma de apresentação para que conheçam suas funções e aplicações.

As ferramentas organizacionais são instrumentos ou metodologias desenvolvidas para auxiliar na gestão, planejamento, análise e melhoria contínua dos processos e desempenho das organizações. Cada uma dessas ferramentas tem um propósito específico e pode ser aplicada em diferentes contextos para solucionar problemas, otimizar operações, melhorar a comunicação interna e externa, e promover o desenvolvimento sustentável da organização.

Vamos detalhar mais algumas importante lista de ferramentas:

1. **Matriz Importância x Desempenho**

   A Matriz Importância x Desempenho é uma ferramenta de análise estratégica que ajuda a identificar quais áreas, produtos, serviços ou processos dentro de uma organização requerem mais atenção ou recursos, baseando-se em sua importância e no desempenho atual. O objetivo é priorizar ações que levem à melhoria nos aspectos considerados mais importantes e com desempenho abaixo do esperado, otimizando assim a alocação de recursos.

2. **Janela de Johari**

   A Janela de Johari é um modelo psicológico que visa melhorar a compreensão entre indivíduos dentro de uma equipe ou organização. Ela é dividida em quatro quadrantes que representam as áreas do conhecimento e do desconhecimento sobre si mesmo e sobre como os outros o veem. A ferramenta é utilizada para aumentar a autoconsciência e promover a comunicação aberta e o feedback entre os membros da equipe.

3. **Matriz GUT**

   A Matriz GUT é uma ferramenta de priorização que avalia tarefas ou problemas com base em três critérios: Gravidade, Urgência e Tendência. Ela é utilizada para ajudar na tomada de decisões, priorizando ações que devem ser tomadas para resolver os problemas mais críticos primeiro, considerando o impacto (Gravidade), a necessidade de ação imediata (Urgência) e a evolução do problema ao longo do tempo (Tendência).

4. Avaliação 360

A Avaliação 360 graus é um método de avaliação de desempenho que coleta feedback de múltiplas fontes, incluindo superiores, subordinados, colegas e, às vezes, clientes. O objetivo é oferecer uma visão mais completa do desempenho do indivíduo, destacando áreas de força e oportunidades de desenvolvimento a partir de diferentes perspectivas.

5. Análise ABC

A Análise ABC é uma técnica de gestão de estoques que categoriza os itens armazenados em três categorias (A, B, e C) baseada no valor que representam para a empresa. Itens "A" são de alto valor, mas baixo volume, enquanto itens "C" são de baixo valor, mas alto volume. Esta classificação ajuda a otimizar a gestão de estoque, focando recursos nos itens mais valiosos.

6. PDCA

PDCA é um método iterativo de gestão de quatro passos utilizado para o controle e melhoria contínua de processos e produtos. As etapas são: Plan (Planejar), Do (Executar), Check (Verificar) e Act (Agir). Este ciclo visa a solução de problemas e a implementação de melhorias de forma sistemática e controlada.

7. Long Life Learning (Aprendizado ao Longo da Vida)

Long Life Learning refere-se ao processo contínuo de aquisição de conhecimento e habilidades ao longo da vida. No contexto organizacional, enfatiza a importância do desenvolvimento contínuo dos colaboradores, adaptando-se às mudanças do mercado e às novas tecnologias para manter a competitividade.

8. Learning Organization (Organização de Aprendizagem)

Uma Learning Organization é uma organização que facilita a aprendizagem de seus membros e se adapta continuamente ao ambiente. Promove uma cultura que valoriza a partilha de conhecimento, a inovação e o desenvolvimento contínuo, visando melhorar não só o desempenho individual, mas também o organizacional.

9. Good Will

Good Will, ou fundo de comércio, refere-se ao valor intangível de uma empresa, que inclui a reputação, a base de clientes, as marcas e outros elementos não físicos que contribuem para o valor presente e futuro da empresa. É um conceito importante em avaliações de empresas, fusões e aquisições.

10. Benchmarking

Benchmarking é o processo de comparar os processos de negócios e o desempenho de uma organização com os melhores do setor ou com líderes de mercado, para identificar áreas de melhoria. O objetivo é entender as melhores práticas do setor e implementá-las na própria organização para melhorar a competitividade.

11. Modelo OBZ – Orçamento Base Zero

O Modelo OBZ, ou Orçamento Base Zero, é uma abordagem de planejamento orçamentário que requer que todos os gastos sejam justificados para cada novo período. Diferente de métodos que ajustam orçamentos anteriores, o OBZ exige que cada departamento ou unidade justifique suas despesas desde o início, permitindo uma alocação de recursos mais eficiente e alinhada às necessidades atuais da organização.

5.
10 DICAS PARA APROVEITAR AINDA MAIS OS MODELOS DE LINGUAGEM

Tanto o Gemini quanto o ChatGPT trazem consigo uma série de habilidades e curiosidades que podem surpreender os usuários, além de toda a gama de possibilidades que vimos até agora.

Essas funcionalidades mostram como os modelos de linguagem de IA podem servir como uma ferramenta multifacetada que contribui para o trabalho, estudo, planejamento de tarefas e lazer, utilizando os mais diversos tipos de linguagens e formas de escrita.

Apesar de suas mais diversas "habilidades", é crucial lembrar que os modelos de linguagem operam com base nas informações disponíveis até o momento de seu último treinamento, e seu conhecimento ainda não é atualizado em tempo real.

Portanto, a supervisão humana é recomendada para garantir a precisão e a relevância das informações fornecidas, ou seja, a melhor forma de encarar esta tecnologia é tratá-la como um grande assistente virtual, que está sempre disposto e a fim de te ajudar 24x7. 😊

Diante disso, apesar do grande apoio que já recebemos até o momento quando buscamos o auxílio da IA para organizar, estruturar, planejar, gerar ideias, construir possibilidades, analisar cenários, sugerir caminhos, e toda a gama de contribuições que vimos até o momento, é importante destacar que há mais, muito mais funcionalidades que essa ferramenta pode nos trazer. Busquei destacar algumas.

Aqui estão algumas das capacidades mais interessantes:

Programação e depuração de código: Um uso surpreendente é a capacidade de entender e escrever código de programação em várias linguagens, auxiliando na resolução de problemas de código e até mesmo na depuração.

Composição musical: Os modelos de linguagem podem criar letras de músicas e até mesmo sugerir ideias para melodias e harmonias, baseando-se em estilos de música ou artistas específicos.

Aptidão multilíngue: Pode comunicar-se e fornecer informações em vários idiomas, o que o torna uma ferramenta útil para aprendizado de idiomas e traduções básicas.

Tutoria e educação: Funciona como um tutor virtual, ajudando a explicar conceitos complexos em áreas como matemática, ciência e literatura, e pode formular questões e exercícios para facilitar o aprendizado.

Role-playing Games (RPGs): Pode atuar como mestre de um jogo de RPG, criando histórias, cenários e reagindo às escolhas dos jogadores de forma dinâmica.

Simulação de entrevistas: Usuários podem praticar entrevistas de emprego com o ChatGPT, que pode assumir o papel de um entrevistador, fornecendo perguntas e feedback.

Conselhos e coaching: Oferece conselhos gerais e motivação, agindo como um coach virtual para assuntos como produtividade, hábitos pessoais, e até mesmo dicas de bem-estar e saúde (embora não substitua profissionais de saúde).

Geração de receitas culinárias: Pode inventar receitas com base nos ingredientes que o usuário tem em mãos, sugerindo combinações criativas e métodos de preparo.

Os modelos de linguagem, como vimos, oferecem, portanto, um leque amplo de funcionalidades fascinantes que vão além do diálogo textual básico.

5.1.   DICA 1: LEIA MAIS DE 20 LIVROS POR DIA

Os modelos de linguagem têm um grande poder de sumarização de textos, ou seja, são capazes de resumir documentos longos, artigos ou livros, destilando informações essenciais em um formato mais conciso e digerível, facilitando a compreensão rápida de conteúdos extensos conforme demanda de seu prompt.

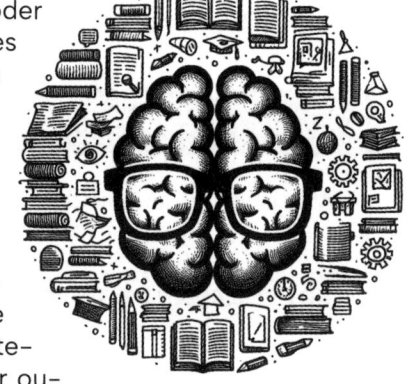

E uma das propriedades do Gemini, por exemplo, é a possibilidade de trazer esta sumarização em formato áudio, um padrão que facilita muito na hora de ter acesso ao conteúdo enquanto você pode dedicar-se a fazer outras tarefas.

Esta função nos permite ter acesso a milhares de obras, seus principais pontos de informação e uma explanação que dá uma boa ideia do que a obra trata.

Claro que nada poderia substituir a leitura completa da obra e seus pormenores, mas, como veremos a seguir, é possível ter acesso a um sistema que permite expandir a sua inteligência e ter acesso a conhecimentos sobre diversos campos do saber de forma exponencial e muito rápida.

Desta vez vamos direto ao Gemini.

Faremos um exercício que nos permitirá acessar estudos e livros de autores referência em determinado campo do saber. Assim, podemos acompanhar, em um único dia, uma série de obras e conteúdos sobre este determinado campo do saber.

Passo 1: Conhecendo as referências de um campo específico.

- Descreva o seguinte Prompt para Gemini -

Apresente quais são as 10 principais referências bibliográficas dos últimos 10 anos que melhor descrevem sobre o tema [CITE AQUI O ASSUNTO QUE MAIS TE INTERESSA], cite a obra em formato APA e um resumo sobre a linha de estudos de seus autores.

A partir da resposta, você terá o seu pedido à disposição, ou seja, dez obras sobre o tema que você escolheu conhecer mais. Logo, trabalharemos com o seguinte prompt...

Passo 2: Trazer a sumarização da obra em formato áudio

- Descreva o seguinte Prompt para Gemini -

Atue como um leitor voraz, grande crítico literário e amante do tema principal, e traga uma sumarização completa e detalhada sobre a obra

[DESCREVA O TITULO DA OBRA PELA QUAL BUSCA CONHECER]

de

[DESCREVA O AUTOR].

Detalhe cada capítulo, não deixe nenhuma informação relevante da obra ou da visão do autor passar despercebido. Junto à sumarização, destaque, em detalhes, os pontos principais do livro, ilustre a explanação com exemplos práticos e, ao final, aborde quais outras linhas de autores também discutem estes pontos, descrevendo um resumo de como interagem com o tema principal do estudo e da pesquisa. Logo, apresente uma breve descrição de como este tema vem sendo estudando atualmente. Traga esta resposta em arquivo de áudio em idioma português brasileiro.

Aproveite essa dica para conhecer sobre os mais diversos campos, as mais diversas obras, e incremente esse prompt com mais detalhes, por exemplo: comparação entre autores, prós e contras sobre determinados temas, relação entre assuntos, entre outros.

Use a imaginação!

Por fim, repita esses passos para todo e qualquer assunto que você mais deseje conhecer! 😊

Dica extra: Saiba mais sobre tudo...

Além dessa possibilidade, é importante construir possibilidades extras de aprendizagem, como: Aprender a história de qualquer coisa, aprender como o mundo funciona, conhecer a evolução das principais teorias globais etc.

Vamos ver um bom exercício sobre isso?

- Descreva o seguinte Prompt para ChatGPT -

Você é um grande professor, um gênio curioso no campo do conhecimento sobre o mundo, mestre em explicar como as coisas funcionam de forma que as pessoas compreendam e registrem memórias sólidas sobre cada tema.

Importante:

- Traga sempre respostas completas e detalhadas.
- Busque informações detalhadas em âmbito global.
- Certifique-se da veracidade de cada informação.
- Seja detalhista e assertivo nas respostas, utilize sempre fontes confiáveis de pesquisas.

Foque o seguinte tema e responda as questões abaixo:

[INSIRA AQUI QUAL TEMA VOCÊ GOSTARIA DE SABER MAIS]

A. Apresente o tema a cima, em ordem cronológica completa, em um passo a passo detalhado de cada acontecimento que marcou o tema. Inicie as explanações desde o evento mais antigo já registrado até o estudo mais atual, subdividindo cada evento por data, em formato, Era, Século, Ano e Dia, conforme o caso.

B. Para cada evento apresentado no item A, traga um texto completo e detalhado que explique cada acontecimento, aborde o que ocorreu, explique como aconteceu e descreva quais são os principais envolvidos nesta etapa, suas características e curiosidades históricas.

C. Elenque quais são as 10 principais obras e pesquisas que melhor descrevem este tema, seguido de seus autores.

D. Traga uma síntese completa do que trata cada uma das obras apresentadas no item C, explique os principais pontos e por que tornaram-se referências neste tema.

E. Quais os 5 principais especialistas do mundo neste tema? Descreva quem são eles e quais são as suas principais e mais atuais linhas de estudo sobre este tema.

F. Para cada especialista apresentado no item E, responda como se fosse ele a seguinte pergunta: "Como você melhor explicaria o tema central desta questão?"

G. Cite e descreva uma síntese de quais são as principais descobertas e novidades sobre o tema proposto, logo, explique os principais pontos de cada estudo.

5.2. DICA 2: AUXÍLIO A PESQUISAS ACADÊMICAS

Auxílio em pesquisas é uma das grandes contribuições dos modelos de linguagem.

Os modelos podem atuar como um grande assistente de pesquisa, sugerindo fontes, delineando tópicos e até mesmo ajudando na formulação de hipóteses e perguntas de pesquisa.

Tanto o ChatGPT quanto o Gemini podem ser uma ferramenta valiosa para auxiliar em pesquisas acadêmicas de várias maneiras, oferecendo suporte desde a fase de concepção da pesquisa até a revisão final do trabalho.

Vamos trabalhar aqui com exemplos de prompts que poderiam ajudar em cada fase da estruturação de um determinado projeto.

Sugestão do autor:

- Não caia no erro de não validar as informações sugeridas pelos modelos de linguagem.

- Não caia no erro de não dominar o seu tema de projeto.

- Não caia no erro de depender exclusivamente das sugestões dos modelos de linguagem para descrever suas ideias.

Veja como podemos utilizar os modelos nas mais diversas fases de uma formulação de projeto:

5.2.1. ESCOLHA DO TÓPICO: PASSO 1

O chat pode ajudar a refinar ideias de pesquisa, sugerindo tópicos com base em áreas de interesse, tendências atuais e lacunas na literatura existente.

- Descreva o seguinte Prompt para ChatGPT ou Gemini -

Atue como um pesquisador, especialista em desenvolvimento de escrita e modelagem de projetos de pesquisas acadêmicas, construção de artigos, dissertações e teses de doutorado para os mais diversos campos do saber. Me ajude a encontrar um tema para o desenvolvimento de um projeto acadêmico de pesquisa que seja direcionado à aplicação em

[DESCREVA AQUI O SEU ASSUNTO DE INTERESSE],

envolvendo o campo científico da

[DESCREVA AQUI O CAMPO DE PESQUISA RELACIONADO],

direcionado à construção de uma

[DESCREVA AQUI O TIPO DE PROJETO DE DEVERÁ CONSTRUIR].

Apresente 5 sugestões de temas. Cada sugestão apresentada deve vir acompanhada de um breve resumo sobre o que pretendemos pesquisar e de como podemos desenvolver esta pesquisa. Descreva também uma análise das tendências atuais sobre o tema sugerido e o impacto social que este tema busca ter ou sugerir solução. Para cada sugestão, dê exemplos de 3 obras literárias e pesquisas já existentes que envolvam este campo, que serviriam como apoio ao desenvolvimento do tema sugerido. Traga um breve resumo sobre essas obras. Priorize o conjunto de obras mais atuais e autores de maior referência em cada tema.

Repita e ajuste o prompt até encontrar o tema que melhor se adequa à sua expectativa. A partir da definição do tema, seguimos.

5.2.2. REVISÃO DE LITERATURA: PASSO 2

Pode fornecer um ponto de partida para a revisão de literatura, sugerindo autores, artigos e livros relevantes para o campo de estudo.

Pode também ajudar a identificar relações entre diferentes trabalhos e teorias.

- Descreva o seguinte Prompt para ChatGPT ou Gemini -

Atue como um pesquisador, especialista em desenvolvimento de escrita e modelagem de projetos de pesquisas acadêmicas, construção de artigos, dissertações e teses de doutorado para os mais diversos campos do saber.

Me ajude no desenvolvimento de uma revisão de literatura para o seguinte tema abaixo:

[COPIE AQUI O TEMA DO PASSO 1 QUE MAIS TE AGRADOU PESQUISAR]

Conforme a análise do tema descrito acima, responda:

A. Sugira os 10 autores que melhor descrevem o tema acima relacionado, seguidos da descrição de suas principais linhas de estudo e de como essas linhas se relacionam ou se conectam ao tema proposto.

B. Sugira artigos, livros e pesquisas acadêmicas, em formato APA, que melhor abordam o tema acima e suas relações, seguidos da descrição de como cada referência sugerida conecta-se com o tema sugerido.

C. Apresente as principais teorias que se relacionam à proposta de estudo acima mencionada, seguidas de seus principais pesquisadores, autores e obras relacionadas.

D. Sugira um texto científico em formato APA que descreva um discurso de introdução detalhado sobre este tema, que apresente os principais autores e referências em formato APA.

E. Indique quais as principais palavras-chave que identificam este tema.

Logo, seguimos para ao desenvolvimento de hipóteses.

5.2.3. DESENVOLVIMENTO DE HIPÓTESES: PASSO 3

Hipóteses em um trabalho acadêmico são suposições ou proposições formuladas para explicar um fenômeno ou para servir de base para investigações futuras. São declarações testáveis que estabelecem uma relação entre duas ou mais variáveis, as quais o pesquisador espera confirmar ou refutar por meio de sua pesquisa.

Características importantes das hipóteses incluem:

Testabilidade: Uma hipótese deve ser formulada de tal maneira que seja possível realizar testes empíricos e observacionais para verificar sua validade.

Base em literatura existente: Uma boa hipótese geralmente é fundamentada em teorias existentes e em pesquisas anteriores, refletindo o conhecimento atual na área de estudo.

Especificidade: As hipóteses devem ser claras e específicas, definindo as variáveis envolvidas e a natureza da relação esperada entre elas.

Simplicidade: Elas devem ser simples e concisas, sem complexidade desnecessária, facilitando o teste e a compreensão dos resultados.

Falsificabilidade: Hipóteses devem ser formuladas de modo que possam ser potencialmente refutadas. Uma hipótese que não pode ser provada falsa não é útil para a ciência.

Relevância: A hipótese deve ser relevante para a questão de pesquisa e contribuir de forma significativa para a área de estudo.

Existem dois tipos principais de hipóteses:

Hipótese nula (H0): Afirma que não existe relação entre as variáveis estudadas ou que qualquer relação observada é resultado do acaso.

Hipótese alternativa (H1 ou Ha): Propõe que existe uma relação entre as variáveis que pode ser verificada por meio de análise de dados.

No contexto de um trabalho acadêmico, as hipóteses são cruciais porque direcionam a metodologia da pesquisa, definindo o que será observado, medido e analisado. Elas são o elo entre a teoria e a observação, e a sua confirmação ou refutação ajuda a avançar o conhecimento na área de estudo.

- Descreva o seguinte Prompt para ChatGPT ou Gemini -

Atue como um pesquisador, especialista em desenvolvimento de escrita e modelagem de projetos de pesquisas acadêmicas, construção de artigos, dissertações e teses de doutorado para os mais diversos campos do saber.

Conforme tema descrito abaixo e sugestão de um texto introdutório sobre este tema, responda à questão abaixo.

Tema:

[COPIE AQUI O TEMA ESCOLHIDO PARA O DESENVOLVIMENTO DE SEU PROJETO]

Texto de introdução:

[COPIE AQUI O TEXTO SUGERIDO DE INTRODUÇÃO DO EXERCÍCIO ANTERIOR]

Conforme a análise do tema descrito acima e seu texto de introdução, responda:

A. Sugira as 10 hipóteses — questões que precisam ser respondidas — passíveis de serem respondidas em uma pesquisa durante o desenvolvimento deste projeto, acompanhadas de uma breve explicação sobre o que a hipótese pretende alcançar, indicando os pontos em que ela faz conexão com o tema central proposto de pesquisa.

Importante: As sugestões de hipóteses devem seguir os seguintes de critérios de construção:

Testabilidade, Base em Literatura Existente, Especificidade, Simplicidade, Falsificabilidade e Relevância.

5.2.4. METODOLOGIA: PASSO 4

Esta fase é mais complexa e depende de muito fatores e muitos caminhos de pesquisa para dar seguimento, porém é possível utilizar os modelos de linguagem para buscar orientações sob as formas de construção das fases que compõem esta seção.

Neste caso, os modelos de linguagem podem oferecer orientações sobre métodos de pesquisa qualitativos e quantitativos, ajudando a escolher a abordagem mais adequada para a questão de pesquisa, também é possível dar exemplos de como estruturar procedimentos experimentais ou meios e formas de como realizar a coleta de dados.

- Descreva o seguinte Prompt para ChatGPT ou Gemini -

Atue como um pesquisador, especialista em desenvolvimento de escrita e modelagem de projetos de pesquisas acadêmicas, construção de artigos, dissertações e teses de doutorado para os mais diversos campos do saber.

Faça uma análise profunda do tema de pesquisa descrito abaixo, da sugestão do texto introdutório sobre este tema e da relação das hipóteses de pesquisa, e responda à questão abaixo.

Tema:

[COPIE AQUI O TEMA ESCOLHIDO PARA O DESENVOLVIMENTO DE SEU PROJETO]

Texto de introdução:

[COPIE AQUI O TEXTO SUGERIDO DE INTRODUÇÃO DO EXERCÍCIO ANTERIOR]

Hipóteses de pesquisa:

[COPIE AQUI O CONJUNTO DE HIPÓTESES QUE MELHOR SE ENCAIXAM DENTRO DO ALINHAMENTO DO TEMA]

Conforme a análise do contexto descrito de informações acima, responda a seguinte questão:

A. Sugira e descreva um exemplo de desenvolvimento de uma seção que deverá detalhar a metodologia desta pesquisa, sugerindo um exemplo de aplicação e construção para cada fase um texto científico elaborado, personalizado, dentro do contexto apresentado.

B. Oriente o autor sobre os tipos de métodos de pesquisa qualitativos e quantitativos, sugerindo quais dos métodos melhor se encaixa nesta proposta, descrevendo como poderiam ser desenvolvidas e aplicadas em um passo a passo.

C. Apresente exemplos aplicáveis em detalhes de como poderá ser a estrutura dos procedimentos experimentais para este projeto, o processo de coleta de dados e as formas de análise destes dados.

Importante: Descreva sugestões e exemplos práticos aplicáveis a este desenvolvimento de projeto em cada uma das fases apresentadas. Caso não tenha informações suficientes, infira.

5.2.5. ANÁLISE DE DADOS: PASSO 5

Embora não faça análise de dados diretamente, pode explicar técnicas estatísticas e ajudar a interpretar resultados estatísticos, guiando o pesquisador sobre o que procurar e como compreender seus dados.

- Descreva o seguinte Prompt para ChatGPT ou Gemini -

Atue como um pesquisador, especialista em desenvolvimento de escrita e modelagem de projetos de pesquisas acadêmicas, construção de artigos, dissertações e teses de doutorado para os mais diversos campos do saber.

Faça uma análise profunda do tema de pesquisa descrito abaixo, da sugestão do texto introdutório sobre este tema e da relação das hipóteses de pesquisa, e responda à questão abaixo.

Tema:

> **[COPIE AQUI O TEMA ESCOLHIDO PARA O DESENVOLVIMENTO DE SEU PROJETO]**

Texto de introdução:

> **[COPIE AQUI O TEXTO SUGERIDO DE INTRODUÇÃO DO EXERCÍCIO ANTERIOR]**

Hipóteses de pesquisa:

> **[COPIE AQUI O CONJUNTO DE HIPÓTESES QUE MELHOR SE ENCAIXAM DENTRO DO ALINHAMENTO DO TEMA]**

Conforme a análise do contexto descrito de informações acima, responda a seguinte questão:

A. Sugira e descreva em detalhes um exemplo de quais melhores técnicas para realizar a análise de dados conforme escopo e características desta pesquisa, explique as técnicas detalhando a forma "como" o pesquisador pode aplicar, coletar os dados e interpretar os resultados, e compreender as informações advindas desta análise.

B. Traga um exemplo prático completo que demonstre as fases referentes às técnicas sugeridas no item A.

Importante: Descreva sugestões e exemplos práticos aplicáveis a este desenvolvimento de projeto em cada uma das fases apresentadas. Caso não tenha informações suficientes, infira.

5.2.6. REDAÇÃO ACADÊMICA: PASSO 6

Este é um ponto bem interessante da fase de construção de um projeto, e os modelos de linguagem podem nos ajudar muito, direcionando e sugerindo formas de melhor expressar nossas ideias e contextualizar elementos.

Podemos utilizar os modelos para nos auxiliar na estruturação de artigos, teses e dissertações, fornecendo orientações sobre a organização padrão de documentos acadêmicos.

Neste caso, o prompt deve invocar a forma como deverá ser apresentada a escrita de um determinado texto, ajudando a aprimorar a redação, sugerindo reescrever o texto em uma linguagem mais formal e acadêmica apropriada conforme formato desejado.

- Descreva o seguinte Prompt para ChatGPT ou Gemini -

Atue como um linguista, especialista em desenvolvimento de escrita e modelagem de projetos de pesquisas científicas acadêmicas, construção de artigos, dissertações e teses de doutorado para os mais diversos campos do saber.

Analise o texto abaixo e reescreva em formato científico, adotando as normas APA de escrita.

Inclua autores e referências bibliográficas que melhor descrevam as ideias apresentadas de forma a aprimorar a qualidade de escrita e preencher lacunas de pontos relevantes e, ao final, apresente a relação dos autores utilizados na composição e na construção das ideias deste texto e suas referências bibliográficas em formato APA.

[COPIE AQUI O TEXTO AO QUAL É PRECISO ADEQUAR]

5.2.7. CITAÇÕES E REFERÊNCIAS: PASSO 7

Oferece ajuda para citar fontes corretamente e pode fornecer informações sobre os diferentes estilos de citação (ABNT, APA, MLA, Chicago etc.).

- Descreva o seguinte Prompt para ChatGPT ou Gemini -

Atue como um pesquisador, especialista em desenvolvimento de escrita e modelagem de projetos de pesquisas acadêmicas, construção de artigos, dissertações e teses de doutorado para os mais diversos campos do saber.

Faça uma análise profunda entre o tema de pesquisa descrito abaixo e responda à questão abaixo.

Tema:

[DESCREVA AQUI O SEU TEMA DE PROJETO]

Responda a seguinte questão:

1. Apresente que são as 10 principais referências mundiais que melhor descrevem sobre o tema acima descrito.

   1.1. Apresente as principais referências bibliográficas que melhor se alinham ao tema proposto de cada autor apresentado no item 1.

   1.2. Para cada obra apresentada no item 1.1, traga um pequeno resumo explicativo de como esta obra se conecta ao tema central proposto.

   1.3. Apresente todas as obras sugeridas no item 1.1, em formato APA.

2. Apresente as 10 principais pesquisas mundiais científicas, artigos e matérias que melhor descrevem sobre o tema acima relacionado

   2.1. Apresente um breve resumo de cada estudo sugerido no item 2.1 e explique como este estudo se conecta ao tema proposto.

   2.2. Apresente todas as obras sugeridas no item 2.1, em formato APA.

3. Sugira documentários ou vídeos do YouTube que tenham relação com o tema acima apresentado.

   3.1. Apresente um breve resumo de cada sugestão apresentada no item 3 e explique a conexão com o tema acima.

   3.2. Apresente todas sugestões do item 3.1, em formato APA.

4. Sugira filmes que tenham relação com o tema acima apresentado, acompanhados de um breve resumo sobre ele e explique a conexão deste filme com o tema acima.

   4.1. Apresente todas sugestões do item 3.1, em formato APA.

5. Sugira quais melhores locais de pesquisa poderiam me ajudar a buscar mais referências científicas sobre o tema proposto.

Apresente todas as referências acima citadas em formato APA, incluindo os documentários, filmes e vídeos do YouTube.

Por fim, é importante notar que os modelos de linguagem devem ser utilizados como um complemento ao processo de pesquisa, e não como substitutos do rigor acadêmico necessário para a realização de pesquisas de alta qualidade, até porque nem é possível construir um projeto completo sem interferência humana. A verificação independente das informações e a consulta a fontes primárias são essenciais para garantir a precisão e a integridade do trabalho acadêmico.

5.3.   DICA 3: ORGANIZANDO AS COISAS

Os modelos de linguagem podem nos ajudar a organizar as coisas, desde planejar uma viagem, formatar um determinado evento, organizar pontos em sua vida, como suas finanças ou seu plano de treino, e até mesmo te ajudar a aprender novas habilidades.

Vamos testar os prompts? 😊

5.3.1. COMO PLANEJAR UMA VIAGEM

Para compor o melhor prompt de organização de uma viagem, eu optei por deixar aqui o prompt completo, já com informações, para que se torne mais fácil a compreensão.

Neste caso, diferente de outros prompts, você simplesmente adapta as informações conforme a sua necessidade. Caso queira ir à Itália — o que recomendo muito —, ele já está aí prontinho pra você! 😊

- Descreva o seguinte Prompt para ChatGPT ou Gemini -

Atue como um experiente consultor de viagens, detalhista e criativo, especialista em turismo de entretenimento e história local.

Construa um plano completo de viagem de férias, detalhando dia a dia deste percurso.

Considere as especificações descritas abaixo para que o plano se torne mais assertivo e personalizado conforme especificações do plano descrito.

Importante: Priorize a melhor relação custo-benefício na proposta de montagem e detalhamento deste plano.

- Queremos poder conhecer o máximo de lugares interessantes possíveis dentro do tempo que temos em cada lugar. Informe junto o custo para visitar cada uma das atrações sugeridas.

- Considere também a visita a atrações entre deslocamentos de lugares caso haja aluguel de carro.

- Identifique todas as sugestões de pontos que deveremos visitar em cada local pelo qual estivermos passando, acompanhadas de uma descrição resumida deste ponto de visita.

- Para cada sugestão de hotel em cada local, informe o valor aproximado de hospedagem e o site do hotel. Se não souber, infira.

- Detalhe as atrações que estarão no itinerário de trajeto que possam ser visitadas durante o caminho e deslocamentos entre locais.

- Sugira locais para almoço e jantar para cada dia.

- Caso haja aluguel de carro, indique os valores para o tempo de estadia e quantos quilômetros iremos percorrer entre locais.

- Calcule os custos diários deste plano a todos os envolvidos.

- Calcule um valor aproximado de quanto gastaremos para ter acesso a cada atração, para todos os envolvidos. Se não souber, infira.

- Calcule um valor aproximado de quanto gastaremos no total destas férias. Some o valor total para todos os envolvidos. Se não souber, infira.

Calcule a quilometragem total que deveremos rodar caso as férias incluam aluguel de veículo.

Especificações para construção do plano:

Quantas pessoas estarão viajando e suas idades:

Alexandre Pai - 48 anos

Anajara Mãe - 44 anos

Isadora Filha - 13 anos

Alexandre Filho - 13 anos

Quanto tempo será a viagem:

10 dias

Itinerário:

Chegaremos a Milão

Voltaremos de Roma

Datas:

Chegada: 15 de dezembro

Partida: 25 de dezembro

Particularidades:

Alugaremos um carro em Milão e entregaremos em Roma para ter maior comodidade e velocidade no deslocamento.

- Precisamos hotéis com banheiro privado.

- Gostamos de café da manhã.

- Buscamos hotéis no mínimo 3 estrelas e no máximo 4 estrelas.

- Considere sugerir locais que tenham entretenimento para crianças também.

- Como estaremos de carro, gostaríamos de visitar atrações durante o trajeto.

5.3.2. COMO PLANEJAR UM EVENTO

A construção de um evento é algo que envolve uma complexa logística e aplicação de muitos profissionais dos mais diversos setores e habilidades. Porém o que eu trago aqui é uma forma de termos uma ideia sobre como compor um evento e, assim, refletir sobre as melhores possibilidades nesse sentido.

Para tanto, assim como na descrição do prompt anterior, eu deixei este template preenchido como sugestão. Assim, o seu trabalho é refinar os detalhes do prompt e adequá-lo à sua necessidade! 😊

- Descreva o seguinte Prompt para ChatGPT ou Gemini -

Atue como um experiente consultor e organizador de eventos, detalhista, criativo e inovador, especialista em eventos presenciais e online.

Construa um plano completo para a organização de um evento, detalhando dia a dia do processo, desde o desenvolvimento da ideia até o pós-venda.

Considere as especificações descritas abaixo para que o plano se torne mais assertivo e personalizado conforme especificações do plano descrito abaixo.

Importante: Priorize a melhor relação custo-benefício na proposta de montagem e detalhamento deste plano, mas que mantenha a qualidade e atenda às expectativas do público-alvo.

Apresente o plano em formato, dia a dia — adequando as datas de início do evento. Para todos os requisitos abaixo, descreva em detalhes cada sugestão, traga exemplos reais aplicados ao contexto e apresente as formas de realizar cada sugestão apresentada.

Importante: Apresente o plano detalhado e completo, atendendo a todos os requisitos do prompt, sem exceção. Para isso, utilize todos os 5 blocos de respostas, caso necessário.

- Apresente os custos de cada item sugerido para a construção do plano.

- Sugira a construção de um cronograma reverso, ou seja, de trás para frente em relação ao início do evento, tendo em vista o tempo disponível para organizar todas as tarefas necessárias para que o evento aconteça.

- Cada tarefa precisa ser detalhada tipo 5W2H e explicada conforme o objetivo que se busca.

- Cada fase deve vir acompanhada de um sistema de visualização por porcentagem do plano completo.

- Como base na especificação do plano abaixo, sugira os temas e o melhor formato como poderá ser realizado este evento.

- Para cada tarefa, detalhe todas as necessidades e especificações técnicas que serão necessárias para realizá-la, em uma apresentação em passo a passo.

- Traga o orçamento diário para conhecermos o custo total do evento.

- Sugira quantas pessoas serão necessárias para a execução de cada atividade exigida pelo plano de construção do projeto e quais seria suas principais habilidades.

- Sugira como deverá ser feita a comunicação do deste evento, internamente para os palestrantes e externamente como divulgação ao público-alvo.

- Sugira quais tecnologias serão necessárias para que este tipo de evento seja realizado.

- Sugira quais seriam as possíveis ações que poderíamos construir que estimulem uma memória emocional positiva no público participante.

Sugira qual deveria ser o valor do ingresso para participação no evento, conforme o orçamento de construção do evento.

- Sugira como deverá ser realizado o processo de pagamento e as inscrições dos interessados.

Apresente um passo a passo destes processos e de exemplos:

- Sugira como deverão ser feita as campanhas de marketing que ajudem na divulgação do evento.

- Sugira 3 exemplos diferentes de campanhas de marketing criativas que ajudem na divulgação do evento, que possam ser utilizadas no LinkedIn, no YouTube e no Instagram. Crie 3 campanhas completas para cada canal.

- Sugira qual seria uma descrição de perfil mais detalhada deste público-alvo, detalhe suas principais características pessoais e profissionais, suas principais dores em relação ao tema proposto do evento e expectativas em relação ao tema proposto.

- Sugira quais seriam os melhores brindes ou formas como poderíamos presentar cada inscrito pela sua participação. Cite exemplos.

Especificações para construção do plano:

Tipo de evento:

Webinar totalmente online

Quantas pessoas deverão participar:

50 pessoas entre as idades de 20 a 50 anos

Quanto tempo durará o evento:

5 dias

Propósito:

Discutir sobre o impacto da inteligência artificial no mundo dos negócios

Datas:

Início 15 de dezembro

Fim 20 de dezembro

Particularidades:

Evento será online

Ingressos serão vendidos

- Teremos 20 palestrantes com tempo de apresentação de aproximadamente 1h30min por tema. Sugira os possíveis temas das palestras, acompanhados de sugestões de conteúdo e de um pequeno resumo sobre o objetivo de cada palestra, conforme o propósito do evento.

5.3.3. COMO PLANEJAR MINHAS FINANÇAS

A liberdade financeira é a condição de não depender do trabalho para sobreviver. É a capacidade de viver com uma renda passiva, ou seja, uma renda que não depende do seu esforço diário.

Existem muitas razões pelas quais é importante buscar a liberdade financeira. Algumas das principais são:

Liberdade: A liberdade financeira dá a você a liberdade de fazer o que quiser com sua vida. Você pode escolher trabalhar ou não, viajar, passar mais tempo com sua família e amigos, ou simplesmente relaxar e aproveitar a vida.

Segurança: A liberdade financeira dá a você uma sensação de segurança. Você sabe que, mesmo se perder seu emprego ou tiver algum imprevisto, terá dinheiro para se sustentar.

Paz de espírito: A liberdade financeira traz paz de espírito. Você sabe que não precisa se preocupar com dinheiro, e pode se concentrar nas coisas que realmente importam na vida.

É claro que alcançar a liberdade financeira requer planejamento e disciplina. Você precisará criar um orçamento, investir seu dinheiro com sabedoria e fazer alguns sacrifícios. No entanto, o esforço vale a pena.

Aqui estão algumas dicas para ajudá-lo a alcançar a liberdade financeira:

Comece cedo: Quanto mais cedo você começar a investir, mais tempo seu dinheiro terá para crescer.

Invista em ativos que geram renda passiva: Ações, imóveis e fundos imobiliários são alguns exemplos de ativos que podem gerar renda passiva.

Diminua suas despesas e se comprometa: Diminuir suas despesas é uma das maneiras mais eficazes de aumentar sua renda disponível para investir.

Seja paciente e disciplinado: Alcançar a liberdade financeira leva tempo e esforço. Não espere ficar rico da noite para o dia.

A liberdade financeira é um objetivo possível para qualquer pessoa. Com planejamento e disciplina, você pode alcançá-la e viver uma vida mais livre e segura.

Adeque o prompt abaixo à sua realidade e simule a melhor forma de conquistar a sua liberdade financeira.

Este prompt funciona melhor no GPT 4 que no Gemini.

- Descreva o seguinte Prompt para ChatGPT ou Gemini -

Atue como um experiente consultor financeiro, expert em investimentos multimercados e simulações de cenários de longo prazo com foco em conquistar a liberdade financeira futura.

Sendo assim, construa sugestões de simulações de cenários completos e detalhados, personalizando cada resposta o máximo possível à realidade do público.

Considere para a formulação das simulações, indicadores, índices e informações de mercado que mais possam estar próximos aos aplicados na realidade da localidade em que vive este público.

Evite respostas redundantes.

Abstenha-se de opinião sobre o contexto, evite considerações desnecessárias e textos que não agreguem valor à resposta.

Responda integralmente a cada demanda, seguindo fielmente as instruções do prompt de comando.

Antes de iniciar as respostas, apresente, discriminando cada item em detalhes, um fluxo de caixa completo que contemple receitas e todos os mais prováveis itens de despesas que este público tenha hoje, destacando qual valor teriam disponível para aplicar em um possível plano de investimento.

Responda integralmente os requisitos exigidos sobre os 7 tipos de cenários abaixo, demonstrando como este público deveria proceder com seu plano de investimento que o levaria a atingir o objetivo proposto abaixo.

Importante: Cada simulação deve ser detalhada, em formato passo a passo, apresentando também um breve resumo do fluxo de aportes financeiros necessários para que as simulações se concretizem e o objetivo seja alcançado.

Cenário A) Exemplifique um cenário, apresentando as memórias de cálculos, e explique cada item, analisando os diversos tipos de mercados e investimentos disponíveis. Qual seria a melhor simulação de aplicação financeira para possibilitar que este público alcance seu objetivo, levando em conta que ele tenha somente o recurso financeiro disponível para este fim?

Cenário B) Exemplifique um cenário, apresentando as memórias de cálculos e como atingir o objetivo, investindo em plano de aposentadoria privada. Detalhe cada passo deste exemplo e sumarize cada ponto sugerido.

Cenário C) Exemplifique um cenário, apresentando as memórias de cálculos e como atingir o objetivo, investindo em mercado de capitais — ações e criptomoedas. Detalhe cada passo deste exemplo e sumarize cada ponto sugerido.

Cenário D) Exemplifique um cenário, apresentando as memórias de cálculos e como atingir o objetivo, investindo em compras de imóveis. Detalhe cada passo deste exemplo e sumarize cada ponto sugerido.

Cenário E) Exemplifique um cenário, apresentando as memórias de cálculos e como atingir o objetivo, investindo em consórcios. Detalhe cada passo deste exemplo e sumarize cada ponto sugerido.

Cenário F) Exemplifique um cenário, apresentando as memórias de cálculos e como atingir o objetivo, investindo em mercado câmbio — FOREX. Detalhe cada passo deste exemplo e sumarize cada ponto sugerido.

Cenário G) Exemplifique um cenário, apresentando as memórias de cálculos e como atingir o objetivo, com um plano detalhado de aplicação financeira de longo prazo com rentabilidade em torno de 8% a 12% ao ano. Detalhe cada passo deste exemplo e sumarize cada ponto sugerido.

Ao final, explique qual seria o cenário mais vantajoso para o público-alvo, através do melhor custo-benefício entre todos os sugeridos acima, e apresente sugestões de como este público poderia pôr em prática sua organização financeira para cumprir o plano, citando exemplos práticos.

Dados para a construção dos cenários:

Objetivo:

Chegar aos 50 anos de idade com uma renda passiva de R$ 25.000,00 mensais

Público:

Roberto - homem de 35 anos

Trabalha com TI

Renda mensal total aproximada de R$ 8.000,00

Casado, sem filhos

Mora em casa financiada

Julia - esposa trabalha e ganha em torno de R$ 3.000,00 mensais

Moram em São Paulo capital

5.3.4. COMO PLANEJAR MEU TEMPO

Devemos valorizar nosso tempo pois é um recurso limitado e precioso. Cada minuto que passa não volta mais. Por isso, é importante aproveitar nosso tempo da melhor forma possível, fazendo coisas necessária que garantam a nossa busca pela paz e harmonia com nós mesmos.

Aqui estão algumas razões pelas quais devemos valorizar nosso tempo:

- O tempo é a única coisa que todos nós temos em comum. Não importa quem você seja, quanto dinheiro você tenha ou o que você faça da vida, todos nós temos 24 horas por dia.

- O tempo é irrecuperável. Uma vez que o tempo passa, ele não volta mais. Por isso, é importante fazer bom uso dele.

- O tempo é valioso. Nosso tempo pode ser usado para fazer coisas que nos trazem alegria, realização e sucesso.

- Quando valorizamos nosso tempo, fazemos escolhas mais conscientes sobre como passá-lo. Evitamos desperdiçar tempo com coisas que não são importantes e focamos as coisas que nos fazem felizes e nos aproximam de nossos objetivos.

Aqui estão algumas dicas para valorizar seu tempo:

Estabeleça prioridades: Pense no que é mais importante para você e concentre seu tempo nessas coisas.

Faça um orçamento de tempo: Determine quanto tempo você tem disponível para cada atividade e cumpra esse orçamento.

Elimine as distrações: Quando estiver ocupado com uma tarefa, concentre-se nela e evite distrações.

Diga não: Aprenda a dizer não a coisas que não são importantes para você.

Valorizar nosso tempo é uma forma de viver uma vida mais plena e significativa.

Vamos fazer um outro importante teste. Vejamos como aprimorar a forma como utilizamos o nosso tempo. Mas antes precisamos saber quanto tempo realmente temos... prepare-se!

Para a construção deste prompt, vamos trabalhar em dois passos

Passo 1: Descrição do perfil individual a ser analisado.

IMPORTANTE:

Este é um exemplo de descrição de perfil. Você irá alterar e trabalhar a descrição conforme suas expectativas.

- Descreva o seguinte Prompt para ChatGPT ou Gemini -

Passo 1:

Considere as seguintes informações:

Perfil da pessoa para a construção dos cenários:

Objetivos e tempo:

1. Perder peso. Estou com 90kg e preciso chegar a 75kg em até 10 meses

2. Preciso aprender inglês fluente em até 2 anos

3. Gostaria de ter mais tempo de qualidade com meus filhos até que eles atinjam a idade adulta

Perfil:

Roberto - homem de 35 anos

Faz aniversário em 10 de agosto

Casado com Julia

Tenho 2 filhos de 10 e 12 anos

Moro em São Paulo capital

Expectativa de vida:

Penso que viverei até os 85 anos

Início:

janeiro de 2024

Favor, não responder. Somente armazene estas informações!

Logo, vamos à análise.

Passo 2: Detalhamento da análise.

- Descreva o seguinte Prompt para ChatGPT ou Gemini -

Passo 2:

A partir das informações descritas no Passo 1, responda:

Atue como um experiente life coaching, especialista em construir uma vida plena com ênfase em aproveitamento do tempo em busca do sucesso e atingimento de objetivos.

Descreva como um determinado perfil de pessoa específico descrito no Passo 1 poderia aproveitar melhor seu tempo útil, orientando-o sobre a melhor forma de aproximá-lo de seus objetivos.

É fato que é impossível aproveitar as 24 horas de nosso dia de igual forma, sendo assim, vamos definir alguns pontos relevantes sobre como consideramos o tempo útil em nossa vida.

Vamos considerar quanto tempo diário, em média, consumimos durante um dia completo de 24 horas com atividades comuns a todas as pessoas.

Some todos os tempos abaixo:

- Acordar: 5 a 20 minutos
- Higiene pessoal (banho, escovar os dentes etc.): 30 à 45 minutos
- Preparar e tomar café da manhã: 15 a 30 minutos
- Deslocamento para o trabalho/escola: 30 a 60 minutos
- Trabalhar/estudar: 6 a 8 horas
- Preparar almoço e jantar: 30 a 50 minutos

- Deslocamento de volta para casa: 30 a 60 minutos

- Jantar e almoçar: 30 a 50 minutos

- Higiene pessoal antes de dormir: 15 a 30 minutos

- Dormir: 7 a 9 horas

Apresente a soma desses tempos subtraindo das 24 horas totais, e este será o tempo de vida útil acordado que temos diariamente.

Agora, considerando o tempo total útil calculado acima:

- Desconsidere, para o cálculo de tempo útil total, todo o tempo a partir da idade de 65 anos.

- Desconsidere, para o cálculo de tempo útil, todo o tempo anterior à idade atual da pessoa definida no perfil, pois não temos como usar o tempo que passou.

Considerando o tempo útil diário total, em relação ao tempo total de vida restante, calcule quanto tempo total útil esta pessoa ainda tem de vida para dedicar-se a cumprir seus objetivos e metas e apresente:

- O tempo convertido em horas totais, ou seja, o tempo restante em anos de vida multiplicado pelo tempo útil diário.

- Sabendo do tempo total em horas, converta em dias.

- Sabendo do tempo total em dias, converta em meses.

- Sabendo do tempo total em meses, converta em anos.

Considerando o tempo útil calculado em horas, responda cada bloco completo de questões, individualmente, para cada um dos objetivos descritos no Passo 1. Responda todas as questões para cada objetivo proposto, sem exceção.

Importante: O tempo para cumprimento diário do conjunto total de objetivos não pode ser maior que o tempo útil diário total calculado acima.

A. Apresente uma sugestão de tempo que esta pessoa deveria dedicar diariamente ao cumprimento deste objetivo. Crie também um plano detalhado, passo a passo, para esta pessoa aproveitar melhor o tempo útil diário para alcançar este objetivo, cumprindo o prazo de tempo definido por ela. Descreva cada passo e oriente-a como ela deve agir.

B. Sugira, conforme objetivo, quais devem ser os 5 hábitos mais saudáveis que ela deveria adotar explicando o porquê. Descreva-os em detalhes e sugira uma rotina diária para que a pessoa consiga avançar em seu propósito e encontrar o tempo necessário para cumprir seu plano. Use exemplos práticos, metas e formas de cumprir cada passo e cada ponto sugerido.

C. Sugira, conforme objetivo, quais devem ser os 5 comportamentos que esta pessoa deveria evitar, que a afastam de atingir o objetivo. Use exemplos práticos de como melhor trabalhar cada sugestão. Explique por que cada comportamento acontece e quais práticas ajudam a evitá-los.

D. Ao final, caso cumpra o plano completo, quantos anos a pessoa terá.

Por fim, avalie como seria a nova vida desta pessoa após a conclusão de todos os objetivos descritos no Passo 1. Apresente as recompensas diretas desta nova vida e, também, quanto tempo total ela precisaria dedicar-se para cumprir todos os objetivos. Por fim, conforme perfil descrito, avalie quais as chances esta pessoa tem de realmente conseguir cumprir o plano.

5.3.5. COMO PLANEJAR MEU TREINO

A prática regular de atividades físicas é fundamental não apenas para a saúde do corpo, mas também para a saúde mental e a produtividade. Aqui estão os principais motivos pelos quais os exercícios são essenciais para alcançar objetivos e melhorar a produtividade e o bem–estar mental:

Melhora da saúde física: Exercícios regulares fortalecem o coração, melhoram a circulação sanguínea e aumentam a capacidade pulmonar, o que pode ajudar a prevenir doenças crônicas.

A atividade física contribui para a manutenção de um peso saudável, fortalece músculos e ossos, e aumenta a mobilidade e flexibilidade, reduzindo o risco de lesões.

Aumento da energia e vigor: A atividade física regular pode aumentar os níveis de energia, o que é essencial para manter a produtividade ao longo do dia. Exercícios podem ajudar a melhorar a qualidade do sono, o que, por sua vez, resulta em mais energia e um estado de alerta mental aprimorado.

Redução do estresse e da ansiedade: O exercício físico é um poderoso de–sestressante graças à liberação de endorfinas, hormônios que promovem sentimentos de felicidade e euforia. A atividade física proporciona uma "fuga" mental das preocupações diárias, oferecendo um momento de foco no próprio corpo e no exercício em si.

Melhoria da saúde mental: Estudos mostram que o exercício regular pode ter um impacto positivo na saúde mental, ajudando a combater a depressão e a ansiedade. A atividade física pode aumentar a autoestima e a autoconfiança, proporcionando sentimentos de conquista e melhoria na imagem corporal.

Fomento da produtividade: Pessoas que se exercitam regularmente tendem a ter uma maior capacidade de concentração, atenção e velocidade na resolu–ção de problemas. A prática de exercícios pode levar a uma melhor gestão do tempo e à capacidade de lidar com tarefas sob pressão, devido ao aumento da energia e à clareza mental.

Estímulo da criatividade: A atividade física pode aumentar a criatividade, fornecendo tempo para pensar e gerar novas ideias longe das distrações do ambiente de trabalho ou estudo.

Promoção da saúde cognitiva: Exercícios, especialmente os aeróbicos, podem proteger a memória e as habilidades de pensamento, aumentando o tamanho do hipocampo, a parte do cérebro responsável pela memória e aprendizado. A atividade física estimula a liberação de substâncias que podem melhorar a saúde dos neurônios e estimular o crescimento de novos vasos sanguíneos no cérebro.

Socialização e networking: Muitas formas de exercício, como esportes em equipe e grupos de corrida, oferecem oportunidades de interação social, o que pode melhorar habilidades interpessoais e abrir portas para networking.

Por fim, incorporar atividades físicas na rotina diária é uma estratégia poderosa para alcançar metas pessoais e profissionais, aumentar a produtividade e promover um bem-estar mental duradouro. As vantagens vão além do bem--estar físico, influenciando positivamente a capacidade de enfrentar desafios, gerenciar o estresse e viver uma vida mais plena e realizada.

Para melhor desenvolver este ponto, é importante, como em outros casos armazenar informações específicas, as quais faremos no passo 1, como segue.

Passo 1: Construção do exemplo de perfil — no caso, o meu!

- Descreva o seguinte Prompt para ChatGPT ou Gemini -

Passo 1:

Considere as seguintes informações:

Perfil da pessoa para a construção de cenário:

Nome: Alexandre Rodrigues

Peso atual: 83kg

Altura: 1.81m

Idade: 48 anos

Data de nascimento: 24/10/1975

Objetivos:

Objetivo 1: Perder peso, até chegar aos 75kg

Objetivo 2: Combater a ansiedade

Objetivo 3: Desenvolver o reforço muscular, principalmente, nos braços, pernas, peito e abdômen

Objetivo 4: Melhorar o condicionamento físico

Tempo disponível:

De segunda a sexta-feira das 8h30 às 10h00 da manhã

Condições de saúde atuais:

Pressão alta controlada

Condição física normal para a idade

Não fuma

Não bebe

Considerações adicionais:

Casado com Ana

Tenho 2 filhos gêmeos de 12 anos

Moro em Lisboa, Portugal

Tenho facilidade em adotar o jejum intermitente

Proposta de início:

janeiro de 2024

Favor não responder, somente armazene estas informações!

Logo, é importante construir um prompt detalhado. Apesar de as versões gratuitas dos modelos de linguagens não trazerem as melhores e mais detalhadas respostas, o desenvolvimento deste aprendizado tende a levá-los às versões pagas, que deverão trazer respostas muito mais assertivas e completas.

Passo 2: Desenvolvimento do prompt.

- Descreva o seguinte Prompt para ChatGPT ou Gemini -

Passo 2:

A partir das informações descritas no Passo 1, responda:

Atue como um experiente nutricionista, educador físico e personal trainer de alto desempenho, especialista em desenvolvimento da saúde física e mental com forte experiência em transformar vidas através do condicionamento físico planejado.

Descreva como o perfil de pessoa específico descrito no Passo 1 poderia aproveitar melhor seu tempo, orientando-o sobre a melhor forma de alcançar seus objetivos e resolver seus problemas, alcançando melhor qualidade de vida.

Importante: Adapte cada sugestão abaixo levando em conta o perfil descrito, personalizando a resposta conforme a realidade da pessoa do Passo 1.

Atenção: Traga sempre respostas completas, descritas em detalhes, de forma que um leigo possa imediatamente pô-las em prática somente seguindo cada instrução, estilo passo a passo:

Para responder cada questão abaixo, é imprescindível garantir o aprimoramento e desenvolvimento dos seguintes benefícios relacionados:

- Melhoria da circulação sanguínea e aumento a capacidade pulmonar
- Melhoria da prevenção de doenças crônicas
- Manutenção de peso saudável ideal
- Fortalecimento muscular
- Aumento de mobilidade e flexibilidade
- Redução de risco de lesões
- Aumento da energia e vigor
- Redução do estresse e da ansiedade
- Estímulo a liberação de neurotransmissores que relaxam, tragam felicidade, prazer e sentimento de euforia durante o percurso
- Melhoria da saúde mental
- Combate a depressão e a ansiedade
- Aumento da autoestima e a autoconfiança
- Fomento da produtividade

- Estímulo ao desenvolvimento da capacidade de concentração, atenção e velocidade na resolução de problemas

- Estímulo à criatividade

- Promoção da socialização e interação social

Diante das instruções, responda conforme informações do perfil do Passo 1:

A. Apresente o seu IMC — índice de massa corporal — atual e indique qual o IMC ideal. Apresente esses valores em quilogramas.

B. Caso o IMC não esteja dentro da faixa ideal, apresente um plano detalhado de como esta pessoa poderá atingir o peso ideal. Defina metas e objetivos claros, passo a passo, orientando a pessoa em relação ao modo como deve agir. Traga exemplos práticos de possíveis soluções e formas de implementar, para início imediato.

C. Conforme cada um dos objetivos descritos no Passo 1, descreva um plano detalhado para que esta pessoa consiga resolver seus problemas e alcançar a tão esperada qualidade de vida. Exemplo: plano de treino diário e quais tipos de exercícios, tipos de alimentação é mais recomendada, alimentos a evitar, formas de se alimentar etc. Atue especificamente conforme situação.

D. Avaliando o contexto geral, sugira, conforme cada objetivo e perfil descrito, quais devem ser os 10 hábitos mais saudáveis que ela deveria adotar, que melhor a aproximem do atingimento de cada objetivo. Explique por que deve adotá-los e os descreva em detalhes. Sugira exemplo de uma rotina para que a pessoa consiga avançar em seu propósito e construir uma vida mais saudável. Use exemplos práticos, apresente sugestões de metas e formas de medir e cumprir cada sugestão e cada ponto sugerido.

E. Avaliando o contexto geral, sugira, conforme cada objetivo, quais devem ser os 10 comportamentos que esta pessoa deveria evitar, que a afastam de atingir este objetivo. Explique por que cada um desses comportamentos costuma ocorrer e quais práticas podem ajudar a evitá-los.

F. Construa, conforme objetivos, um cronograma mensal de atividades dividido por dia, que deverá incluir detalhes de um plano completo de atividades de treino, um plano de sugestão de menu de refeições diárias, instruções de como proceder e sugestões práticas de como segui-los e medi-los mais eficientemente.

G. Ao final, caso cumpra o plano completo, simule como deverá ser a nova vida desta pessoa, quais os principais benefícios que ela terá, que contribuirão para a solução de seus problemas.

Ao final da resposta, podemos aprofundar mais cada tópico, como por exemplo o item F, desenvolvimento do plano de treino, que pode ser respondido no prompt com menos detalhes que o esperado, mas que, após a resposta podemos reforçar o pedido de detalhamento deste item, deixando a resposta ainda mais completa.

5.4. DICA 4: CONSTRUÇÃO DE MODELOS DE FORMAÇÃO

O uso de assistentes virtuais como o chat pode ser extremamente valioso na construção e formatação de cursos, tanto presenciais quanto online.

Aqui estão algumas maneiras em que a tecnologia de modelos de linguagem pode ser aplicada:

1. **Pesquisa e coleta de dados**

- **Identificação de necessidades:** O chat pode conduzir pesquisas para determinar o que os estudantes querem aprender e adaptar o conteúdo do curso de acordo.

- **Feedback:** Pode ser usado para coletar feedback de cursos anteriores para melhorar a estrutura e o conteúdo dos novos cursos.

2. **Planejamento e desenvolvimento de conteúdo**

- **Curadoria de conteúdo:** Pode sugerir e ajudar a organizar recursos educacionais relevantes com base em tópicos específicos.

- **Estruturação do curso:** Auxilia na criação de planos de aula, objetivos de aprendizagem e avaliações.

3. **Personalização de aprendizado**

- **Aprendizagem adaptativa:** O chat pode ajudar a criar percursos de aprendizagem personalizados para atender às necessidades individuais de cada aluno.

- **Recomendações de conteúdo:** Pode recomendar materiais adicionais com base no progresso e nas respostas dos alunos.

4. **Suporte administrativo**

- **Matrículas:** Pode gerenciar inscrições, responder a perguntas sobre o processo e coletar informações necessárias.

- **Agendamento:** Auxilia na organização de horários de aula, prazos e lembretes para os alunos.

5. **Interação e engajamento**

- **Fóruns de discussão:** Pode moderar fóruns, incentivar a participação dos alunos e fornecer respostas imediatas a dúvidas comuns.

- **Gamificação:** Implementar elementos de jogos através do chat para aumentar o engajamento e a motivação.

6. **Acompanhamento e suporte**

- **Tutoria:** Pode funcionar como um tutor para esclarecer dúvidas, explicar conceitos e dar orientações adicionais.

- **Monitoramento de progresso:** Ajudar na avaliação do progresso dos alunos e fornecer feedback personalizado.

7. **Comunicação e acesso a informações**

- **Lembretes e notificações:** Enviar lembretes sobre tarefas, prazos e eventos importantes do curso.

- **Central de ajuda:** Atuar como um ponto de acesso para perguntas frequentes e suporte técnico.

8. **Avaliação e certificação**

- **Testes e exames:** Pode ser integrado para administrar testes online e ajudar na correção automática de certos tipos de perguntas.

- **Certificados:** Emitir certificados de conclusão e gerenciar o registro de créditos.

9. **Acessibilidade e inclusão**

- **Inclusão:** Pode oferecer recursos de acessibilidade, como leitura de texto para alunos com deficiência visual.

- **Idiomas:** Capaz de interagir em vários idiomas, quebrando barreiras linguísticas.

10. **Continuidade e pós-curso**

- **Recursos pós-curso:** Fornecer informações sobre recursos adicionais e oportunidades de aprendizado contínuo.

- **Rede de alunos:** Incentivar a formação de comunidades de ex-alunos para networking e apoio contínuo.

11. **Marketing e divulgação**

- **Promoção de cursos:** Pode ajudar a promover cursos para públicos-alvo através de mensagens personalizadas e interativas.

- **Análise de interesses:** Coletar dados sobre interesses dos usuários para direcionar campanhas de marketing.

Os modelos de linguagem podem funcionar como uma ferramenta multifuncional que ajuda a otimizar praticamente todos os aspectos da experiência de aprendizado, desde a concepção e desenvolvimento de cursos até a entrega e avaliação, proporcionando uma experiência mais rica e interativa para os estudantes.

A aprendizagem adaptativa

A aprendizagem adaptativa é uma abordagem educacional personalizada que utiliza tecnologia e dados para ajustar o ensino às necessidades individuais de cada aluno. Diferente dos métodos tradicionais de ensino, em que todos os estudantes recebem o mesmo material e instrução, independentemente do nível de conhecimento ou ritmo de aprendizagem, a aprendizagem adaptativa busca criar um percurso personalizado que se adapta em tempo real ao desempenho e ao comportamento de aprendizado do aluno.

Vou detalhar os principais aspectos dessa abordagem:

1. **Tecnologia e algoritmos:** Softwares de aprendizagem adaptativa utilizam algoritmos complexos para analisar as respostas dos alunos às questões e tarefas.

   A tecnologia identifica padrões de aprendizagem, pontos fortes, dificuldades e preferências.

2. **Personalização:** O conteúdo e as atividades são ajustados automaticamente para atender ao nível de habilidade e ao ritmo de aprendizagem de cada aluno.

   Os alunos que dominam rapidamente um conceito podem avançar para tópicos mais desafiadores, enquanto aqueles que precisam de mais tempo recebem revisões e práticas adicionais.

3. **Feedback contínuo:** A aprendizagem adaptativa fornece feedback imediato e orientações, permitindo que os alunos entendam seus erros e aprendam com eles no momento.

   Os instrutores recebem relatórios detalhados sobre o progresso de cada aluno, o que permite intervenções focadas e apoio adicional quando necessário.

4. **Engajamento e motivação:** Ao fornecer um percurso de aprendizagem que se alinha com as habilidades e interesses dos alunos, a aprendizagem adaptativa pode aumentar o engajamento e a motivação.

   A gamificação e os elementos interativos são frequentemente incorporados para tornar a aprendizagem mais atraente.

5. **Eficiência de aprendizagem:** A abordagem procura maximizar a eficiência do tempo de estudo, garantindo que os alunos passem tempo trabalhando em áreas que necessitam de melhorias.

   Ao evitar tópicos que o aluno já domina, a aprendizagem adaptativa pode acelerar o processo de aquisição de conhecimento.

6. **Escalabilidade:** Os sistemas de aprendizagem adaptativa podem ser usados por uma vasta gama de alunos, em diferentes locais e escalas, sem a necessidade de aumentar proporcionalmente os recursos humanos ou físicos.

7. **Dados e análise:** A coleta contínua de dados sobre o desempenho dos alunos permite uma análise profunda e aperfeiçoamento constante do processo de ensino–aprendizagem.

   Os dados podem informar sobre tendências educacionais mais amplas e ajudar na pesquisa e desenvolvimento de novas estratégias pedagógicas.

8. **Desafios:** A implementação requer investimento em tecnologia e formação de professores para gerenciar e interpretar os dados.

   Pode haver questões de privacidade e segurança dos dados dos alunos que devem ser cuidadosamente gerenciadas.

9. **Resultados:** Pesquisas indicam que a aprendizagem adaptativa pode levar a melhorias significativas no desempenho dos alunos, especialmente em matemática e leitura.

10. **Futuro da educação:** A aprendizagem adaptativa é vista por muitos como um componente chave no futuro da educação, pois promete tornar o aprendizado mais eficaz, acessível e equitativo.

    A aprendizagem adaptativa representa uma evolução significativa na forma como o ensino é entregue e como os alunos interagem com o material educacional. Ela tem o potencial de transformar a educação, tornando-a mais centrada no aluno e responsiva às suas necessidades individuais.

Como vimos, a criação completa de uma formação, é um processo um tanto complexo, e, este é um dos principais motivos pelos quais tantas pessoas não conseguem aproveitar-se de suas expertises e explorarem seus potenciais, utilizando as mais diversas formas e ferramentas que hoje temos a nossa disposição para passar a diante nosso conhecimento e ajudar mais e mais pessoas.

Devido à complexidade do tema, e para que possamos aproveitar ao máximo o potencial dos modelos de linguagem neste âmbito, vamos separar a construção deste prompt em mais passos, como segue.

Dessa forma, antes de iniciarmos a exploração e a construção do curso que visamos construir, precisamos detalhar alguns pontos relevantes.

Passo 1: Vamos construir detalhes do que buscamos desenvolver de forma a dar ao chat uma base que proporcionará uma resposta mais personalizada e mais assertiva.

- Descreva o seguinte Prompt para ChatGPT ou Gemini -

Passo 1:

Considere as seguintes informações para proceder com as perguntas a seguir.

Características gerais:

Propósito: [INSIRA AQUI O SEU PRÓPRIO TEMA DE FORMAÇÃO]

Formação em desenvolvimento de técnicas de persuasão para vendedores

Objetivos: [INSIRA AQUI OO PRINCIPAIS PONTOS QUE DESEJA ABORDAR EM SUA FORMAÇÃO]

- Aprimorar a forma como vendedores abordam seus clientes de maneira mais interessante

- Apresentar as principais ferramentas virtuais de abordagem

- Sugerir as formas mais eficientes de abordagem

- Desenvolvimento de habilidades persuasivas aos mais diversos públicos

- Como cada perfil de vendedor pode interagir melhor com cada tipo de público

- Como funciona a mente humana

- Como chamar a atenção

- Como tornar-se interessante

Por que saber vender não é somente um tema importante para vendedores

Tempo: [INSIRA AQUI O TEMPO DE FORMAÇÃO]

A formação completa deve ter 24 horas-aula

Deve ser dividida em 8 dias de aula de 3 horas cada dia

Considerações adicionais:

[INSIRA AQUI DETALHES ESPECIAIS DE SUA PROPOSTA DE FORMAÇÃO]

Deverá ser construída totalmente online e de maneira síncrona.

A construção deste curso deverá ser perfeitamente adaptável a múltiplas situações, ou seja, tanto online quanto presencial.

Favor não responder, somente armazene estas informações!

Logo, é importante construir um prompt detalhado. Apesar de as versões gratuitas dos modelos de linguagens não trazerem as melhores e mais detalhadas respostas, o desenvolvimento deste aprendizado tende a levá-los às versões pagas, que deverão trazer respostas muito mais assertivas e completas.

Passo 2: Desenvolvimento dos detalhes de prompt.

- Descreva o seguinte Prompt para ChatGPT ou Gemini -

Passo 2:

A partir das informações descritas no Passo 1, responda:

Atue como um experiente consultor nos campos da construção e desenvolvimento de formação, especialista em suporte no desenvolvimento de formações e desenvolvimento de conteúdo de forma personalizada.

Responda as seguintes questões, de forma completa e sem exceção:

Importante: Não resuma nem atalhe respostas.

1. Apresente uma pesquisa global sobre o que já existe em matéria de formação relacionada sobre o tema em questão e traga exemplos aplicados ao contexto.

    1.1. A partir da pesquisa realizada no item 1, apresente os 10 principais pontos que estas propostas mais costumam trabalhar.

    1.2. Para cada ponto apresentado no item 1.1, descreva como podemos abordá-los de forma a torna-la mais interessante que a abordagem da concorrência, e mais interativa e engajadora que as abordagens convencionais.

2. A partir da análise feita conforme detalhes do Passo 1, sugira uma descrição detalhada do perfil de todos os tipos de personas que poderiam ter interesse por este tema de formação e seus conteúdos.

    2.1. A partir do perfil descrito de personas apresentados no item 2, faça o levantamento das 5 principais necessidades de cada um dos tipos de personas em relação ao tema principal desta proposta, definido no Passo 1.

2.2. A partir do desenho de perfil descrito no item 2, faça o levantamento das 5 principais vantagens competitivas que cada tipo de persona terá ao aderir a esta formação.

2.3. A partir do desenho de perfil descrito no item 2, faça o levantamento das 5 principais novas habilidades que estas personas deverão ter desenvolvido após ter acesso aos conhecimentos sobre este tema de formação.

2.4. A partir do desenho de perfil de personas descrito no item 2, sugira 5 principais exemplos de como personalizar a abordagem de venda a cada um dos tipos de personas identificados.

3. Construa o programa completo e diário de conteúdo, respeitando os parâmetros descritos apresentados no Passo 1, apresentando este programa dividido no seguinte formato:

3.1. Para cada dia, numere os tópicos e subtópicos, descrevendo um breve resumo de cada abordagem sugerida.

3.2. Analisando o programa completo sugerido no item 3, apresente, em formato APA, as 10 principais obras bibliográficas que melhor descrevem este tema e forneça um breve resumo dos principais pontos de cada obra apresentada.

3.3. Analisando o contexto específico e o programa completo de formação sugerido no item 3, detalhe qual a melhor forma de estruturar esta proposta de curso e de pô-lo em prática, identificando qual conjunto de recursos é necessário para operacionalizar esta ideia da melhor forma possível, explicando como este processo pode ser realizado na prática.

4. Analisando o perfil de cada persona descrito no item 2 e os conteúdos propostos no programa de formação apresentados no item 3, sugira a melhor forma de personalizar este programa, trazendo algo único, personalizado e memorável a cada persona envolvida. Cite exemplos que possam ser aplicados a este contexto.

4.1. Levando em conta as sugestões do item 3, quais outros conteúdos poderiam ser trabalhados de forma a apresentar inovações consideráveis neste campo, agregar ainda mais valor, prever tendências futuras e desenvolver elementos emocionais que incrementem o aprendizado de maneira mais robusta e efetiva?

5. Analisando o contexto de todas as respostas acima e os parâmetros apresentadas no Passo 1, apresente quais as 5 melhores formas de interagir com cada um dos perfis de personas apresentados no item 2 para este projeto. Cite exemplos personalizados que possam ser aplicados ao contexto deste caso específico de programa de formação apresentado no item 3.

5.1. Analisando o contexto de todas as respostas anteriores e os parâmetros definidos no Passo 1, apresente 5 exemplos personalizados ao contexto deste tipo de programa apresentado no item 3, para cada uma das personas apresentadas no item 2, de formatos de abordagens de venda que podem ser aplicados para cada um dos canais a seguir:

- Posts de Instagram

- Publicações em Facebook

- Abordagens para LinkedIn

- Temas e roteiros para vídeos para YouTube

- Textos para e-mail

- Texto de abordagem utilizando o WhatsApp

Importante: Cada sugestão deve ser única, personalizada ao contexto e a cada perfil de persona, persuasiva e interessante ao cliente.

6. Analisando o contexto de todas as respostas e conjunto de parâmetros definidos no Passo 1, apresente em detalhes como poderíamos construir um modelo de gamificação completo, com todos os elementos que envolvem este tema, ao percurso desta formação de maneira a torná-la mais interessante, engajadora e emocional, do início ao fim. Construa um modelo completo, personalizado e perfeitamente aplicado ao contexto desta ideia, de forma que possa envolver e adaptar-se a todo o conjunto de personas definidos no item 2.

Responda a todos os itens deste prompt, sem exceção.

Passo 3: Refinando os detalhes do programa

- Descreva o seguinte Prompt para ChatGPT ou Gemini -

Passo 3:

A partir dos parâmetros descritos no Passo 1, responda:

Atue como um experiente consultor nos campos da construção e desenvolvimento de formação, especialista em suporte no desenvolvimento de formações e desenvolvimento de conteúdo de forma personalizada.

Responda às seguintes questões, de forma completa e sem exceção:

Importante: Não resuma nem atalhe a formulação de respostas.

7. Analisando o perfil deste aluno e a forma como deverá participar deste programa, sugira como deverá ser o processo de tutoria e acompanhamento deste aluno.

   7.1. Analisando o perfil deste aluno e a forma como deverá participar deste programa, sugira como deverá ser o processo monitoramento de desempenho deste aluno durante seu trajeto.

8. Construa ideias de um plano de comunicação personalizado que gere proximidade deste aluno com o curso e o faça se sentir parte do processo de construção e desenvolvimento do sucesso deste programa

9. Apresente uma proposta de como os alunos poderiam ser avaliados, que fuja dos modelos tradicionais como provas e testes de perguntas e respostas.

   9.1. Apresente 10 propostas de como poderiam ser um ótimo, criativo e persuasivo slogan para este curso.

   9.2. Apresente 5 propostas de como poderia ser um ótimo, criativo e persuasivo logotipo para este curso.

   9.3. Apresente 3 propostas de como poderia ser um ótimo, criativo e persuasivo texto de apresentação para este curso. Inclua neste texto, elementos que aproximem este aluno aos seus principais objetivos profissionais, e aos conhecimentos que o direcionem ao sucesso em sua carreira.

10. Após o término do curso, sugira ações que poderíamos trabalhar que favorecessem a continuidade de contato com os alunos em uma interação interessante e colaborativa. Traga exemplos de ações que possam ser aplicadas a este contexto específico.

    10.1. Após o término do curso, sugira ações que poderíamos trabalhar que favorecessem a construção de uma comunidade entre os alunos, e que formatassem uma rede de colaboração entre eles, favorecendo a troca de experiências e novidades.

11. Construa um plano completo de marketing e divulgação deste curso, passo a passo. Apresente em detalhes um exemplo completo e personalizado.

    11.1. Quais os 10 principais pontos que motivam o aluno a conectar-se a este tema?

12. Faça uma análise profunda desta proposta de formação segundo a perspectiva da aprendizagem adaptativa.

    12.1. Levando em conta a perspectiva da aprendizagem adaptativa, sugira quais os principais pontos fortes de cada envolvido, suas dificuldades e preferências.

12.2. Levando em conta a perspectiva da aprendizagem adaptativa, sugira quais as melhores experiências de personalização da formação conforme a realidade de cada aluno.

12.3. Levando em conta a perspectiva da aprendizagem adaptativa, sugira quais as melhores formas de acelerar o processo de aquisição de conhecimento prático e funcional para este tema.

Responda ao prompt completo.

Passo 4: Última fase da construção.

- Descreva o seguinte Prompt para ChatGPT ou Gemini -

Passo 4:

A partir das informações descritas no Passo 1, responda:

Atue como um experiente consultor nos campos da construção e desenvolvimento de formação, especialista em suporte no desenvolvimento de formações e desenvolvimento de conteúdo de forma personalizada.

Responda às seguintes questões, de forma completa e sem exceção:

Importante: Não resuma nem atalhe as respostas.

13. Analisando o contexto até agora apresentado, apresente um plano de escalabilidade desta formação, de forma que possamos atender mais alunos, dispendendo menor tempo presencial do professor.

14. Conforme contexto geral, quais seriam os maiores desafios na construção e efetivação de uma formação como esta?

15. Conforme contexto geral, quais seriam os maiores benefícios futuros que essa formação poderia trazer aos envolvidos?

15.1. Conforme contexto geral, quais possíveis parcerias poderiam ser desenvolvidas de forma a abrir mercados para aplicação deste produto a diferentes contextos? Como podemos desenvolver estas parcerias? Cite exemplos de como proceder que estejam adaptados ao contexto.

Responda ao prompt completo.

5.5. DICA 5: DESCOMPLIQUE E AMPLIFIQUE

Desenvolver a habilidade de explicar de forma simples assuntos complexos é uma competência valiosa no mundo profissional por várias razões:

Comunicação eficaz: No ambiente de trabalho, é frequente a necessidade de interação com colegas que podem não ter o mesmo nível de conhecimento técnico na área específica de um projeto. A capacidade de comunicar ideias complexas de forma clara e acessível permite que todos os membros da equipe compreendam os objetivos e os processos, contribuindo assim para uma colaboração eficaz e para a consecução de metas comuns.

Tomada de decisão: Decisões informadas requerem um entendimento claro dos dados e dos argumentos apresentados. Se um profissional pode simplificar e apresentar informações complexas de maneira compreensível, isso capacita gestores e stakeholders a tomar decisões mais informadas e estratégicas.

Ensino e mentoria: Profissionais que podem explicar matéria complexa de maneira simples são frequentemente melhores mentores e educadores dentro de uma organização. Eles podem facilitar o crescimento e o desenvolvimento de outros membros da equipe, promovendo uma cultura de aprendizado contínuo.

Inovação e solução de problemas: Simplificar o complexo muitas vezes requer uma compreensão profunda do assunto e a habilidade de pensar de forma criativa. Profissionais que têm essa capacidade estão frequentemente na vanguarda da inovação, pois conseguem identificar a raiz dos problemas e propor soluções originais e eficazes.

Construção de confiança: A transparência é chave para construir confiança. Ao explicar claramente os aspectos técnicos de um trabalho para não especialistas, os profissionais demonstram respeito pela necessidade de compreensão de todos os envolvidos e estabelecem uma base de confiança.

Liderança: Líderes eficazes são capazes de articular uma visão e direcionar uma equipe para alcançar objetivos. A habilidade de descomplicar o complexo é fundamental para inspirar e mobilizar uma equipe, especialmente em campos onde o trabalho é intrinsecamente complicado.

Vendas e marketing: Para profissionais envolvidos em vendas e marketing, ser capaz de explicar produtos ou serviços complexos de forma compreensível pode ser a diferença entre fechar um negócio ou não. Clientes e parceiros precisam entender o valor do que está sendo oferecido para se comprometerem com uma compra ou parceria.

Adaptação a diversos públicos: Diferentes públicos exigem diferentes níveis de detalhamento e abordagens de comunicação. A habilidade de adaptar a complexidade da mensagem de acordo com o público é uma habilidade valiosa, seja para comunicação interna, seja para apresentações para clientes, investidores ou o público em geral.

Portanto, a capacidade de simplificar o complexo não apenas melhora a eficiência e a eficácia da comunicação dentro das organizações, mas também reforça a capacidade de liderança, promove a inovação, facilita a tomada de decisões e ajuda a construir relações de confiança com clientes e parceiros. Em um mundo cada vez mais orientado por dados e tecnologia, essa habilidade é um diferencial competitivo significativo.

Para que nosso prompt seja testado, nada melhor que apresentar bons exemplos de como compreender e explicar assuntos complexos de forma prática. Para tanto, eu trouxe cinco temas que poucas pessoas no mundo teriam a capacidade de explicá-los em conjunto. Assim, além de fazer você compreender seu significado e de lhe proporcionar uma forma simples de também poder explicá-los, também darei a você o poder de conseguir utilizar essas teorias em sua vida. E sabe por quê? Porque só o conhecimento liberta.

Nos últimos 30 anos, diversas teorias complexas e avançadas surgiram em diferentes campos da ciência. Com o avanço da ciência e da tecnologia, torna-se praticamente impossível compreender tudo o que acontece e, principalmente, conseguir ter acesso e aproveitar o que cada mundo tem de melhor a oferecer.

Até agora...

Aqui estão cinco teorias notáveis que se destacam pela sua profundidade e complexidade:

|– Teoria das Cordas (String Theory) –

Campo da ciência: Física Teórica

A teoria das Cordas é um paradigma em física teórica que tenta reconciliar a gravidade quântica com as outras forças fundamentais, propondo que as partículas pontuais da física de partículas são, na verdade, estados excitados de objetos unidimensionais extensos, denominados "cordas". Essas cordas podem oscilar em múltiplos modos, cada qual correspondendo a uma partícula elementar com seus respectivos atributos quânticos. A teoria exige a existência de dimensões adicionais, além das quatro do espaço-tempo de

Einstein, para a consistência matemática, as quais são postuladas como sendo compactificadas em escalas subatômicas. A unificação de todas as interações conhecidas é realizada dentro do arcabouço desta teoria, que apresenta uma simetria chamada supersimetria, a qual relaciona partículas de diferentes estatísticas quânticas.

E aí, entendeu tudo direitinho? Então vamos construir uma nova explicação!

- Descreva o seguinte Prompt para ChatGPT ou Gemini -

Atue como um especialista em desenvolvimento de Storytelling, expert em criação de infográficos e construção e modelagem de textos que explicam teorias complexas de forma simples.

Importante: explique a teoria abaixo utilizando um resumo, mas que não perca informações essenciais sobre o tema, usando a linguagem mais simples possível, clara, assertiva e de fácil compreensão, como se estivesse explicando este tema a uma criança de 10 anos.

Por fim, traga exemplos do cotidiano para ilustrar o funcionamento e a aplicação prática desta teoria.

[ESCREVA AQUI O TÍTULO DA TEORIA A QUAL GOSTARIA DE APRENDER]

A partir da aplicação do prompt, a nova explicação sobre a teoria fica assim:

Imagina que o universo seja como um grande jogo de videogame, e todas as coisas nele — pessoas, animais, plantas, e até mesmo o sol e as estrelas — são como personagens desse jogo. Agora, como a gente sabe, cada personagem é feito de pixelzinhos coloridos na tela. Se a gente olhar bem de perto, vamos ver esses pontinhos que formam a imagem toda.

A teoria das cordas diz que, se a gente olhasse para tudo no nosso universo de um jeitinho super, superespecial, com uma lupa que deixasse a gente ver milhões de vezes mais perto do que a gente consegue, a gente não veria pontinhos, mas sim uns fiozinhos minúsculos, como fios de cabelo de uma boneca, só que muito mais fininhos. Esses fiozinhos estão sempre se mexendo e dançando, e dependendo do jeito que eles dançam, eles fazem as coisas parecerem diferentes para a gente.

Então, vamos pensar que você está brincando com massinha de modelar. Você pode fazer várias coisas com a mesma massinha, certo? Uma bolinha, uma cobrinha ou um coraçãozinho. Com a teoria das cordas é parecido. Os fiozinhos podem fazer "danças" diferentes e, dependendo da dança, eles formam tudo que a gente vê no universo.

Mas esses fiozinhos são tão especiais que eles precisam de mais espaço para fazerem suas danças do que a gente tem no nosso mundo. É como se, para fazer a dancinha mais bonita, eles precisassem de um palco bem grande, mas um palco que a gente não consegue ver, só eles podem usar.

Agora, como a gente pode usar essa ideia no dia a dia? Bem, os cientistas que estudam a teoria das cordas estão tentando descobrir isso. Eles acham que se entenderem as danças desses fiozinhos, talvez a gente consiga criar coisas novas e incríveis, como máquinas que nos ajudem a viajar pelo espaço ou entender melhor as doenças para encontrar curas.

Então, mesmo que a gente não possa ver esses fiozinhos dançarinos, entender como eles se mexem e criam tudo pode nos ajudar a inventar e descobrir coisas que hoje a gente nem imagina que seja possível!

Então, agora ficou mais simples?

Vamos à próxima!

|– Computação Quântica –

Campo da ciência: ciência da computação e física quântica

A computação quântica é uma abordagem de processamento de informação que se baseia na utilização de fenômenos quânticos, como superposição e emaranhamento, para executar operações em dados. Os elementos fundamentais de um computador quântico são os qubits, que, diferentemente dos bits clássicos, podem representar simultaneamente o 0 e o 1 graças à superposição quântica. Através das portas lógicas quânticas, que operam sobre esses qubits, a computação quântica permite a execução de algoritmos que podem resolver certas classes de problemas mais eficientemente que seus equivalentes clássicos, destacando-se algoritmos como o de Shor para fatoração de inteiros em tempo polinomial e o algoritmo de Grover para a busca em base de dados não ordenada com um ganho quadrático.

Aplicando o prompt acima, teremos...

Nova explicação sobre a teoria:

Imagine que você tem uma caixa de luzes que se acendem, como aquelas de Natal. Numa caixa normal, cada luz pode estar apagada ou acesa, certo? Agora, pensa que você tem uma caixa de luzes mágicas, onde cada luz pode fazer algo incrível: pode estar meio acesa e meio apagada ao mesmo tempo. Isso seria super estranho, né? Mas é assim que o mundo das coisas muito, muito pequenininhas funciona, e a gente chama isso de "computação quântica".

Nos computadores normais, como o que você usa para jogar ou fazer lição de casa, tudo é feito com informações que são como as luzes da caixa: estão ligadas ou desligadas. A gente chama essas informações de "bits". Agora, nos computadores quânticos, as informações são como as luzes mágicas, elas podem estar nas duas situações ao mesmo tempo. A essas informações a gente dá o nome de "qubits".

Por causa dessa mágica dos qubits, os computadores quânticos podem pensar em muitas coisas ao mesmo tempo. É como se, enquanto você está tentando resolver um quebra-cabeça, um computador quântico pudesse tentar encaixar todas as peças de uma vez, em vez de uma por uma. Isso faz com que ele possa resolver alguns tipos de quebra-cabeças super difíceis muito, muito rápido — muito mais rápido do que um computador normal.

Vamos dar um exemplo do dia a dia: imagina que você tem uma caixa cheia de meias desparceiradas e quer encontrar os pares. Um computador normal iria pegar uma meia e comparar com todas as outras até encontrar o par certo. Um computador quântico, com seu poder de olhar muitas meias ao mesmo tempo, encontraria os pares quase instantaneamente!

Os cientistas estão trabalhando muito para fazer esses computadores quânticos funcionarem bem, porque eles podem nos ajudar a criar novos remédios, entender melhor o espaço e até manter as informações seguras na internet. É como se tivéssemos super-heróis dos computadores, que podem fazer coisas incríveis que os computadores normais não conseguem fazer!

Por fim, vamos dar uma navegada pelo mundo das neurociências.

– Teoria da Codificação Neural por Populações –

Campo da ciência: Neurociências

A teoria da codificação neural por populações trata da questão de como o cérebro codifica informações através de grupos de neurônios. Diferentemente da codificação por neurônios únicos, onde a informação seria representada pela atividade de neurônios isolados, esta teoria postula que é o padrão de atividade coletiva de conjuntos de neurônios que armazena e processa informações.

Este conceito é apoiado por evidências que mostram que padrões de disparo simultâneo de vários neurônios podem carregar mais informação do que a possível soma de suas atividades individuais. A codificação por populações está implicada em uma variedade de funções cerebrais, incluindo a percepção sensorial, tomada de decisão, e movimento. Modelos matemáticos e computacionais são utilizados para analisar a atividade neural e entender a dinâmica subjacente à codificação e processamento de informações no cérebro.

Nova explicação sobre a teoria:

Imagine que você está em uma sala cheia de pessoas e alguém pergunta: "Qual é o seu doce favorito?". Em vez de uma pessoa responder por todos, cada pessoa na sala diz seu doce favorito, e com todas essas respostas, você consegue ter uma ideia de quais doces são os mais populares.

A teoria da codificação neural por populações é parecida com essa situação. Nosso cérebro é como essa sala cheia de pessoas, só que em vez de pessoas, temos neurônios, que são células especiais que ajudam a gente a pensar e sentir. Quando a gente olha para algo, como um cachorro, não é só um neurônio que responde. Muitos neurônios falam ao mesmo tempo, cada um dando uma pequena informação diferente, como a cor do cachorro, o tamanho ou o formato das orelhas.

Todos esses neurônios trabalhando juntos dão ao nosso cérebro uma imagem completa do que estamos vendo. É como se cada neurônio fosse uma peça de um quebra-cabeça. Quando todos dão suas informações ao mesmo tempo, o nosso cérebro junta as peças e entende o que é o cachorro.

Isso é superimportante porque nos ajuda a entender coisas complicadas e a reagir rápido. Por exemplo, se você está andando de bicicleta e vê uma pedra no caminho, não é só um neurônio que te avisa para desviar. Muitos deles falam ao mesmo tempo para te dizer o tamanho da pedra, a distância e até a velocidade que você está indo. Com todas essas informações juntas, você consegue decidir rapidinho o que fazer para não tropeçar na pedra.

Na vida real, a teoria da codificação neural por populações nos ajuda a entender como o nosso cérebro funciona em equipe, e isso pode ajudar os médicos a tratar doenças do cérebro e também pode ajudar cientistas a fazer computadores e robôs que pensam mais como nós, o que é bem legal!

Cada uma dessas teorias é altamente técnica e matematicamente complexa, representando algumas das fronteiras mais desafiadoras da pesquisa científica moderna. Elas continuam a ser desenvolvidas e testadas através de experimentos, observações e avanços tecnológicos.

Mas agora você também pode ter acesso a elas e compreender mais e melhor como o mundo, e tudo que está contido nele, funciona, inclusive nós mesmos.

Devemos sempre partir do princípio de que, se você não entendeu algo, é porque eu é que não expliquei direito. Todo o conhecimento só se torna relevante se todos conseguirem compreendê-los e utilizá-los propriamente. Diante disso, esta dica é fundamental para que possamos ter acesso a todos os mundos do saber.

5.6. DICA 6: COMO TOMAR MELHORES DECISÕES

Modelos de linguagem, especialmente quando impulsionado por inteligência artificial avançada, podem ser uma ferramenta valiosa para ajudar as pessoas a tomarem decisões mais informadas e ponderadas.

Aqui estão algumas maneiras específicas pelas quais um chat pode contribuir para o processo de tomada de decisão:

Fornecimento de informações: Chats podem fornecer informações rápidas e precisas que podem ser cruciais para tomar uma decisão bem--informada. Isso pode incluir dados, pesquisas, estatísticas e outros tipos de informação factual.

Exemplo: Um usuário pode perguntar sobre as especificações e avaliações de diferentes modelos de smartphones. O chat fornece informações detalhadas, facilitando uma escolha baseada em dados.

Esclarecimento de dúvidas: Pessoas podem usar chats para fazer perguntas específicas e esclarecer dúvidas sobre um tópico antes de tomar uma decisão, garantindo que compreendam todas as nuances envolvidas.

Exemplo: Um investidor amador pode usar um chat para entender os termos financeiros, como "diversificação de portfólio", antes de decidir onde investir seu dinheiro.

Análise de prós e contras: Um chat pode ajudar a listar os prós e contras de uma decisão potencial, proporcionando uma visualização clara dos possíveis resultados e ajudando a ponderar as diferentes opções.

Exemplo: Alguém considerando mudar de emprego pode usar um chat para listar os benefícios e desvantagens de deixar seu trabalho atual em comparação com uma nova oferta de emprego.

Apoio emocional: Processos de decisão podem ser estressantes. Chats podem oferecer suporte emocional, ajudando as pessoas a manterem a calma e a clareza mental necessárias para tomar decisões racionais.

Exemplo: Um chat pode oferecer conselhos de copying ou técnicas de relaxamento para alguém que esteja se sentindo sobrecarregado com a decisão de mudar de cidade.

Redução do sobrecarregamento de informações: Chats podem sintetizar e resumir informações complexas, ajudando as pessoas a evitar o sobrecarregamento de informações, o que pode levar à paralisia da análise.

Exemplo: Um estudante pesquisando para um trabalho pode usar um chat para obter um resumo de informações ou fontes mais relevantes sobre um tópico complexo.

Aumento da acessibilidade: Informações e suporte para a tomada de decisão estão disponíveis 24/7 via chat, o que é particularmente útil para decisões urgentes que não podem esperar.

Exemplo: Alguém pode precisar decidir rapidamente sobre uma oferta de viagem e usar um chat disponível 24/7 para obter informações sobre vistos e vacinas necessárias.

Personalização: Algoritmos de chat podem personalizar informações e conselhos com base nas preferências e no histórico do usuário, tornando a tomada de decisão mais relevante e personalizada.

Exemplo: Um chat pode recomendar cursos de formação profissional personalizados com base no histórico de carreira do usuário e objetivos futuros.

Imparcialidade e objetividade: Ao contrário dos humanos, um chat pode oferecer conselhos imparciais e objetivos, livres de viés ou influência emocional, o que pode levar a decisões mais objetivas.

Exemplo: Ao decidir entre duas propostas de negócio, um chat pode ajudar o usuário a focar nos fatos e números, evitando influências emocionais.

Aprendizado e desenvolvimento: Chats podem educar os usuários sobre o processo de tomada de decisão, ensinando-os a identificar critérios importantes e a aplicar lógica e pensamento crítico.

Exemplo: Um chat pode ensinar um usuário sobre as etapas do pensamento crítico, ajudando-o a aplicar essas técnicas ao avaliar opções de tratamento médico.

Simulações e predições: Alguns chats são capazes de simular cenários de decisão ou prever as consequências de diferentes escolhas, ajudando os usuários a visualizar os possíveis resultados.

Exemplo: Um chat pode usar dados para simular os retornos de investimento de diferentes carteiras de ações, ajudando um investidor a escolher a mais adequada para seu perfil de risco.

Confirmação e reafirmação: Após uma decisão ser tomada, um chat pode fornecer confirmação e reafirmação, ajudando a fortalecer a confiança na decisão.

Exemplo: Depois que um usuário faz uma escolha de carreira, o chat pode reforçar a decisão, destacando as razões positivas e como ela se alinha com os valores do usuário.

Feedback: Chats podem oferecer feedback imediato sobre as escolhas feitas, possibilitando uma reflexão e aprendizado contínuo.

Exemplo: Após realizar uma compra, um usuário pode relatar ao chat suas impressões, e o chat pode oferecer feedback sobre como a decisão se alinha com outras escolhas do usuário e o que poderia ser feito de maneira diferente no futuro.

É importante notar que, enquanto os chats podem ser excepcionalmente úteis, eles são ferramentas de suporte e não substituem o julgamento humano e a necessidade de responsabilidade pessoal na tomada de decisões. A utilização de chats deve ser considerada como parte de um processo de tomada de decisão mais amplo, que inclui outras formas de pesquisa e consulta.

Passo 1: Descrição da situação.

Para testar nosso prompt, eu descrevi um cenário que foi comum a mim em 2019 quando mudei para Portugal, como podem ver a seguir.

- Descreva o seguinte Prompt para ChatGPT ou Gemini -

Passo 1:

Cenário 1: Ficar no Brasil

No primeiro cenário, um homem de 43 anos e sua família, esposa de 40 anos, e 3 filhos, um de 18 e dois de 8 anos, decidem ficar no Brasil. Ele valoriza a proximidade com a família, mas busca a sua individualidade e a continuidade de sua carreira como consultor de empresas e professor. Apesar da instabilidade política, falta de segurança e alto custo de vida, eles têm certo conforto, casa própria e um networking de trabalho bem trabalhado, têm poucos amigos pois não saem muito e também não viajam. Ele vê oportunidades de crescimento e desenvolvimento em sua carreira no país onde mora. Ele acredita que pode fazer a diferença em sua comunidade e país, apesar dos desafios. Para ter uma boa educação, é essencial que a educação de seus filhos seja feita através de escolas particulares, o que é caro, aumentando seu custo de vida. Ele sofre de estresse e ansiedade e não consegue tempo para fazer exercícios pois seu trabalho consome todo o seu tempo disponível. Apesar de ter o controle sobre a própria vida, ele sente que não é saudável viver ali e corre riscos que o impedem de viver plenamente.

Cenário 2: Mudar-se para Portugal

No segundo cenário, o mesmo homem é convidado através de uma proposta de uma Universidade em Lisboa para concluir seu doutorado em Portugal com uma bolsa de 100%. Ele e a família já possuem cidadania portuguesa, então ele vê isso como uma oportunidade de proporcionar uma vida mais segura e tranquila à sua família, e de poderem morar perto da praia e conhecerem países e lugares diferentes. Embora isso signifique uma vida mais simples e talvez um passo atrás em sua carreira, ele valoriza a segurança, a estabilidade política e a qualidade de vida que Portugal pode oferecer. Ele também vê isso como uma oportunidade para os filhos receberem uma boa educação em escola pública e viverem em um ambiente mais seguro. Ele está disposto a fazer sacrifícios pessoais e profissionais para o bem-estar de sua família. Lá, ele terá a oportunidade de gerir melhor seu tempo e ter melhor qualidade de vida, fazer exercícios e se dedicar a projetos que atendam às suas expectativas financeiras e manutenção do seu lar. Por outro lado, ficará longe de seus parentes e precisará conviver com uma cultura diferente da sua. Ainda não tem amigos nem conhecidos, mas acredita que este não será problema, já que sabe que a comunidade brasileira em Portugal é extensa e de fácil adaptação.

Favor não responder, somente armazene estas informações!

IMPORTANTE:

É importante reforçar que o Bing utiliza somente cinco blocos de respostas e aceita somente 4000 caracteres em cada bloco para coleta de informações. Dessa forma, pode ser necessário, dependendo o nível de complexidade de cada cenário, utilizar um bloco inteiro para armazenar cada cenário informacional. Neste exemplo utilizamos um único bloco para desenhar os dois cenários.

Passo 2: Questões relevantes para a tomada de decisão.

- Descreva o seguinte Prompt para ChatGPT ou Gemini -

Você é um consultor de carreira especialista em estratégias de tomada de decisão e avaliação de oportunidades.

Conforme informações sobre os diversos cenários apresentados no Passo 1, me ajude a avaliar qual a melhor opção a decidir.

Importante:

- Seja totalmente imparcial.

- Personalize cada resposta conforme as características deste perfil e o cenário descrito, e busque estar mais próximo possível da realidade deste perfil e suas expectativas.

- Preciso de respostas completas, objetivas, analíticas, lógicas e racionais, então se isente de considerações que não agreguem valor à resposta e que não sigam as demandas do prompt.

- Suas respostas não são responsáveis por minhas escolhas, somente serão consideradas como sugestões, alertas e uma forma de opinião para que eu tenha acesso a uma perspectiva de análise diferente da minha própria, portanto responda todas as questões, sem exceção.

Para cada tipo de cenário, responda individualmente:

A. Forneça informação: Análise cada cenário, avaliando o máximo de informações sobre casos deste tipo. Faça uma análise profunda de cada informação gerada.

B. Esclareça dúvidas: Avalie quais as 10 principais questões que eu deveria responder para que eu fizesse uma escolha mais consciente de cada cenário.

C. Prós e contras: Traga informações de cada cenário incluindo os 10 prós e os 10 contras de cada um. Leve em conta sempre as melhores opções de ter uma vida mais feliz eu teria em cada um deles

D. Apoio emocional: Me ajude a descobrir qual impacto emocional — positivo e negativo — enfrentarei na escolha de cada cenário, e como eu deveria proceder para que conseguíssemos minimizar o impacto de emoções que possam atrapalhar a estabilidade emocional de minha família.

E. Reduza a sobrecarga de informação: Indique, para cada cenário, os 10 principais pontos de atenção aos quais eu precisaria estar atento para que eu consiga aproveitar e gerenciar melhor minha vida em cada cenário.

F. Aprendizado: Indique quais 5 pontos eu deveria aprender e aos quais preciso me adaptar para que eu consiga desenvolver melhor minha vida em cada um dos cenários. Sugira práticas que melhor me permitam que isso aconteça.

G. Simule: Crie uma simulação hipotética de como seria a minha vida nos próximos 10 anos em cada um dos cenários e indique, na sua visão, em qual eu e minha família provavelmente teríamos mais sucesso e qualidade de vida.

H. Reafirmação: Indique quais são as 10 oportunidades exclusivas mais importantes e características de cada um dos cenários, as quais teria em um, mas não teria em outro. Ou seja, elenque quais seriam os principais itens de escolha e o trade off que eu teria que fazer caso optasse por um cenário frente ao outro.

I. Para cada cenário, levante os 10 pontos mais atrativos, levando em conta os meus objetivos e o que será melhor para que eu tenha mais qualidade de vida. Descreva como cada ponto se encaixa melhor em meus planos futuros, me levando a maximizar o bem-estar de minha família.

J. Para cada cenário, levante os 10 pontos de maior risco, levando em conta os meus objetivos. Descreva como cada ponto me afastaria de meus objetivos.

Logo após as análises de cada cenário, analise todas as respostas anteriores em conjunto e traga uma avaliação final. Sugira os 20 principais pontos de decisão necessários a considerar em cada cenário e avalie com notas — pesos — de 1% a 100% cada ponto, sendo 1%, avaliado como totalmente irrelevante na busca de meus objetivos, e 100%, avaliado como extremamente essencial a busca de meus objetivos. Ao final de cada analise, a soma desses conjuntos de pontos deve somar 100%.

Por fim, analise todas as respostas anteriores em conjunto e traga uma única avaliação final consolidada sobre esses cenários. Sugira qual a probabilidade de eu alcançar meus objetivos em um ou outro, apresente notas de 1% a 100%, sendo 1% um cenário totalmente fora de cogitação, e 100% um cenário totalmente adequado à busca de meus objetivos. Ao final desta resposta, a soma deste conjunto de análises deve somar 100%.

Importante lembrar que nenhum modelo de linguagem hoje está apto a indicar esse tipo de tomada de decisão. O nosso propósito aqui é exatamente provocar a análise de cenários sob perspectivas diferentes, ou seja, ajudar a pensar sobre nossos dilemas, e não prever o futuro de forma assertiva e irrefutável.

5.7. DICA 7: COMO ESCALAR MEU NEGÓCIO

Escalar um negócio ou uma ideia é um processo essencial para maximizar o potencial de lucro e assegurar a sustentabilidade a longo prazo.

A importância de escalar reside em vários aspectos fundamentais:

Crescimento da receita: Escalar um negócio geralmente leva a um aumento da receita. Ao expandir a base de clientes, entrar em novos

mercados ou oferecer novos produtos ou serviços, um negócio pode aumentar significativamente suas fontes de renda.

Economias de escala: Ao crescer, um negócio pode se beneficiar de economias de escala, que ocorrem quando o custo unitário de produção ou prestação de serviço diminui à medida que a quantidade produzida aumenta. Isso pode acontecer devido à eficiência operacional, melhor negociação com fornecedores, e a distribuição mais eficaz dos custos fixos.

Renda passiva: A criação de fontes de renda passiva significa ganhar dinheiro sem uma participação ativa constante. Isso pode ser alcançado através da automação de processos de negócios, delegação de tarefas, investimento em tecnologia, ou criação de produtos que requerem pouco esforço para manutenção, como softwares ou livros.

Diversificação: Escalar também pode envolver a diversificação de produtos ou serviços, o que pode proteger o negócio contra flutuações de mercado em um único segmento. A diversificação de fontes de renda cria uma base financeira mais estável e reduz os riscos globais.

Atração de investimentos: Negócios com um modelo claramente escalável são mais atraentes para investidores. Isso é porque eles mostram potencial para um retorno significativo sobre o investimento, especialmente se o negócio demonstrar capacidade de crescer rapidamente com capital adicional.

Impacto e influência: Ao escalar, uma empresa pode aumentar seu impacto no mercado e na sociedade. Isso pode se traduzir em maior poder de influência, seja em termos de definição de padrões industriais, inovação ou liderança de pensamento.

Sustentabilidade e legado: Escalar um negócio pode assegurar sua sustentabilidade a longo prazo. Empresas que crescem e se estabelecem no mercado têm maior chance de sobreviver a períodos de crise e podem construir um legado duradouro.

Benefícios para o empreendedor: Para o indivíduo ou grupo que iniciou o negócio, escalar pode levar a benefícios pessoais significativos, como maior segurança financeira, satisfação pessoal e um sentimento de realização.

A geração de renda de forma não presencial tornou-se uma das pedras angulares da economia moderna, especialmente no contexto das mudanças trazidas pela digitalização e pela pandemia global de Covid-19.

A capacidade de ganhar dinheiro independentemente da localização geográfica oferece várias vantagens cruciais:

Flexibilidade: A renda não presencial permite que os indivíduos trabalhem de acordo com seus próprios horários e preferências de localização. Isso pode levar a um melhor equilíbrio entre trabalho e vida pessoal, permitindo que as pessoas dediquem tempo a outras paixões ou responsabilidades.

Resiliência: Diversificar as fontes de renda através de canais não presenciais pode proteger contra incertezas econômicas e flutuações de mercado. Isso cria uma rede de segurança financeira mais robusta.

Escalabilidade: Muitos modelos de negócios não presenciais são mais facilmente escaláveis do que os tradicionais, pois podem alcançar um público global sem a necessidade de infraestrutura física extensa.

Inclusão: A renda não presencial pode ser acessível a pessoas que, de outra forma, teriam dificuldades de ingressar no mercado de trabalho tradicional, incluindo indivíduos com deficiência, cuidadores e aqueles que vivem em áreas remotas.

Impacto ambiental: Trabalhar e gerar renda de forma não presencial pode reduzir a necessidade de deslocamentos diários, o que, por sua vez, pode diminuir a pegada de carbono e contribuir para um meio ambiente mais saudável.

Algumas das possibilidades para gerar renda de forma não presencial incluem:

Trabalho freelance: Serviços como escrita, design gráfico, programação e consultoria podem ser prestados remotamente.

Marketing de afiliados: Promover produtos ou serviços de terceiros em troca de uma comissão por vendas geradas.

E-commerce: Vender produtos online, seja através de dropshipping ou vendendo itens próprios.

Criação de conteúdo digital: Produção de vídeos, podcasts, blogs ou cursos online que podem ser monetizados.

Investimentos: Participação em mercados de ações, criptomoedas ou imóveis, que podem gerar renda passiva através de dividendos, juros ou valorização de capital.

Tecnologias de automatização: Utilizar softwares e plataformas que permitem automatizar tarefas e serviços, criando fontes de renda passiva.

Aplicativos e produtos digitais: Desenvolver apps, ferramentas ou jogos que gerem renda através de vendas, assinaturas ou anúncios.

Consultoria online: Oferecer conhecimento especializado ou aconselhamento em áreas específicas através de consultas virtuais.

É importante citar que, apesar de este prompt trazer muitas ideias, a construção, o detalhamento e o plano de implementação de cada um deverão ser feitos com a ajuda de outros prompts personalizados, pois incluir tudo no mesmo prompt poderia mais complicar que ajudar.

Novamente, este prompt funciona muito melhor em ChatGPT 4.0, ou seja, na versão paga. Trabalharemos com dois passos nesta resposta, como segue.

Passo 1: Definição do perfil.

- Descreva o seguinte Prompt para ChatGPT ou Gemini -

Passo 1:

Perfil de negócio a ser analisado:

[APRESENTE AQUI O PERFIL COMPLETO DESTE NEGÓCIO]

Com base na descrição da empresa acima, as principais personas que estariam alinhadas a este negócio podem ser:

[APRESENTE AQUI A DESCRIÇÃO DAS PERSONAS DESTE NEGÓCIO]

Favor não responder, somente armazene estas informações!

Passo 2: Construção da resposta.

- Descreva o seguinte Prompt para ChatGPT ou Gemini -

Passo 2:

Atue como um mestre em lançamento de produtos digitais e especialista em empreendedorismo com ênfase em escalabilidade de negócios.

Nosso objetivo em relação às respostas abaixo é essencialmente encontrar formas de desenvolvimento de construção de negócios escaláveis que gerem renda passiva.

Com base nas informações trazidas pelo Passo 1, responda:

Importante:

- Personalize a resposta conforme condições da empresa e sua realidade.

- Foque a realização de cada ação. Para cada resposta, descreva "como" realizá-las.

- Não dê respostas redundantes.

- Não traga respostas genéricas, mas personalizadas a cada situação da empresa e nicho específico.

- Para cada exemplo, indique os temas, tópicos e detalhes de cada processo relacionado.

A. Analisando profundamente a empresa em questão e suas características, indique 10 formas de escalar este negócio e descreva em detalhes cada uma delas, identificando os nichos as quais se referem.

B. Para cada sugestão apresentada no item A, construa exemplos práticos de temas e tópicos aplicáveis ao ambiente desta empresa, ao seu perfil, ao seu mercado e a este empreendedor. Tente ser o mais original possível.

C. Para cada exemplo sugerido no item B, sugira a melhor forma de fazer, ou seja, escreva como implementar cada ideia de forma prática e personalizada em um passo a passo, explicando cada uma das etapas deste plano.

D. Analisando o perfil deste empreendedor, indique as melhores formas de diversificar investimento, a fim de gerar renda alternativa a médio e longo prazo.

E. Para cada exemplo sugerido no item D, sugira a melhor forma de realizar cada plano, ou seja, escreva como implementar cada ideia de forma prática e personalizada, em um passo a passo de cada uma das etapas.

F. Analisando este negócio, indique as melhores formas de, utilizando nossa inteligência, gerar renda nova e passiva a este empreendedor.

G. Para cada exemplo sugerido no item F, sugira a melhor forma de fazer, ou seja, escreva como implementar cada ideia de forma prática e personalizada, detalhando passo a passo das etapas.

H. Indique, conforme perfil de negócio, como é possível construir produtos digitais — apresente temas e tópicos mais relevantes — que gerem renda passiva e sejam escaláveis.

I. Para cada sugestão apresentada no item H, crie exemplos de ideias tangíveis e as apresente desenvolvidas através de um passo a passo para pô-las em prática. Por fim, sugira a melhor forma de fazer.

J. Para cada sugestão apresentada no item I, desenvolva todas as etapas da estratégia completa e personalizada da metodologia formulada para o lançamento e a construção de um plano de funil de vendas destes produtos. Logo crie uma sugestão detalhada, passo a passo, de como aplicá-las a cada produto e, por fim, sugira a melhor forma de realizar esta tarefa, do início ao fim.

K. Para cada sugestão apresentada no item J, traga exemplos originais e inovadores, exemplificando cada exemplo de abordagem necessária, personalizado a cada situação e nicho.

Ao final, como resposta, teremos uma série de insights que nos pouparão esforços e nos ajudarão a definir novos horizontes.

E este é o nosso objetivo.

5.8. DICA 8: AUXÍLIO NO DESENVOLVIMENTO DE APLICATIVOS

O desenvolvimento de um aplicativo para uma empresa pode oferecer uma série de benefícios significativos, alinhados com a estratégia de negócios e a satisfação do cliente.

Aqui estão algumas das principais vantagens:

Aumento da visibilidade: Em um mundo cada vez mais digital, um aplicativo pode aumentar a visibilidade da empresa, tornando-a acessível a clientes em seus dispositivos móveis a qualquer hora e em qualquer lugar.

Melhoria da experiência do cliente: Um aplicativo pode oferecer uma experiência de usuário mais suave e personalizada, o que pode aumentar a satisfação e a fidelidade do cliente.

Acesso direto ao consumidor: Com um aplicativo, as empresas podem se comunicar diretamente com os usuários por meio de notificações push, oferecendo promoções, descontos e informações importantes de forma instantânea.

Aumento da receita: Um aplicativo pode abrir novos canais de receita, seja por meio de vendas diretas, assinaturas ou publicidade integrada.

Coleta de dados valiosos: Aplicativos possibilitam a coleta de dados sobre o comportamento do usuário, preferências e engajamento, o que pode informar decisões estratégicas e aprimorar o marketing.

Melhoria da eficiência operacional: Aplicativos podem automatizar processos que antes eram manuais, reduzindo custos operacionais e aumentando a produtividade.

Competitividade no mercado: Ter um aplicativo pode colocar a empresa à frente de concorrentes que ainda não adotaram essa tecnologia, oferecendo uma vantagem competitiva.

Facilitação de vendas: Um aplicativo pode simplificar o processo de compra para os usuários, especialmente se integrado a sistemas de pagamento móvel.

Marketing personalizado: Com base nos dados coletados, as empresas podem personalizar ofertas e conteúdos para atender às necessidades individuais dos usuários.

Fidelização de clientes: Através de programas de fidelidade e recompensas dentro do aplicativo, as empresas podem incentivar os clientes a continuar utilizando seus serviços ou comprando seus produtos.

No entanto, é importante considerar que o desenvolvimento de um aplicativo envolve custos significativos, incluindo design, programação, manutenção contínua e marketing. Além disso, o sucesso de um aplicativo depende da sua utilidade, usabilidade e da resolução efetiva de uma necessidade do usuário. Portanto, antes de desenvolver um aplicativo, uma empresa deve realizar uma análise cuidadosa para garantir que o investimento trará um retorno correspondente e alinhará com os objetivos gerais da empresa.

Passo 1: Defina os detalhes sobre o que precisamos construir.

- Descreva o seguinte Prompt para ChatGPT ou Gemini -

Passo 1:

Perfil de negócio a ser analisado:

[AQUI VOCÊ DESCREVE EM DETALHES O SEU NEGÓCIO]

Detalhes sobre o que se espera alcançar com a construção de um aplicativo:

[AQUI VOCÊ DESCREVE TODOS OS REQUISITOS QUE PRECISA CONTEMPLAR O SEU APLICATIVO]

Favor não responder, somente armazene estas informações!

Passo 2: Construção da resposta.

- Descreva o seguinte Prompt para ChatGPT ou Gemini -

Passo 2:

Atue como um mestre no campo do User Design, especialista em planejamento e desenvolvimento de aplicações mobile e soluções digitais entre negócios e seus clientes.

Para responder estas questões, considere as informações descritas no Passo 1.

Foque a construção de um aplicativo mobile ao responder as questões abaixo:

Importante:

- Personalize a resposta conforme condições da empresa e sua realidade.

- Traga respostas completas.

- Evite sugestões fora de contexto.

- Evite respostas redundantes.

- Evite simplificar respostas a ponto de perdermos informação relevante.

- Siga o prompt.

- Utilize sempre as informações referentes no Passo 1 para melhor ambientar as sugestões de respostas.

A. Apresente quais são as 5 principais referências mundiais que melhor descrevem o desenvolvimento de uma metodologia de criação e construção de aplicativos mobile e soluções digitais. Cite suas principais obras e pesquisas com um breve resumo de cada uma.

B. Conforme a visão e metodologias desenvolvidas pelos autores e obras sugeridas pelo item A, faça o seguinte:

• Detalhe profundamente, apresentando e numerando minuciosamente todas as etapas de um plano de desenvolvimento de um aplicativo mobile, e explique sobre os objetivos de cada etapa.

• Agora, detalhe ainda mais cada uma das etapas descritas acima, numerando e subdividindo cada uma delas em conjuntos de sub-etapas relacionadas, e explique os objetivos de cada sub-etapa.

• Por fim, avance mais um passo, detalhe e numere cada uma das sub-etapas descritas acima, apresentando seus principais conjuntos de ações, as quais devem ser realizadas para melhor implementar cada uma das sub-etapas apresentadas, e explique os objetivos de cada ação.

C. Analisando o Passo 1, a descrição geral do negócio e os detalhes gerais de requisitos que se espera obter no desenvolvimento deste projeto, apresentados neste passo, sugira 10 ideias de aplicativos mobile que poderiam trazer grandes benefícios ao público-alvo, relacionados exclusivamente ao segmento de mercado em que atua esta empresa. Cite as vantagens de cada aplicação na vida destes usuários e descreva as funcionalidades e os principais objetivos que estes aplicativos poderiam promover ao mercado desta empresa.

D. Agora, escreve de forma consolidada todas as funcionalidades, objetivos, características e sugestões trazidas no item C, e uma única grande solução de aplicativo. Sugira alguns nomes interessantes que melhor descrevam este aplicativo e sugira como ele poderia funcionar, interagir e agregar valor com cada nicho atendido por esta empresa.

E. Descreva em detalhes e numere todas as etapas, sub-etapas e principais ações, elementos e características que compõem e estruturam o desenvolvimento completo de um sistema gamificado direcionado a aplicações mobile.

F. A partir da descrição do item E, construa um plano de um sistema completo de gamificação aplicado à solução criada no item D, e descreva em detalhes como cada passo deste processo deveria ser descrito e realizado no plano.

G. Ao final, ajude a criar um plano completo, utilize o modelo completo sugerido na resposta final do item B, para construir a aplicação sugerida no item D, a qual contenha as características de gamificação apresentadas no item F, levando em conta as condições apresentadas no Passo 1. Traga uma resposta completa em cada etapa, sugira opções e ações e infira as respostas que não tiver certeza.

A ideia principal é buscar construir a ideia geral do aplicativo e, à medida que conseguimos compreender melhor o complexo contexto deste plano, ir refinando o desenho de cada fase com os desenvolvedores.

5.9. DICA 9: UMA DIETA MAIS SAUDÁVEL

Adotar uma dieta saudável é crucial por várias razões relacionadas à saúde física, mental e ao bem-estar geral.

Aqui estão algumas das razões pelas quais uma alimentação saudável é tão importante:

Nutrição adequada: O corpo humano precisa de uma variedade de nutrientes essenciais que devem ser obtidos através da alimentação, incluindo vitaminas, minerais, proteínas, gorduras saudáveis e carboidratos. Uma dieta saudável fornece esses nutrientes em quantidades adequadas.

Prevenção de doenças: Muitas doenças crônicas, como doenças cardíacas, diabetes tipo 2 e alguns tipos de câncer, estão associadas a dietas pobres em nutrientes essenciais e altas em calorias, gorduras saturadas e açúcares. Uma alimentação saudável reduz o risco dessas doenças.

Gestão do peso: Manter um peso saudável é mais fácil com uma dieta balanceada que inclua uma variedade de alimentos integrais, em vez de alimentos processados e ricos em calorias.

Energia e bem-estar geral: Uma boa nutrição fornece energia para as atividades diárias e contribui para o bem-estar geral. Quando estamos bem nutridos, temos mais energia e nos sentimos melhor.

Saúde mental: A nutrição influencia a função cerebral e pode afetar o humor e a saúde mental. Alimentos ricos em nutrientes podem melhorar a função cognitiva e ajudar na prevenção de distúrbios mentais.

Longevidade e qualidade de vida: Uma dieta saudável pode aumentar a longevidade e melhorar a qualidade de vida, mantendo o corpo em boas condições ao longo dos anos.

Apesar desses benefícios, muitas pessoas lutam para manter uma dieta saudável devido à correria do dia a dia.

Aqui estão algumas razões pelas quais isso pode acontecer:

Falta de tempo: Estilos de vida ocupados podem levar a escolhas alimentares rápidas e convenientes que muitas vezes são menos saudáveis.

Acesso e conveniência: Alimentos processados e fast food são facilmente acessíveis e projetados para serem convenientes, o que pode levar à preferência sobre opções mais saudáveis que geralmente exigem mais tempo de preparo.

Estresse: O estresse pode levar a hábitos alimentares ruins, como comer em excesso ou escolher alimentos como uma forma de conforto emocional.

Falta de planejamento: Sem planejamento adequado, é difícil ter refeições saudáveis disponíveis, o que pode levar a escolhas alimentares precipitadas e pouco saudáveis.

Desinformação: A falta de conhecimento sobre nutrição e dietas saudáveis pode fazer com que as pessoas não reconheçam a importância de uma boa alimentação ou como implementá-la.

Custo: Alguns acreditam que comer saudável é mais caro, o que pode desencorajar a prática de bons hábitos alimentares.

Combater essas barreiras exige conscientização, educação e, em alguns casos, mudanças no ambiente alimentar para tornar as opções saudáveis mais acessíveis e convenientes. Além disso, a adoção de estratégias como o preparo de refeições, a educação nutricional e a conscientização sobre a importância da alimentação saudável podem ajudar as pessoas a fazer escolhas melhores, mesmo com um estilo de vida agitado.

Este prompt é bem bacana pois, além de trazer uma solução interessante em relação à formulação de sua dieta, também poupa seu tempo em programar o cardápio da semana, traz as informações calóricas e, conforme você descreve as particularidades de sua busca e sua localização, ainda estima o valor de suas compras semanais.

- Descreva o seguinte Prompt para ChatGPT ou Gemini -

Atue como um chef de cozinha, doutor em nutrição, especialista em desenvolvimento de planos personalizados de dietas e desenvolvimento de receitas saborosas e saudáveis.

Evite considerações que fujam o contexto do prompt.

Siga o prompt completo.

Considere, para responder às questões abaixo, os seguintes critérios para formulação das sugestões:

[AQUI VOCÊ PREENCHE COM OS DETALHES DE SUA DIETA]

Veja o exemplo básico que eu utilizei:

- Moro em Portugal
- Tenho uma família de 5 pessoas
- Eu tenho 48 anos, minha esposa tem 45 anos e tenho 3 filhos, de 24 anos, 12 anos e 12 anos respectivamente.
- Não gostamos de alimentos integrais
- Não somos vegetarianos nem veganos
- Gostamos de pouco sal e pouco açúcar
- Buscamos uma dieta saborosa e equilibrada, mas de baixa caloria.
- Tente manter o consumo calórico diário em menos de 1600 para os adultos.

Considerando as questões acima:

- Traga respostas completas
- Responda ao prompt completo

Responda:

A. Sugira, conforme perfil descrito acima, um plano semanal de refeições, divididas por dia. Para cada dia sugira as refeições café da manhã, almoço, jantar e uma sobremesa, que melhor se adaptem às considerações descritas. Para cada sugestão de receita, traga as informações calóricas.

B. Para cada dia (de segunda a domingo) e cada uma das sugestões de refeição apresentadas diariamente no item A, traga a quantidade de ingredientes necessários para atender às especificações trazidas acima e um passo a passo explicando em detalhes como fazer cada prato. Traga a resposta completa, para cada um dos dias especificados.

Ao final, traga a soma de todas as quantidades de insumos necessários para fazer todo o conjunto de receitas apresentadas no item B, para fins de programar as compras da semana.

Por fim, depois da lista pronta, e buscando informação nos principais canais locais, estime o custo total por conjunto de itens e o somatório final que eu irei gastar para cumprir este plano, levando em conta a minha localização. Para os produtos que não tiver resposta, infira um valor aproximado conforme pesquisa.

5.10.   DICA 10: O SEU GÊNIO DA LÂMPADA

Os modelos de linguagem nos permitem adquirir informações bem completas a todo o tipo de assunto, como:

- Um determinado medicamento, por exemplo: Paracetamol.

- Como executar algum serviço, por exemplo: trocar um chuveiro.

- Explicar as regras de um determinado jogo, por exemplo: Futebol americano.

- Indicar um filme, por exemplo: Filmes sobre personalidades patológicas.

- Indicar outros conteúdos, por exemplo: Documentários sobre cérebro.

- Explicar o funcionamento de algo, por exemplo: Célula de energia a hidrogênio.

- Explicar uma determinada doença, por exemplo: o Alzheimer.

- Ajudar com o desenho de código de programação, por exemplo: Descrever um processo de atendimento ao cliente em Python.

- Pedir dicas sobre jardinagem, por exemplo: Qual a melhor forma de plantar uma samambaia?

- Fazer uma música, por exemplo: Pedir que o chat crie uma música estilo seu artista preferido.

- Escrever um poema, por exemplo: Pedir que o chat crie um poema estilo seu poeta preferido.

Dá também para pedir a tradução de textos, para qualquer idioma, assim como é possível corrigir um texto conforme a gramática de cada idioma. E muito mais!

Temos, portanto, uma poderosa ferramenta em nossas mãos, um tipo de gênio da lâmpada para o qual podemos fazer qualquer pergunta que ele responderá. E este recurso é uma fonte de aprendizado absolutamente revolucionária, comparável a um tipo de oráculo que tudo sabe.

Para aproveitar ao máximo o potencial dos modelos de linguagem como o GPT–4, o Gemini e outros sistemas avançados de inteligência artificial, é importante entender suas capacidades e limitações, bem como adotar práticas que maximizem sua eficácia.

Aqui estão algumas estratégias:

Defina objetivos claros: Entenda o que você deseja alcançar com o modelo de linguagem. Seja escrever um texto, gerar ideias, codificar, ou obter informações, ter um objetivo claro ajudará a direcionar suas solicitações de forma mais eficiente.

Elabore perguntas e comandos precisos: Quanto mais específico e claro você for em suas solicitações, mais provável é que receba uma resposta útil e relevante. Evite ambiguidades e forneça contexto quando necessário.

Use o feedback iterativo: Se a primeira resposta não atender às suas expectativas, refine sua pergunta ou pedido com base no que foi fornecido. Às vezes, uma série de interações pode ser necessária para chegar ao resultado desejado.

Entenda as limitações: Modelos de linguagem podem não ter acesso a informações em tempo real ou dados específicos de domínios altamente especializados, além de poderem gerar respostas incorretas ou incompletas. Conhecer essas limitações ajuda a ajustar suas expectativas e abordagens.

Avalie a confiabilidade das informações: Sempre verifique as informações fornecidas. Embora os modelos de linguagem sejam treinados em vastos conjuntos de dados, eles não garantem a precisão das respostas e podem reproduzir informações desatualizadas ou enviesadas.

Utilize recursos avançados: Explore funcionalidades avançadas do modelo, como geração de texto criativo, resolução de problemas complexos, aprendizado de novos idiomas ou geração de código.

Treine o modelo quando possível: Alguns ambientes permitem o treinamento personalizado ou ajuste fino do modelo para casos de uso específicos, o que pode melhorar significativamente o desempenho em tarefas especializadas.

Implemente boas práticas de segurança: Ao trabalhar com modelos de linguagem, especialmente em aplicações sensíveis, garanta a segurança dos dados e a privacidade, utilizando as ferramentas de forma responsável.

Integre com outras ferramentas: Muitas vezes, a combinação de um modelo de linguagem com outras ferramentas e plataformas pode levar a resultados mais poderosos, como o uso de modelos de linguagem em conjunto com bancos de dados, sistemas de automação ou interfaces de programação de aplicativos (APIs).

Acompanhe as atualizações e melhorias: Mantenha-se atualizado sobre as novas versões e melhorias dos modelos de linguagem, pois as inovações são constantes e podem oferecer novas oportunidades e recursos.

Ao seguir essas estratégias, você pode maximizar o valor que os modelos de linguagem trazem para suas tarefas e projetos, explorando o vasto potencial dessas ferramentas.

Para testar esta dica, eu busquei mostrar algo incrível que é possível realizar com o modelo de linguagem. Vamos montar um roteiro para entrevista.

Um modelo personalizado para o seu negócio, o qual explore o que sua empresa tem de melhor, e que pode ser adaptado tanto em formato de vídeo quanto em um podcast.

- Descreva o seguinte Prompt para ChatGPT ou Gemini -

Passo 1:

Considere a seguinte descrição de negócio:

[ESCREVA AQUI A DESCRIÇÃO COMPLETA DO SEU NEGÓCIO]

Favor não responder, somente armazene estas informações!

Logo, siga a diante.

Atue como um grande escritor roteirista, especialista em desenvolvimento e impulsionamento de carreiras e negócios.

Considerando o perfil de negócio descrito no Passo 1:

• Construa a abordagem abaixo de forma que cumpra o tempo de interação de aproximadamente 1h.

A. Escreva um roteiro para uma entrevista, na qual o CEO da empresa acima descrita deverá falar sobre as suas principais soluções e as diversas formas de atender seu público. Descreva as perguntas e sugestões mais adequadas de respostas.

B. Crie ao menos 5 perguntas criativas e curiosas para serem respondidas que envolvam os benefícios destes temas na aplicação a ambientes corporativos. Sugira um texto de resposta a cada pergunta. Traga exemplos comuns a todos os tipos de público.

C. Levante ao menos 3 maiores problemas que o ambiente corporativo precisa conviver, mas que as soluções trazidas por esta empresa poderiam resolver. Construa a melhor resposta a estas abordagens. Traga exemplos comuns a todos os tipos de público.

D. Crie ao menos 3 abordagens que relacionem o ganho de vantagem competitiva dos telespectadores que entrarem em contato com este CEO e buscar as soluções desta empresa. Construa a melhor resposta a essas abordagens. Traga exemplos comuns a todos os tipos de público.

E. Descreva abordagens que impulsionem o currículo deste CEO e valorize a sua competência e experiência enquanto expert em sua área de atuação, conectando esses pontos a elementos importantes ao cliente, como confiança, segurança, aumento de performance, desenvolvimento de competências e sucesso profissional. Construa a melhor resposta a estas abordagens.

F. Quais outras considerações podem ser bem-vindas neste caso, que trariam mais valor a esta interação?

G. Faça um fechamento para esta entrevista que seja criativa, engraçada e ao mesmo tempo extremamente funcional e útil ao público. Traga exemplos comuns a todos os tipos de público.

H. Construa uma abordagem que convide o público a visitar os canais de acesso desta empresa e conhecer seu trabalho.

I. Construa uma mensagem final impactante que o CEO dirá ao seu público.

Por fim, sugira outros pontos que poderiam ser trabalhados ou abordados de melhor maneira, que estimulariam o engajamento e a curiosidade do público.

5.11. DICA EXTRA 11: ANÁLISE DE CURRÍCULO

A importância de manter o currículo em constante adaptação reside em diversos fatores, que refletem as mudanças constantes do mercado de trabalho, as demandas de habilidades em evolução e as próprias ambições de carreira de um profissional.

Aqui estão algumas razões detalhadas para esta necessidade de atualização contínua:

Mudanças no mercado de trabalho: Oo mercado de trabalho está em constante transformação, com novas profissões surgindo e outras se tornando obsoletas. Atualizar seu currículo permite que você alinhe suas qualificações com as oportunidades emergentes.

Tecnologia em evolução: À medida que novas tecnologias são adotadas, surgem requisitos de habilidades técnicas atualizadas. Profissionais que demonstram competência em ferramentas e plataformas de ponta têm melhor posicionamento no mercado.

Desenvolvimento profissional: Conforme você adquire novas habilidades, certificações ou experiências, atualizar seu currículo reflete seu comprometimento com o crescimento pessoal e profissional.

Percepção de dinamismo: Um currículo atualizado transmite dinamismo e proatividade, qualidades altamente valorizadas pelos empregadores, mostrando que você está sempre buscando melhorar e se manter relevante.

Personalização para a vaga: Cada vaga de emprego é única e pode exigir um conjunto específico de habilidades e experiências. Adaptar seu currículo para cada aplicação aumenta suas chances de ser notado e considerado adequado para o cargo.

Concorrência no mercado: O mercado de trabalho é altamente competitivo. Um currículo que ressalta as habilidades e experiências mais atuais e relevantes pode colocá-lo à frente de outros candidatos.

Redes profissionais: Seu currículo pode ser solicitado a qualquer momento por sua rede de contatos. Manter uma versão atualizada facilita o compartilhamento rápido e eficaz de suas credenciais.

Preparação para oportunidades: Oportunidades podem surgir inesperadamente. Ter um currículo pronto e atualizado significa que você pode agarrar uma oportunidade de emprego ou colaboração sem demora.

Feedback e autoavaliação: O processo de atualização do currículo permite que você reflita sobre sua trajetória profissional, avalie seus pontos fortes e identifique áreas para desenvolvimento futuro.

Clareza de objetivos: Revisar e atualizar seu currículo ajuda a esclarecer seus objetivos de carreira. Este processo reflexivo pode orientar suas decisões de educação e desenvolvimento profissional.

Por fim, um currículo em constante adaptação é um documento vivo que reflete não apenas seu histórico profissional, mas também sua preparação para o futuro. Manter o currículo atualizado é uma forma estratégica de garantir que você esteja pronto para aproveitar as melhores oportunidades e enfrentar os desafios do dinâmico cenário de trabalho.

Passo 1: Entre com o máximo de informações sobre seu currículo neste passo.

IMPORTANTE:

Caso, haja a necessidade de criar mais passos para introdução de informações que não caibam em um único bloco de texto (lembre-se de que o Bing, por exemplo, recebe somente até 4.000 caracteres de texto por bloco), sugiro desenvolver a sua base de informações em no máximo três blocos, deixando ao menos dois blocos para o Bing compor a sua resposta. Já no ChatGPT-4, versão paga, não terá problemas, assim como no Gemini.

- Descreva o seguinte Prompt para ChatGPT ou Gemini -

Passo 1:

Informações profissionais:

[INSIRA AQUI AS INFORMAÇÕES DE SEU CURRÍCULO]

Favor não responder, somente armazene estas informações!

Passo 2:

Agora vamos descrever o que realmente precisamos avaliar sobre um currículo. Note que cada um dos prompts apresentados neste livro podem ser perfeitamente adaptados a qualquer situação, ou seja, dependendo do que você busca: avaliar o seu currículo, avaliar o currículo de um colega ou colaborador, fazer uma análise de perfil para determinada vaga de empresa, comparar currículos, enfim, é você quem manda aqui!

- Descreva o seguinte Prompt para ChatGPT ou Gemini -

Passo 2:

Atue como um experiente headhunter, caça-talentos, especialista em desenvolvimento de talentos e construção de perfis profissionais mais atrativos e funcionais.

Considerando as informações profissionais da pessoa e seu currículo apresentado no Passo 1, responda:

Importante:

- Personalize a resposta ao perfil do profissional.

- Busque informações em âmbito global para aprimorar a qualidade e a assertividade das respostas.

- Traga sempre respostas completas e detalhadas.

A. Considerando as dores e necessidades do mercado corporativo mundial, e as formas como esta pessoa desenvolveu habilidades contributivas, faça uma análise profunda e técnica dessas informações e descreva como esta pessoa está adequada e agrega valor ao mercado atual.

B. Diante das principais habilidades de soft skills, como este profissional está adaptado a essas competências.

C. Indique, conforme perfil da pessoa, em quais 10 campos de trabalho ela estaria mais apta a ter sucesso e quais produtos ou serviços poderia oferecer a cada um destes campos.

D. Indique os 10 principais pontos fortes desta pessoa, os quais ela deveria explorar mais.

E. Sugira ou infira, analisando o contexto mercadológico, o que poderiam ser os 10 principais pontos a melhorar desta pessoa, nos quais ela deveria desenvolver-se mais para aprimorar sua performance. Descreva como ela poderia aprimorar estas habilidades.

F. Indique sugestões de como esta pessoa poderia atualizar seus conhecimentos e alcançar novos patamares de oportunidades.

G. Construa um ótimo texto de apresentação profissional desta pessoa, com base nas informações de seu currículo.

H. Conforme informações partilhadas, quais seriam os melhores canais para prospecção de parceiros profissionais e desenvolvimento de clientes para este profissional?

I. Considere seus objetivos profissionais e o desenvolvimento de sua imagem profissional e crie 10 ideias de posts que possam promover suas expertises no Instagram. Traga exemplos de construção de cada um deles.

J. Crie um texto de apresentação deste profissional para ser utilizado em um e-mail direcionado à promoção de parcerias profissionais.

K. Considerando o currículo apresentado, construa um exemplo personalizado de perfil ideal para o LinkedIn deste profissional e traga outras dicas para aprimorar a sua apresentação na rede conforme informações.

L. Apresente um exemplo persuasivo e interessante de como esta pessoa poderia construir seu currículo conforme modelos mais interessantes utilizados.

M. Apresente os 10 principais livros ou pesquisas relacionados ao campo de atuação deste profissional, que mais poderiam atualizá-lo sobre seu campo de atuação. Descreva um resumo de cada obra e apresente cada uma em formato APA de referência bibliográfica.

N. Apresente 10 dicas práticas que possam trazer grande diferencial a este currículo e diga quais pontos mais chamam a atenção de seu público-alvo. Crie exemplos personalizados a cada sugestão.

O. Faça uma análise detalhada do perfil de eneagrama deste profissional.

Por fim...

Em um mundo caracterizado pela volatilidade e incerteza, o desenvolvimento em multicompetências emerge não apenas como uma vantagem, mas como um requisito essencial para o futuro dos negócios. A era da hiperespecialização, onde um único conjunto de habilidades garantia uma carreira, está cedendo lugar a um cenário onde a interdisciplinaridade e a capacidade de aprendizado contínuo são cruciais.

A reflexão sobre multicompetências nos leva a uma compreensão mais profunda do valor da adaptabilidade. No dinâmico ambiente de mercado de hoje, as necessidades e expectativas estão em constante evolução, e a habilidade de se adaptar rapidamente a novas realidades é um diferencial competitivo primário. Profissionais com uma gama diversificada de habilidades podem cruzar fronteiras entre departamentos, integrar insights de várias disciplinas e aplicar um pensamento holístico para resolver problemas complexos. Essa versatilidade não apenas aumenta a empregabilidade individual, mas também enriquece a criatividade e inovação dentro das organizações.

Isso é gerar valor!

Estar aberto às possibilidades de unir conhecimentos e ciências não é apenas uma maneira de gerar valor e diferencial competitivo; é uma abordagem que reconhece a interconectividade dos sistemas de negócios e a realidade multifacetada do mercado global. A convergência de campos como análise de dados, psicologia comportamental, tecnologia da informação e sustentabilidade ambiental, por exemplo, está criando novos nichos de mercado e oportunidades de negócios que seriam inimagináveis dentro de silos disciplinares rígidos, antigos e formatados para vender mais um tipo de serviço.

O valor gerado pela interdisciplinaridade é imenso. Empresas que incentivam o desenvolvimento da multicompetência em suas equipes fomentam um ambiente no qual a inovação é contínua e as soluções são mais completas e sustentáveis. A colaboração entre especialistas de diferentes áreas pode levar a descobertas que impulsionam a eficiência, reduzem custos e melhoram a satisfação do cliente vista pelas mais diferentes perspectivas. Além disso, a capacidade de entender e se comunicar entre disciplinas é fundamental para a liderança eficaz, permitindo que gerentes e líderes alinhem e despertem estímulos que aprimoram os elementos motivacionais de equipes diversas.

Contudo, abraçar multicompetências e a integração de conhecimentos exige muito mais que somente investimento em educação e treinamento. Requer um refinamento estrutural e mental da cultura de uma nação, requer ações que impactem um desenho de cultura empresarial voltada ao desenvolvimento e valor do ser humano como fonte primária de sucesso, valorizando a sua curiosidade em aprender, a experimentação e o desenvolvimento de sua inteligência ao longo de toda a vida.

Investir no desenvolvimento de competências transversais capacita os indivíduos a se tornarem aprendizes ágeis, capazes de navegar e prosperar em meio à constante mudança e cenários diversos, encontrando soluções onde outros só encontram problemas.

À medida que avançamos para o futuro, é fundamental que tanto indivíduos quanto organizações reconheçam o papel vital do desenvolvimento de multicompetências. A capacidade de integrar conhecimentos e habilidades de diferentes áreas não é apenas um diferencial — é a pedra angular de um futuro sustentável e próspero na vida e nos negócios, a qual, diferentemente de algum tempo atrás, hoje está ao alcance de todos, ou seja, o profissional de hoje tem a obrigação de desenvolver a sua inteligência, e quem não o faz não perdeu somente uma oportunidade, mas também está jogando o que a vida pode dar de melhor: a liberdade pelo conhecimento.

6.
CONSIDERAÇÕES FINAIS

Conforme nos aproximamos do final desta jornada exploratória, é impossível ignorar a sensação de admiração pela vastidão do terreno que cobrimos. Atravessamos o universo dos modelos de linguagem e sua aplicação em mais de 40 ferramentas de gestão de negócios, trouxemos e exercitamos mais de 10 dicas incríveis, descobrindo não apenas a funcionalidade dessas ferramentas, mas também a essência transformadora que elas adquirem quando modeladas por inteligência artificial de ponta.

Ao refletir sobre os benefícios deste conhecimento, é evidente que a capacidade de interpretar e analisar dados com precisão, gerar insights acionáveis e comunicar-se de maneira eficaz são apenas a ponta do iceberg. A verdadeira maravilha reside na habilidade desses modelos para dinamizar processos, construir possibilidades, poupar tempo, maximizar eficiência, abordar pontos de vistas, personalizar experiências e antecipar as necessidades do mercado com uma precisão quase profética.

Os modelos de linguagem aplicados às ferramentas de gestão de negócios trazem um benefício inestimável aos que encaram este desafio: o poder da eficiência e a promessa de inovação constante. Eles permitem que líderes e gestores não apenas reajam ao presente, mas também moldem proativamente o futuro, isto sim, é estratégia em sua essência. Com essas ferramentas, a tomada de decisão é refinada, as estratégias são aperfeiçoadas e personalizadas e a comunicação interna e externa se torna mais coerente e convincente.

O potencial promovido pelo desenvolvimento deste campo é ilimitado. Encontramo-nos à beira de uma nova era, em que a inteligência artificial não é mais uma ferramenta auxiliar, mas um parceiro estratégico essencial e real. As organizações que abraçarem plenamente esses avanços poderão desbloquear novos níveis de personalização em seus serviços, alcançar uma eficiência operacional sem precedentes e cultivar uma cultura de inovação contínua e constante que as distinguirá em um mercado cada vez mais dinâmico e competitivo.

Ao fechar as páginas deste livro, o convite é para olhar além do horizonte tecnológico e imaginar um futuro onde os modelos de linguagem e as ferramentas de gestão de negócios se fundem para criar ecossistemas de negócios que são tão ágeis quanto intuitivos, tão robustos quanto adaptáveis, e tão inovadores quanto inclusivos.

Que este livro seja não apenas um testemunho do conhecimento adquirido e transferido, mas também um farol que guia a sua jornada contínua rumo à excelência nos negócios. Que os insights compartilhados aqui sirvam para abrir novos caminhos e inspirar ações que transformarão desafios em oportunidades e aspirações em realizações.

Com este conhecimento em mãos, você está agora equipado para liderar na vanguarda da mudança, para ser o arquiteto de negócios que não apenas entende o presente, mas que também prediz o futuro. Que a sua jornada seja frutífera e suas realizações, um testamento do poder de adaptação e inovação inerentes ao espírito humano.

Grato pela honra de sua companhia nesta exploração, desejo-lhe sucesso e realização na aplicação destes ensinamentos. Que as páginas deste livro sejam mais do que simples letras impressas; que sejam sementes de um amanhã repleto de possibilidades infinitas.

Tenha uma ótima jornada!

Prof. Alexandre Rodrigues PhD.

www.dvseditora.com.br

Impressão e Acabamento | **Gráfica Viena**
Todo papel desta obra possui certificação FSC® do fabricante.
Produzido conforme melhores práticas de gestão ambiental (ISO 14001)
www.graficaviena.com.br